KB189810

도시문헌학자
김시덕의

강
남

도시문헌학자 김시덕의

강남

우리는 왜 강남에
주목하는가

김시덕 지음

INFLUENTIAL
인 플 루 엔 셜

머리말

　강남에 대한 한국 시민들의 감정은 크게 두 가지로 나뉩니다. 한 가지는 강남이 현대 한국에서 가장 부유한 지역이며, 따라서 강남으로 진입해야 신분 상승을 이룰 수 있다는 것입니다. 또 한 가지는 강남 주민들이 합법적·비합법적 방법을 모두 동원해 그곳에 살 수 있게 되었다는 것입니다. 이렇게 서로 충돌하는 두 가지 감정은 시민 개개인의 성장 경험과 경제적 상황에서 비롯된 바가 크며, 그들의 정치적 입장에도 큰 영향을 미칩니다.

　그런데 저는 이 두 가지 감정에 공통된 대전제가 깔려 있다고 생각합니다. 그것은 바로, 한국에서 가장 비싼 아파트와 고급 단독주택들이 '강남 3구'라 불리는 서초구, 강남구, 송파구에 가득하며, 강남 사람들이야말로 이들 건물의 주인일 것이라는 생각입니다. 강남 개발 초기, 오늘날 서초구와 강남구가 만나는 양재역사거리 일대, 즉 말죽거리로 돈을 싸 들고 몰려든 강북 재벌과 부자들에게 땅을 팔아 건물을 올리고 졸부가 된 몇몇 지주가 있었다는 사실은 이러한 생각을 강화합니다.

　또 권력에 가까워 강남 개발 상황을 미리 알았거나 정권의 조력을 받았거나 눈치 빠르게 그 흐름에 올라탔던 사람들이 지배 집단으로 자리 잡았다는 '신화'가 한국 사회에 존재합니다. 압구정현대아파트 특혜 분양 사건, 서초동 꽃마을 투기 논란 등이 이런 신화를 강화해왔죠. 강남 개발을 무대로 한 성공담의 주인공이 되지 못한 많은 시민은 "제2의 강남은 어디인가"를 끊임없이 되물으며, 다음에야말로 기회를 놓치지 않겠다고 각오를 다지고는 합니다.

하지만 강남은 정말로 이런 곳이기만 한 걸까요? 가령 말죽거리 신화에 등장하는, 훗날 건물주가 되는 부농들만 강남에 살던 것은 아닙니다. 강북 부자들에게 팔 만한 큰 농지를 갖지 못한 소규모 자영농 그리고 남의 땅을 부쳐 먹고산 소작농이 훨씬 더 많았습니다. 그런데도 이들에 관한 이야기는 강남 개발 과정에서 거의 남겨지지 않았습니다. 다만 그 뒤로 오늘날까지 이어지고 있는 신도시 개발 과정에서 확인되는 사연들을 통해, 개발 당시의 강남에도 비슷한 사연들이 존재했으리라고 짐작할 뿐입니다.

반세기 전 '농촌 강남'에 살던 소규모 자영농과 소작농은, 오늘날 강남 3구의 다양한 주거 형태에서 살아가고 있는 세입자와 임차인에 해당합니다. 저부터가 유년기에 잠시, 청소년기에 10년 이상 그리고 성인이 된 뒤에 다시 한번 강남에서 세입자로 살았습니다. 집주인이라면 대체로 한 구區에 정착해 오래 살겠지만, 세입자이다 보니 강남 3구에 두루 살면서 다양한 집단과 접촉하는 경험을 갖게 되었습니다. 그 경험이 이 책을 쓰게 한 원동력이 되었죠. 특히 이제는 재건축이 끝난 강남구 개포동의 개포주공1단지에 살 때는 아파트단지를 둘러싼 네 곳의 빈민촌을 직접 답사하며 강남 주민들의 다양한 경제적 상황을 두 눈으로 확인했습니다.

한편 지도 앱에서 강남 3구의 위성사진을 한 번이라도 본 분이라면, 아파트단지나 고급 단독주택단지는 특정 지역에 몰려 있고, 나머지 지역은 1970년대부터 지어진 크고 작은 맨션과 빌라 등으로 가득하다는 사실을 금방 눈치챘을 겁니다. 이 때문에 저는 아파트단지가 가득한 게 아니라, 많은 사람이 살고 싶어 하는 신축 아파트단지가 부족한 게 강남의 문제라고 생각합니다.

사람들이 살고 싶어 하는 주거 형태가 지어지도록 최소한의 개입만 하는 것이 자본주의 체제하의 국가정책일 겁니다. 사유재산인 아파트단지를 재건축하는 데 엄격하게 연한을 설정하고 층고와 일조권을 규제하는 등 정부와 서울시는 수많은 간섭을 통해 강남에 아파트단지 공급을 제한해왔습니다. 이러니 이 지역 신축 아파트단지들의 가격이 떨어질 리 없죠.

자본주의 논리대로라면 소유주들이 아파트단지를 50층이든 100층이든 자유롭게 재건축하게 함으로써 수요에 따라 공급이 늘도록 하는 게 맞습니다. 그 결과 강남의 거주환경이 나빠진다면, 사람들이 더는 매력을 느끼지 못하고 다른 지역으로 빠져나갈 겁니다. 이게 시장 논리에 따른 주택정책입니다.

하지만 그간 한국의 정치 세력들은 좌우를 막론하고 강남에 신축 아파트단지 공급을 각종 규제로 억제함으로써 집값을 계속 높여왔습니다. 어느 정치 세력이든 강남에 아파트를 갖고 있고(또는 갖고 싶어 하고) 건물주가 된(또는 되고 싶어 하는) 사람들이 다수 포함되어 있다 보니, 이런 일이 되풀이되고 있습니다. 한국의 지배 집단이 정치적·경제적 견해를 초월해 정말 강남을 사랑하는 마음으로 강남의 '쾌적한' 환경을 유지하려 한다는 사실이 이로써 확인됩니다.

한국 시민들, 특히 지배 집단에서 강남을 바라보는 관점이 이렇다 보니, 그간 한국 사회에서 나온 강남에 관한 이야기들은 강남의 전체 모습을 제대로 반영하지 못했습니다. 오히려 자신들의 정치적·경제적 이익을 위해 편파적으로 강남을 다루기 일쑤였죠. 이제까지 강남을 이야기한 사람들의 말속에서 강남은 정치적인 정쟁의 대상이자 경제적인 상승과 몰락의 무대일 뿐이었습니다.

이 책에서 저는 강남도 현대 한국 사회를 구성하는 다양한 집단과 다양한 주거 형태가 존재하는 곳이라는 사실을 말하려 합니다. '강남 또한 다양한 사람이 사는 곳'이라는 것이 이 책의 핵심 메시지입니다.

이런 의미에서 이 책은 '강남 사람들의 이야기'이자 '강남 땅의 이야기'입니다. 이 책에는 말죽거리 신화 속의 부자와 지금도 강남 곳곳에 거주하고 있는 빈민이 함께 등장합니다. 100억 원짜리 아파트의 집주인과 빌라 세입자가 강남의 주민으로서 동등하게 다뤄집니다. 그게 제가 40여 년간 경험하고 관찰한 강남의 실제 모습입니다.

이 책은 2017년 여름부터 시작한 '직업으로서의 답사'의 중간 결산입니다. 그동안 함께 답사하고 이야기를 나눈 지인분들, 이번 책을 비롯해 그간 저의 답사 및 임장 책을 내주신 출판사 관계자분들, 아내 장누리와 딸 김단비 그리고 무엇보다 저의 작업에 관심을 기울여준 동료 시민들께 깊이 감사드립니다.

2025년 4월
김시덕

차례

머리말 · 5

프롤로그 | 우리는 왜 강남에 주목하는가 · 15

1부 강남 이전의 강남:
도시화석으로 복원한 잊힌 기억

1장 그 많던 농민들은 어디로 갔을까: 농촌 시절의 강남 풍경 · 35

학교 이름에 남은 옛 지명들 | 한강변 논밭에 들어선 압구정현대아파트 | 나룻배 타고 오가던 강남 사람들 | 무밭이었던 강남고속버스터미널 | 꽃 재배의 선구자와 그 후예들 | 돼지 사육의 최전선 | '농촌 강남'의 흔적을 간직한 도시화석 | 강남은 100년 전에도 물난리에 시달렸다 | 한신포차의 기원을 찾아서 | 언덕을 오르내리던 사람들

2부 강남의 탄생: 실패한 계획이 낳은 불패 신화

2장 첫 삽을 뜨다: 대전환기의 열망을 품은 영동지구 · 109

격동하는 현대사와 틀어지는 개발축 | '한강뷰 아파트'에 어째서 벙커를 설치했을까 | 그린벨트에는 '환경'이 없다 | 토목 기술이 가른 도시의 운명 | 도로가 먼저일까, 도시가 먼저일까 | "재미 보는 것은 강북 재벌뿐" | 대통령도, 서울시장도 예상 못 한 파급 효과 | 국가기관은 왜 남쪽으로 이동하는가 | 끊이지 않았던 서울시청 이전 논의 | 빈민을 가장한 투기꾼들 | 타워팰리스 대신 삼성타워가 들어섰다면? | 영동지구 개발의 흔적들

3장 한강의 흐름을 바꾸다: 도시와 도시를 연결한 새 땅, 잠실지구 · 183

섬이었던 잠실, 강이었던 석촌호수 | 최초의 '한강뷰 아파트'와 황무지 | 북한을 향한 경계심과 올림픽 개최 | 강북과 광주대단지의 연결 고리, 송파구 | 뱃사공 '숙이 아버지'의 파란만장한 삶 | 사라진 고인돌과 헐린 백제 성곽 | 침수되고 끊어지고 무너지다 | 비리와 추문은 어떻게 호재가 되었을까

3부 현대 강남의 세 가지 차원:
아파트, 산업, 교통의 상호작용

4장 성냥갑에서 선망의 대상으로: 아파트가 지나온 궤적 · 251

'아파트 옆 논밭뷰'라는 집단 기억 | 주택단지로 가득했던 '서울 시골' | "버스 노선은 제자리걸음" | 아파트단지의 원조는 강남이 아니다 | 차관으로 지은 고급 아파트 | 정부는 왜 집값을 잡지 못할까 | 아파트지구 제도의 전모 | 재건축의 미래

5장 길 위에 서면 경제가 보인다: 강남을 먹여 살리는 교통과 산업 · 305

사금부터 텅스텐까지, '농촌 강남'의 광산들 | 소멸한 산업철도 계획 | 소멸한 섬유단지 계획 | 터미널에 왜 명품관이 들어설까 | 새로운 교통망과 새로운 산업

4부 강남의 미래:
1극 도시의 출현, 제2의 강남은 없다

6장 거시적으로 보다: 확장 강남과 대서울권 시대 · 363

복합 기능을 품은 '강남적 삶의 양식' | '확장 강남'의 출발점은 어디인가 | 롯데
월드타워에 오르면 '대서울권 시대'가 보인다 | 강남 중심 현상의 가속화

7장 미시적으로 보다: 재건축과 재개발의 변수들 · 391

주거 형태, 입지 형태, 지형적 특성 중 무엇이 중요할까 | 경부고속도로는 지하
화될 수 있을까 | 누가 왜 재건축에 반대할까 | GTX-A 삼성역은 언제 개통될
까 | 어느 지역에 주목해야 할까

주 · 426
참고문헌 · 443
사진 출처 · 458
찾아보기 · 460

프롤로그 │ 우리는 왜 강남에 주목하는가

　최근 토지거래허가제가 화제입니다. 1979년 처음 도입된 이 제도는 그 취지 자체가 땅 투기 억제입니다. 국토교통부 장관이나 시도지사가 토지거래허가구역으로 지정한 지역에서는 시장이나 군수, 구청장의 허가를 받아야만 땅을 거래할 수 있죠. 굉장히 강력한 규제이기에 사유재산권을 과도하게 침해한다는 비판이 있어왔고, 실제로 1989년과 1997년에 헌법소원심판이 청구되었으나, 모두 합헌으로 판결되었습니다. 이후 2020년에 강남구 삼성동, 청담동, 대치동과 송파구 잠실동에 한해 주택까지 규제하도록 확대되었다가, 2023년에 비아파트는 규제에서 제외하도록 조정된 후로 지금까지 이어지고 있습니다.[1]

　그런데 2025년 2월 서울시가 강남구와 송파구를 토지거래허가구역에서 제외했습니다. 불과 8개월 전에 내린 3년 연장 결정을 갑자기 뒤집은 것이었는데, 기다렸다는 듯 시장이 반응했습니다. 고급 아파트단지를 중심으로 신고가가 갱신되며 과열되는 양상을 보였고, 심지어 주변 지역까지 덩달아 들썩였죠. 그러자 서울시는 한 달 만에 강남 3구와 더불어 용산구까지 토지거래허가구역으로 묶어버렸습니다. 일련의 사태에 대해 오세훈 서울시장은 "송구스럽게 생각한다"라며 사과했습니다.[2]

정부와 서울시가 토지거래허가제를 활용하는 방식에 대한 평가는 제각각이겠지만, 이번 일이 '강남 불패'라는 뿌리 깊은 믿음을 다시 한번 강화했다는 데는 이견이 없을 겁니다. 많은 사람이 부동산 투자 때문이든, 자녀 교육 때문이든, 쾌적한 생활환경 때문이든, 이도 아니면 한국 최고의 핵심지라는 막연한 환상 때문이든 강남에 주목합니다. 강남 입성을 성공한 삶의 잣대로 삼는 사람도 많습니다. 한마디로 강남은 현대 한국 시민들에게 물리적 공간을 뛰어넘는 일종의 상징으로 받아들여지고 있습니다. 그렇다면 우리는 도대체 왜 강남에 주목할까요?

강남의 땅과 사람들

그 답을 찾기 위해선 강남을 이루는 수많은 맥락을 두루 살펴봐야 합니다. 몰려들고 몰려난 사람들의 사연에 귀 기울이고, 스러져가는 철거민촌과 빛나는 스카이라인을 넘나들며, 열망으로 들끓는 개발사를 꿰뚫어야 하죠. 몇십억 원을 넘나드는 집값만이 강남의 전부는 아닙니다. 오히려 그 너머의 이야기들이야말로 강남을 특별하게 해줍니다.

이 책은 과거와 현재, 미래를 아우르며 강남 땅과 사람들에 관한 흥미로운 이야기를 풀어냅니다. 1부와 2부는 영동지구와 잠실지구의 개발 과정을 따라가고, 3부는 강남의 주거 형태와 산업, 교통망 등을 살펴봅니다. 마지막 4부는 강남의 미래를 전망하죠. 그 과정에서 자연스레 '살기 좋은 곳'과 '사기 좋은 곳'에 대한 실마리도 제시될 것입니다. 이 책을 펼친 목적에 따라, 강남의 역사가 궁금한 분이라면 1부부터 차근차근 읽고, 왜 하필 강남이어야 했는지가 궁금한 분이라면 2부를 먼저 읽어도 좋겠습니다. 강남의 부동산 시장이나 재건축 현황, 미래 도시계획에 관심 있는 분이라면 3부와 4부에서 답을 찾을 수 있을 겁니다.

결론부터 말해, 강남은 굉장히 역동적인 공간입니다. 바로 여기에 사람들은 매료되고, 또 그렇게 매료된 사람들이 강남을 만들어왔습니다. 실제로 강남 개발의 신호탄을 쏜 것은 정부와 서울시였지만, 그들의 예상을 뛰어넘어, 심지어 그들의 관심이 줄어든 후에도, 사람들은 강남으로 밀려들었습니다. 그 과정에서 어떤 사람들은 밀려났고, 또 어떤 사람들은 정착에 성공했죠. 지금도 똑같은 일이 반복되고 있습니다.

강남 지역이 처음 주목받게 된 것은 20세기 후반의 일이었습니다. 해방으로 해외 동포들이 귀국하고, 6·25전쟁으로 피란민들이 대량 발생하자, '판잣집', '루핑집', '바라크집'처럼 집 아닌 집으로 이뤄진 달동네가 서울, 부산, 대전, 대구, 광주, 마산, 인천 등 한국의 주요 도시들을 뒤덮었습니다. 루핑집이란 두꺼운 검은색 기름종이로 지붕을 대신한 집이고, 바라크집이란 온갖 잡동사니를 얼기설기 엮어 만든 임시 숙소입니다. 서울에서는 주로 한강 북쪽, 즉 강북 지역 외곽에 이런 집들이 들어섰습니다.

한편 1962년까지 서울은 그 영역의 대부분이 한강 북쪽에 자리했습니다. 한강철교와 한강인도교(지금의 한강대교)로 이어진 한강 남쪽에서는 영등포동, 대방동, 노량진동, 상도동 등 당시 영등포구에 속하던 일부 지역만 서울이었고요. 하여 당시에는 '강남'이 곧 영등포권을 가리키는 말이었습니다. 그러다가 이듬해에 경기도 시흥군의 동북쪽 일부와 광주군의 서북쪽 일부가 서울로 편입되었습니다. 지금의 서초구, 강남구, 송파구, 강동구, 동작구, 관악구에 해당하는 넓은 땅이죠. 바로 이 행정구역 개편으로 서울은 거의 두 배 넓어졌습니다.

서울시는 강북을 뒤덮고 있는 판잣집을 없애는 데 이들 새 땅을 사용했습니다. 그리하여 강북 판자촌의 빈민과 철거민들을 트럭이나 쓰레기 수거차에 실어 강남 지역에 '갖다버리는' 일이 계속되었습니다. 심지어는 서울 영역을 넘어, 지금의 경기도 성남시 구도심 지역에까지 철거민을 내려보내 '광주대단지'라 불리는 정착지를 만들었죠. 특히 김현옥 서울시장 시절인 1966년부터 1970년까지 그런 일이 집중적으로 이뤄졌습니다.

광주대단지를 모태로 해서 성남시가 탄생한 것처럼, 한강 남쪽의 서울 지역 대부분도 강북 철거민들이 정착하면서 도시화되기 시작했습니다. 이와 동시에 안보적 차원에서, 또 서울과 광주대단지의 연결성을 높이기 위해, 마지막으로 경부고속도로를 건설하며 정부와 서울시의 강남 개발이 본격화되었습니다. 그리하여 1968년 영동1지구(지금의 서초구) 개발이, 1971년 영동2지구(지금의 강남구) 개발이, 1974년 잠실지구(지금의 송파구) 개발이 첫 삽을 떴습니다. 이들 세 지역은 1975년 강남구로 독립했고, 1979년 강남구에서 강동구가, 1988년 강동구에서 송파구가, 또 강남구에서 서초구가 분구하며 강남 3구가 지금의 모양을 갖췄습니다. (추가로 1989년 강남구와 서초구 사이에 행정구역 재확정이 이뤄졌습니다.) 그 과정에서

18

강남 3구는 새로운 핵심지로 급부상, '강남'이란 호칭을 독차지하기에 이르렀습니다.

사람들은 강남의 탄생을 논하면서, 압구정현대아파트 앞에서 밭 갈던 땅 주인들, 말죽거리의 부동산업자들, 이들에게 대규모로 농지를 구입해 빌딩과 아파트단지를 세운 재벌들만을 이야기합니다. 하지만 오늘날의 강남이 탄생하는 데는 강남 지역의 일부 토지주와 강북의 전주뿐 아니라, 강남 지역의 세입자와 소작농, 강북에서 온 철거민들도 그 나름의 역할을 했습니다. 철거민들이 서울 끄트머리의 황무지에 정착해 살 만한 곳으로 만들어놓으면, 그들을 밀어내고 재건축을 통해 중산층의 거주지로 바꾸는 작업이 아직도 강남구 개포동, 송파구 마천동과 거여동 등에서 벌어지고 있습니다.

강남 개발을 둘러싼 오해

아직 '강남'이라는 지명이 영등포권을 가리키던 시기에, 강북의 수많은 중하층 시민이 자발적으로, 또는 강제적으로 넓은 의미의 강남으로 옮겨왔습니다. 서부 강남에는 지금의 양천구, 관악구, 동작구에, 동부 강남에는 지금의 강남 3구와 강동구에 철거민 마을이 많이 생겨났죠. 이들 마을의 마지막 흔적은 아직도 곳곳에 남아 있습니다. 따라서 이 시기에 '강남'이라는 단어가 지닌 뉘앙스는 오늘날과 달리 '땅끝'과 '가난이었다고 해도 지나치지 않습니다.

그랬던 강남, 특히 강남 3구가 천지개벽을 이룬 데는 몇 가지 일이 결정적 영향을 미쳤습니다. 어떤 일은 필연적이었지만, 또 어떤 일은 우연히 벌어졌으니, 그것들이 얽히고설키며 오늘날의 강남 3구가 탄생했습니다.

그 일들을 짚기에 앞서 세 가지 강조할 점이 있습니다. 첫째, 풍수지리는 강남 3구의 성공과 무관하다는 것입니다. 가령 잠실지구는 폭우가 내릴 때마다 수몰되는 곳이었습니다. 굳이 풍수지리적으로 보자면, 지금의 강남구에서도 대치동 대치현대아파트 자리에 있었던 쪽박산 일대, 양재천과 탄천 사이의 대치동 구마을, 대모산과 양재천 사이의 개포동 구마을 같은 곳이 전근대에도 사람이 살 만한 곳이었습니다. 물론 그런 곳들마저 가난을 면치는 못했고요.[3] 그 아래의 평지 지대는 툭하면 수몰되는 쓸모없는 땅이었습니다.[4] 한마디로 강남 3구는 풍수지리적으로 가장 나쁜 지역이었습니다. 하지만 토목 기술이 발전하며 상황이 달라지기 시작했습니다. 오히려 평지 지대가 부촌이 되고, 대치동이나 개포동의 구마을은 강남 개발이 완료되고 한참이 지난 최근에서야 재건축이 이뤄지고 있습니다. 풍수지리적으로 나쁜 곳이 먼저 개발되고, 좋은 곳이 뒤늦게 개발되는 것이 지난 50년간 강남 3구에서 확인된 사실입니다.

둘째, 박정희 정부가 정치자금을 마련하기 위해 말죽거리 신화를 기획했다는 주장은 진실의 절반만 담고 있다는 것입니다. 그 당시 상황을 살펴보면 정부가 영동지구의 투기 열풍을 일으킨 게 아니라, 영동지구에 투기 열풍이 일자 정부가 편승했다고 보는 것이 타당합니다.

셋째, 압구정현대아파트 특혜 분양 사건으로 상징되는 고급 아파트단지, 우면산과 대모산 남쪽 기슭의 고급 단독주택단지가 강남 3구의 전부는 아니라는 것입니다. 이러한 단지들은 강남 3구에만 건설되었던 게 아닙니다. 1964년 준공된 마포구 도화동의 마포주공아파트, 1971년 준공된 영등포구 여의도동의 시범아파트 등, 고급 아파트단지는 강남 3구가 모습을 드러내기 전부터 이미 서울 곳곳에 여럿 조성되어 있었습니다. 고급 단독주택단지는 강북에 오히려 더 많았고요.

오늘의 강남을 만든 결정적 순간들

강남 3구는 더욱 다양한 요인들이 복잡하게 상호작용한 끝에 한국의 중심으로 자리하게 되었습니다. 그 결정적 순간들을 정리하면 다음과 같습니다.

첫째, 일제 식민지 시기였던 1936년, 영등포가 영등포부라는 독립적인 행정단위로 승격되는 대신 경성부의 일부로 편입되며, '강남'이라는 개념이 사람들의 머릿속에 자리 잡았습니다.

둘째, 1967년 경인운하와 한강댐 건설 계획이 취소되며, 강남 3구 지역이 수몰되는 신세를 면했습니다.

셋째, 경부고속도로를 놓으며 영동지구 개발이 구체화되었습니다. 모든 고속도로 주변 지역이 지금의 강남 3구처럼 개발되지는 않습니다. 하지만 경부고속도로가 영동지구를 가로지르지 않았다면, 또한 경부고속도로 부지를 싸게 확보하기 위해 토지구획정리사업에 박차를 가하지 않았다면, 오늘의 강남 3구는 탄생하지 않았을 것입니다.

넷째, 압구정현대아파트 특혜 분양 사건, 서초동 꽃마을 투기 논란, 수서 비리 사건 등 각종 부동산 비리 사건이 투기 열풍에 불을 붙였습니다. 당시 고급 아파트단지나 단독주택단지는 오히려 강북에 더 많았습니다. 그런데 영동지구 및 잠실지구가 개발되며 '신축' 단지들이 만들어졌고, 무엇보다 한국 사회의 지배 집단이 이곳들에서 불법적 방법을 동원해 부를 축적했다는 게 온 세상에 알려졌습니다. 많은 사람이 혀를 찼지만, 역설적으로 강남 3구의 부가가치가 입증된 일이기도 했습니다. 이로써 1970년대 중반 정부의 관심이 서울 이남으로 향한 뒤에도 사람들은 계속해서 강남 3구로 몰려들었습니다.

다섯째, 경기도 의왕시의 오봉역부터 강남 3구를 관통해 한강 이북의 남양주시까지 이르는 산업철도인 남부순환선 계획이 중단되었습니다. 이로써 강남 3구가 서울 서남부의 구로공단 같은 전통적인 준공업지대가 된다는 미래가 사라졌습니다.

여섯째, 잠실지구 개발과 올림픽 유치에 따른 송파구 개발 덕분에 현대 한국 시민들에게 익숙한 '강남적 삶의 양식'이 탄생했습니다. 특히 잠실지구 개발 당시, 한강 지류를 본류로 바꾸고, 본류를 끊어 만든 인공호수(석촌호수)는 이후 개발된 신도시들의 필수 요소로 자리 잡았습니다. 이 강남적 삶의 양식, 즉 아파트단지와 수변 공간, 복합 쇼핑몰의 삼위

일체는 현대 한국인들의 삶을 정의하는 요소로서 계속해서 퍼져나가는 중입니다. 또한 잠실지구를 강남에 붙여 개발하지 않았다면, '강남 3구'가 아닌 '강남 2구'라는 개념만 존재했을 것입니다. 그렇다면 '송파구-성남시'로 이어지는 오늘날의 개발축 대신, 한때 당연시되었던 '서초구-과천시-안양시'로 이어지는 개발축이 두각을 나타냈을지 모릅니다.

일곱째, 박정희 대통령이 암살당하며 수도 이전 계획이 중단되었습니다. 이로써 세종시 지역에 50~100만 명의 인구가 사는 새 수도가 탄생할 가능성이 사라졌습니다. 만약 이 계획이 실현되었다면, 제2의 강남이 금강 동남쪽의 세종시 금남면 지역과 대전시 북부의 유성구 및 대덕구 지역에 걸쳐 탄생했을지 모릅니다. 바꿔 말해, 이 가능성이 사라졌기 때문에 제2의 강남이 탄생할 가능성도 사라졌습니다.

강남은 어디로 향하는가

이처럼 강남 3구는 매우 복잡다단한 맥락을 지닌 공간입니다. 부동산 투자로 돈을 벌고 싶든, 강남 3구에서 살기 좋은 곳을 찾든, 한국 도시 개발의 미래가 궁금하든, 이 맥락을 종합적으로 살펴보지 않으면 답을 찾기 어렵습니다. 가령 부동산 투자자라면, 정부와 서울시의 정책뿐 아니라, 사람들의 욕망에도 민감하게 반응해야 할 것입니다. 실거주지를 찾는 사람이라면, 상습 침수지와 언덕바지가 어디인지 알아야 하겠죠.

도시 개발 실무자라면, 강남적 삶의 양식과 개발축이 어디로 향하고 있는지 살펴봐야 하겠고요.

강남 3구는 오늘날에도 여전히 역동적입니다. 무엇보다 1970년대와 1980년대에 걸쳐 지어진 건물과 공간들이 곳곳에서 대규모로 재건축, 재개발되고 있습니다. 영동지구 개발의 첫 시층時層인 서초구의 반포주공아파트, 강남구의 개포주공아파트와 개포시영아파트, 송파구의 잠실시영아파트와 가락시영아파트 등의 재건축이 그 시작을 알렸습니다. 이어서 서초구의 신반포한신아파트, 강남구의 압구정현대아파트와 은마아파트, 송파구의 잠실주공5단지가 그 흐름을 이어나갈 것으로 예상됩니다.

또한 강남구와 송파구의 경계 지역에서는 영동대로 지하공간 복합개발, 잠실 스포츠·마이스MICE 복합공간 개발, GTX-A·C 삼성역 개통, 수서 역세권 개발 등이 동시에 진행되고 있습니다. 강남구와 서초구의 경계 지역에서는 강남고속버스터미널 현대화와 주변 아파트단지들의 재건축이 동시에 진행되고 있고, 경부고속도로 강남 통과 구간의 지하화도 논의되고 있습니다. 이들 또한 강남 3구의 미래를 좌우한 결정적 순간으로 기억될 것입니다.

아울러 서울의 전통적인 3핵 가운데 강북 사대문 지역이 담당하던 정치 및 행정 기능은 상당 부분 용산구와 마포구로 옮겨갈 것이 예상됩니다. 이 두 지역은 한강 남쪽의 여의도를 끌어들여 서울의 새로운 중심으로 떠오를 것입니다. 여의도는 행정구역상 여의도동으로 영등포구에 속해 있지만, 둘은 다른 미래를 걸을 것 같군요. 참고로 전근대에 여의도는 강남이 아닌 강북에 속하기도 했죠. 이렇게 해서 미래 서울에는 강남 3구가 1극으로 확고히 자리 잡고 있을 것이며, 강북 사대문과 영등포에서 일부 기능을 옮겨 받은 용산구, 마포구, 여의도가 또 하나의 중심으로 자리매김할 것으로 보입니다. 세종시, 대전시, 청주시 등의 중부권이 강남 3구를 대체하는 일은 없을 것이고요.

그렇다고 해서 강남 3구가 외부의 사람과 자원을 빨아들이기만 한다거나, 고립되리라는 말은 아닙니다. 반대로 확장될 것입니다. 저는 이것을 '확장 강남'이라 부르는데, 송파구와 성남시(광주대단지)의 태생적 친연성親緣性을 하드웨어 삼고, 수원시의 삼성전자 본사로 대표되는 반도체산업을 소프트웨어 삼아, 강남 3구에서 시작된 개발축은 경기도 동남부를 향해 뻗어나갈 것입니다.

지금까지 살펴본 것처럼, 강남 3구는 개발이 시작된 후로 그 역동성을 잃지 않았습니다. 오늘날에는 다른 어떤 곳보다 활발히 개발 사업이 진행되는 동시에, 도시 기능의 확장 또한 이뤄지고 있습니다. 한편 강남 3구를 거닐다 보면, 곳곳에서 그 과거를 증언하는 '도시화석'들을 만나게 됩니다. 거기에는 가난한 철거민, 흔적만 남은 공장, 심지어 옛 유적지에 관한 이야기들이 담겨 있죠. 앞으로 이 '강남들'을 두루 만나볼 것입니다. 그 시작은 농촌 시절의 강남 3구입니다.

1부

강남 이전의 강남

: 도시화석으로 복원한 잊힌 기억

경기도의 일부였던 시절에도
강남은 빈 땅이 아니었습니다.

원예와 축산으로 삶을 일구던
농민들은 어디로 갔을까요?

1925

1950

1955

을축년 대홍수

을축년 대홍수로 반포부
터 잠실까지 한강가의 수
많은 지역이 초토화되었
습니다. 이후 고지대로 옮
겨간 수재민들은 채소원
예에 매진했습니다. 이로
써 강남 지역은 경성의 최
대 채소 공급원이 되었죠.
지금도 강남 3구는 수해에
취약합니다.

6·25전쟁

6·25전쟁 이후 한국에서
도시 개발은 안보와 불가
분의 관계가 되었습니다.
전쟁 당시 서울 강북에 몰
려 있던 인구로 전투에 어
려움을 겪고, 전쟁 후에는
북한의 미사일 기술에 위
협당한 결과, 정부는 한강
이남, 더 나아가 서울 이남
으로의 인구 분산을 적극
적으로 추진했습니다.

꽃마을 탄생

지금의 서초구 서초동에
있던 마을 '왕촌' 근처에서
는 대규모 화훼원예가 이
뤄졌습니다. 8평 규모로
시작된 화훼원예는 10년
도 안 되어 9,000평 규모
에 이르렀는데, 이것이 꽃
마을의 시작입니다.

한남동 나룻배 전복 사고

1960년대 초까지만 해도 대부분의 사람이 나룻배를 타고 한강 북쪽과 남쪽을 오갔습니다. 그 와중에 나룻배들이 자주 뒤집어져 많은 사람이 죽자, 제3한강교(지금의 한남대교) 건설 계획에 탄력이 붙었습니다.

경기도의 서울 편입

한강 남쪽의 경기도 시흥군과 광주군 일부가 편입되며, 서울은 거의 두 배 가까이 넓어졌습니다. 지금의 강남 3구에 해당하는 지역도 이때 서울에 편입되었죠. 당시 이곳은 '강남'이 아니라 '영등포의 동쪽'이라는 뜻에서 '영동'으로만 불렸습니다.

평화촌 형성

1950년대 말부터 진행된 청계천 복개 공사로 살 곳을 잃은 철거민들은 밀리고 밀려난 끝에 강남 지역에 자리 잡았습니다. 1967년 지금의 송파구 가락동에 정착한 이들은 새 터전을 '평화촌'이라 불렀습니다. 1969년에는 서울시가 철거민들을 지금의 분당신도시 일대, 즉 광주대단지로 이주시켰습니다.

1962

1963

1967

지금의 강남구 대치동 일대를 촬영한 1976년의 항공사진. 해당 지역이 포함된 영동2지구 개발이 첫 삽을 뜨고도 5년여가 지난 시점이지만, 여전히 논밭으로 빼곡합니다. 흔한 시골 마을의 풍경과 크게 다르지 않습니다.

1973년 지금의 서초구 내곡동에 있던 신흥마을을 방문한 양택식 서울시장. 당시 신흥마을은 한국 최초로 '케이지 양돈법'을 도입해 소득을 크게 늘리며, 정부 차원의 관심을 받았습니다. 이처럼 농촌 시절, 심지어 영동지구 개발이 시작된 이후에도 얼마간 강남 지역은 원예와 축산의 최전선이었습니다.

1장

그 많던 농민들은 어디로 갔을까

: 농촌 시절의 강남 풍경

지금 서울의 절반 정도는 1962년 12월 31일까지 경기도였습니다. 조금 더 거슬러 올라가 1949년 8월 12일까지는 4분의 3 정도가 경기도였죠. 이들 지역은 서울에 속해 있던 세월보다 훨씬 더 긴 세월을 경기도에 속해 있었습니다. 이런 인연이 있다 보니, 예전에 경기도였다가 서울에 편입된 지역들은 지금도 경계를 접하는 경기도 지역과 생활권을 함께합니다.

1949년이나 1963년에 서울로 편입된 경기도 지역 중에는 조선시대에 '성저십리城底十里'로 불린, 일종의 그린벨트(개발제한구역)에 해당하는 곳도 있었습니다. 이들 지역은 경기도라기보다는 한양이었다고 봐야 할 텐데, 따라서 잠시 경기도로 갔다가 되돌아왔다고 볼 수 있습니다. 하지만 강남 3구 지역은 1962년까지 온전히 경기도에 속해 있었습니다. 서울에 속한 지 60여 년밖에 되지 않은 지역이 오늘날 서울을 대표하는 지역이 되었으니 흥미롭습니다.

학교 이름에 남은 옛 지명들

강남 3구 가운데 서초구와 강남구는 한강 남쪽의 경기도에 속해 있었습니다. 서초구는 대부분 시흥군 신동면이었고, 대모산 남쪽의 신원동, 염곡동, 내곡동만 광주군 언주면이었습니다. 크게 보아 언주면의 일부가 시흥군에 붙었던 셈인데, 이런 행정구역 개편에는 그 나름의 배경이 있었습니다. 사실 1930년대부터 언주면을 시흥군에 편입시키려는 움직임이 있었습니다. 당시 광주군청이 남한산 근처에 있다 보니, 언주면에서는 너무 멀어 이용하기에 불편했기 때문입니다. 1952년에는 언주면의회에서 편입 결의안을 채택하기도 했죠. 우여곡절 끝에 언주면의 일부가 서초구로 재편된 것은, 30년 전부터 제기되던 편입 요구가 결국 1960년대 들어 받아들여진 결과라 할 수 있습니다.'

한편 강남구는 대부분 광주군 언주면이었고, 수서동, 일원동, 세곡동, 율현동, 자곡동은 대왕면이었습니다. 강남구의 개발 과정을 보면 북쪽 지역과 남쪽 지역의 개발 시기가 다른데, 언주면 지역(북쪽)이 먼저 개발된 뒤에 훗날 '수서택지개발지구'라 불린 대왕면 지역(남쪽)이 개발되었다고 볼 수 있습니다.

서초구와 강남구는 한강 남쪽의 경기도 땅을 서울로 편입시켜 만든 데 반해, 송파구는 한강 남쪽의 땅과 북쪽의 땅을 하나로 합쳐 만들었습니다. 서울이든 경기도든 이렇게 강의 남쪽 땅과 북쪽 땅을 합쳐 하나의 행정구역을 만든 경우는 거의 없죠. 송파구를 대표하는 북쪽 지역인 잠실동이 바로 강북에 속했던 곳으로, 1949년까지는 고양군 뚝도면 잠실리였습니다.

또 송파구 풍납동은 광주군 구천면에서 왔는데, 그 밖의 구천면 대부분은 강동구가 되었습니다. 실제로 강동구 천호동에 가보면 '구천면로'라 불리는 오래된 길이 하나 남아 있습니다. 천호동이 오래된 지역임을 알 수 있는 도시화석입니다. 그리고 잠실동과 풍납동을 뺀 송파구의 나머지 지역은 광주군 중대면에서 왔습니다. 이처럼 송파구는 상당히 복잡

서울特別市區域変遷図

1965년 출간된 《서울특별시사》에 실린 〈서울특별시구역변천도〉. 붉은색이 1949년에, 파란색이 1963년에 새로 편입된 지역입니다. 서울이 어떻게 확장되어왔는지 확인할 수 있습니다. 이후로도 서울은 꾸준히 확장됩니다.

解放 以前
1949. 8. 13
1963. 1. 1

本 地圖는 「서울特別市史(解放後市政篇), 1965年
11月 30日 (發行)의 末尾에 붙어 있는 所揭이다.
1987. 7. 31
許基粒

한 행정구역 개편을 거친 끝에 지금의 모습이 되었습니다.

아울러 송파구 잠실동은 원래 섬이었습니다. 한강 북쪽의 뚝섬과 같은 생활권이었던 이 잠실도를 한강 남쪽 땅에 붙이는 게 잠실지구 개발의 핵심이었습니다. 이를 위해 잠실도 북쪽의 한강 지류를 본류로 바꾸고, 남쪽의 본류를 끊어 석촌호수로 만들었죠. 그 결과 송파구는 한강 남쪽의 시흥군과 광주군에서 비롯된 서초구나 강남구는 물론이고, 그 밖의 한강 남쪽 지역들과도 성격이 다릅니다. 함께 강남 3구로 묶이고는 있지만, 송파구의 분위기가 서초구나 강남구와 다르고 미래의 모습도 다르리라고 예상되는 것은 이런 근원적 차이 때문입니다.

농촌 시절의 강남 3구가 속해 있던 경기도 지명들은 지

강동구에서 가장 오래된 길인 구천면로에 남은 20세기 중기의 나무 전봇대. 초록색 이끼가 낀 모습에서 오랜 세월이 느껴집니다. 2019년 7월

1부 | 강남 이전의 강남

금도 학교 이름 등에 남아 있습니다. 서초구 잠원동의 신동초등학교·중학교, 강남구 도곡동의 언주초등학교와 삼성동의 언주중학교, 세곡동의 대왕초등학교와 수서동의 대왕중학교, 송파구 송파동의 중대초등학교가 좋은 예입니다.

특히 언주초등학교 바로 옆에는 원래 언주면사무소가 있었는데, 이처럼 초등학교와 면사무소가 지역 한복판에 나란히 붙어 있는 모습은 지금도 전국 농촌의 면사무소 소재지에서 흔히 볼 수 있는 건물 배치입니다. 언주면사무소에서 '영남대로'라 불리던 옛길을 서남쪽으로 건너가면 신동면사무소도 있었습니다. 영남대로가 간선도로였다 보니 그 근처에 두 개의 면사무소가 나란히 자리하게 되었던 것인데, 마치 경부선 근처에 충청북도 도청 소재지(청주시)와 충청남도 도청 소재지(대전시)가 자리한 것과 마찬가지입니다.

서초구 양재동의 양재1동민원분소(신동면사무소, 이후 신동출장소)에서 시작해 언주초등학교와 강남구 도곡동의 도곡1동주민센터(언주면사무소, 이후 언주출장소)를 거쳐 한때 '역말'이란 마을을 지키던, 도곡경남아파트의 수령 700년 이상 된 당나무까지 답사하면, 경기도의 농촌 마을이던 시절 강남의 풍경을 상상할 수 있습니다. 도시란 택지개발, 재건축, 재개발을 통해 계속 모습을 바꾸는 것처럼 보이지만, 사실은 이처럼 오래오래 흔적을 남기는 법입니다. 어느 도시를 답사하든, 도시화석을 눈여겨봐야 하는 이유죠.

1963년 제작된 2만 5000분의 1 지도에 보이는 '신동출장소'와 '언주출장소'. 오늘날 서초구 양재동과 강남구 도곡동에 해당합니다.

도곡경남아파트의 수령 700년 이상 된 당나무. 원래 '역말'이라 불리던 마을을 지켰습니다.

한강변 논밭에 들어선 압구정현대아파트

　오늘날의 한국 시민, 특히 서울 시민 가운데 농촌 시절의 강남 3구 지역에 어떤 사람들이 살았는지 궁금해하는 분은 별로 없을 듯합니다. 애당초 강남에 대한 관심이 주로 아파트단지의 시세에 쏠려 있기 때문이죠. 개발 전의 강남 3구라고 하면, 서초구 방배동에 무덤이 있는 태종의 둘째 아들 효령대군, 압구정이라는 정자를 세운 한명회 그리고 몇몇 집성촌 정도만 언급될 뿐입니다. 하지만 개발 전의 강남에 어찌 몇몇 양반만 살고 있었겠습니까. 평민도, 노비도, 아전도 그리고 장돌뱅이와 뱃사공들도 살고 있었죠.

　근대 이후의 농촌 강남에 살던 시민 가운데 가장 유명한 사람은 1978년 4월 사진가 전민조가 강남구 압구정동에서 촬영한 자영농(자작농)일 겁니다. 그곳에 아파트단지들이 지어지고 있던 시기, 막 준공된 압구정현대아파트 앞의 땅을 비싸게 팔고 마지막 농사를 짓던 농부의 모습은 이후 강남 개발의 상징이 되었습니다.[2]

　한편 강남구 논현동의 어느 빌딩 1층 외벽에는 대대로 농사짓던 땅을 택지개발해 세웠음을 밝히는 머릿돌이 부착되어 있습니다. 이 머릿돌에서 건물주는 자신을 "고향을 지켜온 원주민"이자 "터줏대감"이라고 자부합니다. 한국 시민들이 품고 있는, 개발 전의 강남 주민들에 대한 이미지는 대체로 이런 사람들에게서 비롯되었을 터입니다.

　하지만 농촌 강남에 넓은 토지를 소유한 자영농들만 살던 것은 아닙

압구정현대아파트에 남아 있는 머릿돌. 1979년 9월 착공되어 1981년 4월 준공되었음을 알 수 있습니다.
2024년 5월

강남구 논현동의 어느 빌딩 머릿돌. "고향을 지켜온 원주민"의 자부심이 느껴집니다. 이 머릿돌의 존재를 알려준 주준영 선생에게 감사드립니다. 2024년 7월

니다. 농촌 강남이 모두가 평등한 지상낙원이 아니었던 이상, 그랬을 리 만무하죠. 하지만 그곳에 살던 소작농이나 세입자에 대한 기록은 찾기 어렵습니다. 그들은 존재하지 않았던 게 아니라 기록되지 않았던 것입니다. 강남뿐 아니라 전국의 택지개발 예정지로 넓혀봐도, 자영농이나 건물주가 아닌 시민들의 삶은 적어도 1970년대까지 거의 기록되지 않았습니다.

1980년대 들어 지금의 양천구 목동과 신정동 일대에 목동신시가지를 개발할 때 비로소 세입자들의 존재가 드러났습니다. 당시 목동과 신정동은 강서구에 속해 있었는데, 1988년 신월동과 함께 양천구로 재편되었습니다. 이듬해 목동신시가지가 거의 완성되자, 정부는 이어서 경기도 고양시에 일산신도시를 개발하겠다고 발표했죠. 그러자 이에 반발한 주민 다섯 명이 자살했으니, 그중 대부분이 소작농과 세입자였습니다. 강남 개발이 이로부터 20여 년 전의 일이었던 만큼, 일부 떼부자가 된 사람들의 이야기만 전설처럼 전해지는 것도 이상한 일은 아닙니다.

자영농과 소작농, 건물주와 세입자를 포함해 농촌 강남에 살던 사람들에 대한 기록은 이처럼 막연합니다. 땅을 팔거나 건물을 올려 원래 살던 지역에 재정착할 수 있었던 일부 시민이 중심이 되어 세운 마을 유래비가 몇 개 남아 있기는 합니다. 하지만 강남을 떠날 수밖에 없었던 사람들을 기억할 만한 망향비는 서초구와 강남구에서 보기 어렵습니다.

망향비란 택지개발로 도시나 공업단지를 건설할 경우, 철도나 항구, 공항이나 우주기지를 놓을 경우, 댐을 짓기 위해 수천에서 수만 명의 주민을 이주시키고 마을들을 수몰시킬 경우, 문화재를 정비할 경우, 해당 지역에 원래 살고 있던 주민들의 목소리와 이름을 새긴 비석입니다.

한국에서는 1962년 울산공업센터가 건설된 이래로 전국 곳곳이 택지 개발되었습니다. 당시에는 고향을 떠나는 이른바 '제자리 실향민'들의 기억을 어딘가에 남긴다는 발상이 사회적으로 존재하지 않았던 것 같습니다. 그러다가 1990년대 무렵부터 흩어져 살던 주민들이 힘을 모아 고향 옛터에 망향비를 세우기 시작했습니다. 하지만 서초구와 강남구에서는 그런 움직임을 찾아볼 수 없었죠. 농촌 강남의 농민들은 완전히 흩어졌던 것입니다.

한편 강남구 개포동에서 야산을 깎아 개포주공5단지를 짓던 1978년에는 그곳에 움막을 짓고 고물상을 하던 최영독 씨가 새집을 찾을 때까지 그대로 생활한 사례가 보도되기도 했습니다. 강남 3구 중 서초구와 강남구는 1960년대 말부터 개발되었으므로, 그 이전에도 비슷한 사례가 있었을 것입니다. 하지만 '목동 투쟁', 즉 목동신시가지 개발에 기존 주민들이 대거 저항한 사건을 계기로 철거민 문제가 전국적으로 논의되던 1980년대 들어서야 최영독 씨 같은 사례가 주목받았을 터입니다.

다만 서초구 및 강남구와 함께 강남 3구로 묶이는 송파구에는 꽤 많은 망향비가 남아 있습니다. 잠실동 아시아공원과 잠실근린공원에 각각 부렴마을 망향비와 신천마을 망향비가, 오륜동 몽촌토성에 몽촌유허비가 세워졌죠. 송파구에 망향비가 집중적으로 세워진 것은, 택지개발이 서초구와 강남구에 비해 늦었기 때문인 듯합니다. 서초구와 강남구

최영독 씨와 가족들이 머물던 움막. 1986년 1월 16일 자《조선일보》기사 〈개포동의 '고도(孤島)'〉에 실린 사진입니다. 기사에 따르면 서울시의 배려로 새집을 찾을 때까지 남을 수 있었다고 합니다.

움막이 있던 곳의 최근 모습. 개포주공5단지 501동의 맞은편입니다. 2025년 1월

는 1960년대부터 영동지구 개발이라는 이름으로 택지개발이 시작되었던 데 반해, 송파구는 1970년대에 잠실지구가, 1980년대에 올림픽 관련 지역들이 택지개발되었습니다. 송파구의 망향비는 1990년대부터 세워지기 시작했는데, 반세기 전에 고향을 잃은 전국 곳곳의 시민들이 망향비를 세우기 시작했던 것도 이즈음이어서 시기적으로 일치합니다.

손택수 시인의 〈제비집-동탄 1〉이라는 시는, 택지개발되어 고향을 잃은 시민들의 마음을 잘 대변합니다. "명절만 오면 헛걸음인 줄 알면서도 / 신도시로 바뀐 고향땅에 와서 / 옛 논과 들과 마을을 / 떠돌다 가는 사람들이 있다"[3] 오늘도 강남 어딘가에서 누군가는 개발로 떠나고 있고, 누군가는 개발로 모습이 완전히 바뀌어버린 고향의 옛 모습을 찾아 헤매고 있을지 모릅니다.

나룻배 타고 오가던 강남 사람들

우리는 1960년대의 강남 개발 시기에 그 땅에 살던 사람들에 대한 정보를 거의 갖고 있지 않습니다. 그런데 뜻밖에도 20세기 전기, 그러니까 식민지 시기와 광복, 6·25전쟁 이후 농촌 시절의 강남 사람들에 대한 기록은 어느 정도 남아 있습니다. 아주 많다고는 할 수 없지만, 그들이 어떻게 생겼고 어떤 생각을 했고 어떤 일을 해서 먹고살았는지를 상상할 만큼은 되죠.

반포리 사람들의 얼굴. 1934년 8월 19일 자《동아일보》기사〈전도에 전개된 계몽 전선 9〉에 실린 사진입니다. 앳된 얼굴들이 눈에 띕니다.

가령 경기도 시흥군 신동면 반포리, 즉 지금의 서초구 반포동에 살던 90여 명의 단체 사진이 1934년 8월 19일 자《동아일보》에 실렸습니다.[4] 당시 동아일보사는 한민족 전체를 대상으로 계몽운동인 브나로드운동을 전개하면서《한글공부》《신철자편람》《일용계수법》같은 책들을 발송했습니다. 전국 각지의, 또 세계 곳곳의 한민족이 이들 책을 야학 교재로 활용했죠. 이 계몽운동을 홍보하는 특집 기사 시리즈인 '전도에 전개된 계몽전선'의 아홉 번째 기사에 반포리 사람들의 단체 사진이 실렸던 겁니다.

사진 속 사람들의 대부분은 열 살 안팎의 어린아이들입니다. 이들이 40~50대가 되었을 무렵에 강남 개발이 시작되었는데, 과연 몇 사람이나 고향을 떠나지 않을 수 있었을지요. 저는 이래저래 10년 정도 반포동에 살았는데, 이 기사가 작성되었을 무렵부터 살아왔다거나, 한 다리 건너

이야기를 전해 들었다거나 하는 분을 만난 적이 없었습니다.

농촌 시절의 강남 사람들이 이렇게 좋은 맥락에서만 기록되었던 것은 아닙니다. 그들의 모습은 종종 큰 사고와 함께 수면 위로 떠올랐습니다. 가령 1967년 2월 16일에는 양재동에 살던 쇠고기 행상꾼 김인자 씨가 반포동의 으슥한 산길에서 도끼로 뒷머리를 공격당해 쓰러져 있던 것을 우면동에 살던 구기회 씨가 발견했습니다. 당시는 서초구가 만들어지기 전이라 양재동과 반포동, 우면동이 모두 영등포구에 속해 있었는데, 특히 김인자 씨가 공격당한 곳은 가축의 밀도살이 성행하던 지역이었다고 합니다. 반포동에서 밀도살한 쇠고기를 떼어 와 집집이 돌아다니며 판매하던 양재동 사람이 있었다는 사실이 이 사건을 통해 우연히 드러났던 겁니다.[5]

강남 사람들의 사연과 그들을 촬영한 사진은 나룻배 사고와 함께 가장 많이 보도되었습니다. 한강 남쪽에 살던 그들은 시흥군이나 광주군의 다른 지역과 교류했을 뿐 아니라, 한강 건너 북쪽의 경성(서울)에서도 업무를 보고 장사를 하고 학교에 다니고 결혼했습니다. 그럴 때 보통 나룻배를 이용했는데, 물론 다리도 있었습니다.

1917년에 영등포 지역과 용산을 잇는 한강인도교(지금의 한강대교)가, 1936년에 천호와 지금의 광진구 지역을 잇는 광진교가 놓였습니다. 한강인도교는 경성과 인천을 잇는 핵심 경로인 노량진에, 광진교는 경성과 남부 지역을 긴밀하게 연결해주는 광나루에 놓여 나루터를 대체했습니다. 하지만 지금의 강남 3구를 기준으로 보면, 두 다리는 모두 멀리 떨어져 있습니다. 그래서 해당 지역의 사람들은 여전히 나루터에서 배를 타고 강북으로 건너가 일을 보았습니다.

1969년 준공된 제3한강교(지금의 한남대교)는 강남 개발을 전국에 알린 것으로 유명합니다. 흔히 박정희 대통령이 경부고속도로와 강북을 연결하기 위해 제3한강교를 놓았다고 설명하죠. 그런데 제3한강교에는 잘 알려지지 않은 또 다른 배경이 있습니다. 당시에는 한강 남북을 잇던 나룻배가 자꾸만 전복 사고를 일으켜 수십 명씩 사망하는 사고가 빈번했습니다. 잇따른 전복 사고로 커진 강·남북 시민들의 불안감을 해소해야 했죠. 여기에 덧붙여 전쟁이 났을 때 강북 시민들이 탈출할 수 있는 길을 하나 더 확보해야 한다는 안보적 요인도 영향을 미쳤습니다.

1962년 9월 7일에 용산구 한남동에서 광주군 언주면 신사리(지금의 강남구 신사동)로 건너가던 나룻배가 뒤집힌 사고, 1969년 8월 9일에 지금의 동작구와 서초구 사이에 있던 사당동 나루터에서 나룻배가 뒤집힌 사고, 1973년 7월 26일에 봉은사 나루터에서 뚝섬 나루터로 건너가던 나룻배가 뒤집힌 사고 등, 강남 3구 지역에서는 나룻배 전복 사고가 잇따랐습니다. 특히 1962년의 9월 7일의 사고는 제3한강교를 건설하게 된 직접적인 계기가 되었습니다.

그날 오후 한 시경, 한남동을 떠난 나룻배가 고장을 일으켜 하류로 떠내려가는 일이 발생했습니다. 마침 수면 가까이 늘어져 있던 케이블 아래로 나룻배가 지나가자, 탑승객들이 매달리면서 배가 뒤집어지고 말았습니다.

이 사고로 수십 명이 실종되었는데, 상당수가 경기도 시절의 강남 3구 지역 주민들이었습니다. 특히 시흥군 신동면 잠실리(지금의 서초구 잠원동), 광주군 언주면 신사리와 역삼리(지금의 강남구 역삼동) 주민들이 큰 피해를 입었습니다. 이들 지역에서는 한 마을에 서너 명씩 실종자가 발생했다고 합니다.[6]

사고에 휘말린 백상석 씨와 김복근 씨 부부는 광주군 언주면 논현리(지금의 강남구 논현동)에서 남의 집 닭장을 빌려 살고 있었습니다. 날품팔이로 먹고살던 그들은 사고 당일 새벽 이웃 과수원에서 얻은 배를 내다 팔고자 아침도 먹지 않고 두 살배기 아들과 함께 나룻배에 올랐습니다. 나룻배가 침몰하면서 아내와 아들이 사라지자, 백상석 씨는 두 사람을 필사적으로 찾았습니다. 그 와중에 물속에서 어린아이의 머리 같은 것이 솟아올랐고, 아들이라고 직감한 백상석 씨는 그쪽으로 연신 손을 뻗었습니다.

한창 아들을 구하던 그때 백상석 씨는 물속에서 누군가가 자신의 발을 붙잡는 듯한 느낌을 받았다고 합니다. 뒤늦게 생각해보니 아마 자신의 아내였던 것 같다며, 그는 아내가 "세상에 나서 실컷 먹은 것은 물밖에 없다"

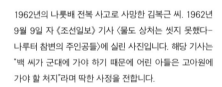

1962년의 나룻배 전복 사고로 사망한 김복근 씨. 1962년 9월 9일 자 《조선일보》 기사 〈물도 상처는 씻지 못했다－나루터 참변의 주인공들〉에 실린 사진입니다. 해당 기사는 "백 씨가 군대에 가야 하기 때문에 어린 아들은 고아원에 가야 할 처지"라며 딱한 사정을 전합니다.

라고 울부짖었습니다.[7]

평생 가난하게 살다가 비극적인 최후를 맞은 김복근 씨를 포함한 사망자들의 얼굴 사진이 당시 신문에 실려 있습니다. 말죽거리 신화에서는 절대 언급되지 않는, 어떤 강남 3구 주민들의 고단한 생애와 얼굴이 비극적인 사고를 통해 우연히 기록되었습니다.

부유하거나 권력을 갖지 못했던 옛 강남 사람들의 삶은 대부분 기록되지 못한 채 기억에서 잊혀갔습니다. 말죽거리 신화의 주인공들에게는 그들이 눈에 들어오지 않았습니다. 심지어 말죽거리 신화의 주인공들처럼 부자가 되고 싶고 신분 상승하고 싶어 하는 사람들에게도 그들의 삶은 관심 없는 사안이었죠.

어떤 사람들은 풍수지리에서 강남이 한국 최고의 부촌이 된 이유를 찾으려 합니다. 또 어떤 사람들은 강남 부자들이 부와 권력을 거머쥔 과정을 추적하려 합니다. 저는 벼락부자가 아니었던, 평범했던 강남 사람들의 삶을 발굴하기 위해 20세기 중기의 신문을 뒤적거리는 일을 20년 넘게 해오고 있습니다.

이 작업을 하면서 느끼게 된 건 그들의 삶이 기록되지 않은 게 전혀 아니었다는 사실입니다. 대부분의 한국 시민이 그들의 삶에 관심이 없었기 때문에 그들의 기록이 묻혀 있었을 뿐입니다. 조금만 관심을 가지면 쉽게 찾을 수 있지만, 그 작은 관심조차 받지 못해 잊힌 옛 강남 사람들의 삶을 찾고 정리해 소개하는 것이, 이른바 '인문학자'라는 명칭이 붙은 저 같은 사람이 할 일입니다.

무밭이었던 강남고속버스터미널

1962년 9월 7일에 나룻배 전복 사고가 벌어졌던 뱃길은, 농촌 시절의 강남 사람들이 장사하고 생필품을 구하고 친척 집을 드나들기 위해 애용하던 뱃길이었습니다. 또 추석에는 강북 사람들이 반포리의 시립 공동 묘지에 성묘하기 위해 이용하던 뱃길이기도 했죠. 실제로 사고로부터 고작 7일 뒤의 신문에 이 뱃길을 따라 성묘하러 가는 사람들의 소식이 실렸을 정도입니다.[8]

당시 강남과 강북을 오가던 나룻배에 가장 많이 실린 상품은 채소, 과수, 화훼였습니다. 나룻배 전복 사고로 제3한강교 건설이 촉진될 것임을 전하는 당시 보도에는, 잠실리 근처의 신사리 등에서 기른 채소를 나룻배로 날라 강북 시민들에게 공급했다는 내용이 보입니다.[9]

당시 강남 지역은 '대도시' 강북의 근교였다 보니, 18세기 후반부터 성행하던 교외 농업 전통이 영동지구 개발 때까지 이어졌습니다. 가령 1950년에 6·25전쟁이 발발하자 강북 사람들이 식량을 얻기 위해 영동 지역으로 건너왔는데, 여름철이어서 쌀 대신 감자나 채소가 많았다고 합니다. 이때부터 영동 지역이 특히 채소 특산지로 강북 사람들의 뇌리에 각인되었습니다.[10]

지금의 강동구 및 그 주변 지역 주민들은 광진교를 건너 경성궤도 차량을 타고 안전하게 강북에 진입했습니다. 하지만 지금의 강남 3구, 즉 광진교에서 멀리 떨어진 곳에 살던 사람들은 나룻배를 좀 더 자주 이용했습니다. 그러다가 1962년 9월 7일의 나룻배 전복 사고를 계기로 제3한 강교를 놓자는 목소리가 커지게 되었습니다. 이 제3한강교가 바로 경부 고속도로가 시작되는 한남대교입니다.

강남 지역에서 원예가 성행하게 된 것은 1925년 여름의 이른바 '을축 년 대홍수' 이후입니다. 이 홍수로 한강가의 수많은 마을이 초토화되었고, 마을 주민들은 인근 언덕 위에 재정착했습니다. 그렇게 해서 새로 탄생한 마을이 지금의 서초구 반포동 서래마을, 강남구 신사동의 주흥동, 송파구 가락동 등입니다.

그중 반포리와 잠실리의 주민들은 생사의 기로에서 새로운 활로를 찾고자 고민하던 차에, 자신들이 살던 땅이 채소 재배에 적합하다는 사실을 우연히 알게 되었습니다.[11] 그리하여 을축년 대홍수로부터 8년이 지난 1933년에 이영섭 씨, 한대흠 씨, 이태훈 씨 등의 주도로 70여 명의 채소업자가 신동야채흥산조합을 결성했습니다.[12]

1936년에는 반포리와 잠실리에서 생산되는 채소가 경성 시장의 과반수를 점한다는 보도가 나올 정도로 그들의 시도는 큰 성공을 거두었습니다.[13] 실제로 오늘날 반포동의 강남고속버스터미널 자리는 전부 단무지용 무밭이었습니다. 태평양전쟁이 시작되면서 일본산 비단의 미국 수출길이 막히자, 일본군에 납품할 용도로 누에 대신 무를 기르게 되었다고 합니다.[14]

강남 개발 전 이 땅에 배밭이 많았다는 이야기는 쉽게 들을 수 있습니다. 1962년 9월 7일의 나룻배 전복 사고로 목숨을 잃은 김복근 씨도

강남의 배밭. 1975년 11월 15일 자《동아일보》기사〈서울의 농촌 5 영동·묵동 배밭마을〉에 실린 사진입니다. 오늘날 강남구 신사동과 청담동을 잇는 도산대로 근처의 농촌 시절 풍경을 담고 있습니다. 보도 당시 이 일대의 배밭은 20만 평에 달하는 규모였는데, 그 수확량이 매년 수만 상자에 이르렀다고 합니다. 하지만 토지구획정리사업의 여파로 배밭은 점차 쪼그라들었습니다.

강북에 배를 팔러 가다가 변을 당했죠. 1975년 11월 15일 자《동아일보》는 강남에서 사라져가는 배밭을 다루며, 광복 때부터 지금의 강남구 학동에서 배밭을 일구어온 김치민 씨와의 인터뷰를 전합니다. 그는 10여 년 전까지만 해도 강북 사람들이 나룻배를 타고 건너와 배를 많이 샀다고 회상합니다.[15]

　하지만 농촌 강남에는 배밭만 있었던 게 아닙니다. 그보다 이미 100년 전에 경성 시장을 장악할 정도로 채소원예가 성행했습니다. 사람들이 강남의 배밭은 기억하면서도 한때 강남을 뒤덮었던 채소밭을 잊은 것은 놀라운 일입니다.

꽃 재배의 선구자와 그 후예들

농촌 강남에는 채소원예 말고도 이 지역을 대표할 만한 원예가 또 있었습니다. 바로 화훼원예입니다. 지금도 서초구에는 반포동의 강남고속버스터미널, 내곡동의 헌인릉 근처 그리고 경기도 성남시와 맞닿아 있는 남쪽 끝 신원동에서 화훼 농가들이 성업 중이죠.

채소원예의 계기가 을축년 대홍수였다면, 화훼원예의 계기는 무엇이었을까요? 한글학회가 1966년부터 1986년까지 출판한 《한국지명총람》이나 서울특별시사편찬위원회가 1987년 출판한 《동명연혁고 강남구편》 같은 20세기 중후기의 자료는, 1960년에 왕원식 씨가 비닐하우스 농법을 처음 도입해 꽃, 과수, 야채, 묘목 등을 길렀다고 전합니다. 그러면서 '왕농원'이라는 지명이 탄생했고, '꽃마을'의 역사도 시작되었다는 것이죠.

왕원식 씨는 개성왕씨 집안사람으로, 그들이 모여 살던 '왕촌'이라는 마을이 지금의 서초구 서초동 서초3동사거리 근처에 있었는데, 그곳에서 직선거리로 700미터 정도 떨어진 곳이 바로 꽃마을이었다고 합니다. 대략 이 정도가 서초구에서 화훼원예가 시작된 데 대한 기존의 설명입니다.

저도 이 설명에 만족하고 있었는데, 강남에 대한 자료를 수집하던 중에 왕원식 씨와 왕농원을 상세히 소개한 문헌을 우연히 입수했습니다. 이 책을 쓰기로 결심한 계기 가운데 하나가 바로 이 문헌입니다.

저는 강남 3구의 이곳저곳에서 살아왔지만, 그중에서도 초등학교 6학년 때부터 대학생 시절까지 산 반포동과 잠원동을 고향으로 생각하고 있습니다. 이 동네에서 오랫동안 살다 보니, 자연스레 강남고속버스터미널의 꽃상가와 법조단지 근처 꽃마을에 관심을 품게 되었죠. 그래서 자세한 연혁을 알아보려 했지만, 앞서 소개한 몇몇 문헌 속의 간단한 정보 외에는 확인할 수 있는 것이 없었습니다. 그러던 중 몇 년 전에 농사원이라는 정부기관에서 1962년 11월 출판한 《농사교도》 4권 6호를 입수했습니다.

농사원은 1957년 설립된 농림부 산하기관으로, 1962년 농촌진흥청으로 이어집니다. 《농사교도》는 농업에 관한 여러 정보를 담고 있는 전문지였는데, 제가 입수한 호에 시흥군 신동면 서초리(지금의 서초구 서초동)의 화훼원예를 다룬 기사가 실렸던 것입니다.

기사에 따르면, 1962년 8월 9일 서울중앙방송국과 농사원 직원들이 서초리의 왕농원을 방문해 왕원식 씨를 직접 만났다고 합니다. 그들에게 왕원식 씨는 서초리가 "일제시대부터 6·25 사변 전까지는 채소의 촉성 재배 및 억제 재배지로서 해마다 상당한 금액의 수입을 올려 윤택한 생활을 하고 있었"지만, "그 후 농업 기술의 발달 향상과 아울러 채소의 촉성 재배 및 억제 재배 업자가 각처에서 상당히 증가되어 수요량에 비추어 생산과잉 상태에 이르렀다"라고 설명했습니다. 그러니까 1925년 이후 채소원예를 하면서 잘 살아왔지만, 다른 곳에서도 이를 따라 하자 생산과잉이 발생했다는 것이죠.

그때 마을 지도자였던 왕원식 씨가 마을 사람들에게 한 가지 아이디어를 제안했습니다. 채소원예로는 이익이 나지 않으니, 앞으로는 화훼원예를 하자는 것이었죠. 하지만 채소원예와 달리 화훼원예는 특별한 기술이 필요했기 때문에 마을 주민들이 선뜻 찬성하지 않았다고 합니다.

이에 1955년 5월 왕원식 씨가 먼저 나서서 "8평가량의 반지하식 온실을 건립하여 화훼 재배에 착수"했습니다. 이후 그가 많은 수입을 올리자 비로소 마을 사람들도 뒤따라 화훼원예를 시작, 1962년 시점에는 온실 500평, 노지 8,000평 규모까지 커졌다고 합니다.

화훼원예가 대박 난 덕분에, 이 마을에서 출발하는 버스는 오전 일곱 시 전까지 사람보다 꽃을 더 많이 실어 "꽃뻐스"라 불렸다고 합니다. 기사는 재미있는 이야기라면서, "처녀들이 가지고 나가서 파는 것이 손쉽게 잘 팔리며 또한 값도 많이 받는다"라고 덧붙입니다. "(마을) 처녀들은 자기 집을 생각하는 것보다 장차 자기들이 시집갈 준비를 하기 위하여 부지런히 꽃을 판매하여 옷장계, 금반지계, 이불계 등등을 만들어 자기 자신이 직접 결혼 준비를 하며 부모의 부담을 덜어"줬다고 하네요.

기사는 왕원식 씨의 포부를 전하며 끝납니다. 그는 1950년대에 채소원예 시장이 포화 상태에 달했던 것과 마찬가지로 화훼원예 시장도 장차 포화 상태에 달할 것으로 예상되기 때문에, 앞으로는 뽕나무 같은 정원수를 기를 계획이라고 밝혔습니다. 조선시대에 양잠소로 쓰였던 신

《농사교도》에 실려 있는 왕원식 씨의 온실과 왕농원의 노지 꽃밭. 지금의 서초3동사거리 근처로, 농촌 강남의 풍경을 잘 보여줍니다. 저자 소장

잠실이 근처에 있다 보니, 이런 발상을 했을 터입니다.

이 기사를 읽다 보면, 농촌 강남에 살던 왕원식 씨의 목소리가 귓가에 들리듯 생생하게 전해집니다. 《농사교도》에는 아쉽게도 왕원식 씨의 얼굴 사진이 실려 있지 않습니다. 다만 왕농원의 온실과 노지 꽃밭 사진은 실려 있어, 경기도 시절 농촌 강남의 모습을 살펴볼 수 있습니다. 지금의 서초구에서는 상상하기 어려운 한적한 농촌 풍경입니다.

서울역사박물관이 출판한 《강남 이야기로 보다》에는 왕원식 씨의 삼촌이라는 왕제하 씨가 꽃마을의 탄생과 변화를 증언한 내용이 실려 있습니다.[16] 왕원식 씨를 중심으로 하는 기존 기록들과 다른 관점에서 꽃마을의 면모를 다루고 있는 만큼 꽤 흥미롭습니다.

여러 기록을 종합해보면, 왕원식 씨는 아마도 왕촌의 지도자급 인물이었을 겁니다. 1991년 9월 1일 자《중앙일보》는 그가 서울대학교 농대 출신이었다고 전하는데,[17] 1957년에는 농림국에서 보릿고개를 극복하고자 감자와 완두콩을 마른 논에 심는 실험을 그에게 부탁했다고 합니다. 왕원식 씨는 선진 농업에 대한 이론과 경험을 두루 갖춘 농민으로서 정부 차원의 주목을 받았던 듯합니다.[18]

1969년 7월 16일 시점에는 중앙화훼주식회사 대표로 왕원식 씨의 이름이 올라가 있는 것이 확인됩니다.[19] 그리고 1983년 2월 25일에 한국화훼협회에서 "고 왕원식 씨에게 화훼원예대상을 수여"했다는 것을 보아, 아마도 이즈음 사망했을 것으로 추정됩니다.[20] 왕원식 씨가 일찍 사망했다는 증언이 있는 만큼 맞을 듯합니다.[21]

1991년의《중앙일보》기사는 과거 왕촌을 비롯해 서초리의 아홉 개 마을에서 200여 곳의 화훼 농가가 영업했으며, 이들을 묶어 "서초동 꽃마을"이라 불렀다고 전합니다. 특히 2호선 서초역 서남쪽 지역에 있었던 화훼단지가 언제부터인가 꽃마을을 대표하게 되었습니다. 그런데 이 꽃마을은 1980년부터 다시 한번 큰 관심을 받게 됩니다. 서울시청을 지금의 법조단지 지역으로 옮기는 일이 논의되었기 때문입니다. 자연스레 꽃마을 이전도 함께 논의되었죠.[22]

서울시청을 옮기려던 계획이 무산된 뒤에도 몇 번이나 꽃마을의 서울 외곽 이전이 시도되었는데, 결국 법조단지가 들어서면서 강제 철거되었습니다. 그 과정에서 10여 차례의 방화 사건과 다섯 명 이상의 사망 사건[23] 그리고 고위급 인사들의 땅 투기 사건이 발생했습니다.

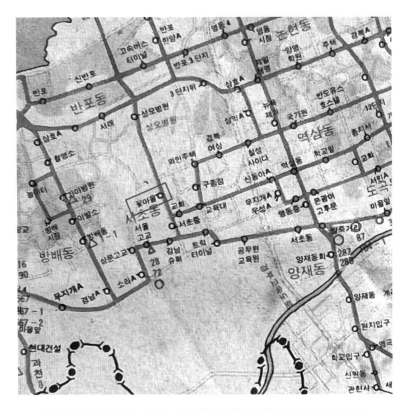

1981년 간행된 〈서울특별시 특수교통망〉의 서초동 부분. 꽃마을 버스정류장이 보입니다. 저자 소장

꽃마을에 살던 일부 주민이 이주한 서초구와 경기도 과천시 사이의 주암동 지역에서도 비슷한 시기에 '과천주암 공공지원 민간임대주택 사업'이 시작되었죠.[24] 또 꽃마을에서 화재로 피해를 입은 일부 주민은 훗날 타워팰리스가 건설되는 강남구 도곡동으로 이주했다가 끝내 흩어졌고요. 꽃마을의 한 흐름은 이렇게 막을 내렸습니다.

신원동의 꽃마을 버스정류장. 서초구 밖에서 이어지고 있는 꽃마을의 또 다른 흐름을 살펴볼 수 있습니다. 실제로 이 주변에는 비닐하우스 형태의 화훼상가들이 아직 여러 곳 남아 꾸준히 영업 중입니다. 2023년 11월

　　이후 서초구의 화훼원예는 반포동의 강남고속버스터미널 꽃시장에서,[25] 또 양재동의 화훼유통단지에서[26] 명맥을 이어갔습니다. 꽃마을 주변이 공공부지로 계획되면서, 이곳의 화훼업자들을 송파구 가락동의 가락농수산물종합도매시장 근처에 유치할 계획도 있었지만,[27] 결국 실현되지 않았습니다.

　　꽃마을의 또 다른 흐름은 서초구 우면동의 성촌마을과 신원동의 화훼단지로 이어집니다. 그중 성촌마을의 비닐하우스촌은 대부분 철거되어 삼성전자 우면 서울R&D캠퍼스와 고급 주택들에 자리를 내준 상태입니다. 마을 안쪽에 약간의 비닐하우스가 남아 있는 정도죠.[28]

상호명에 '반포'가 들어간 신원동의 어느 화훼상가. 2023년 11월

한편 신원동에 있는 '꽃마을' 버스정류장 근처에서는 '반포꽃화원'이나 '반포플라워'처럼 '반포'라는 지명을 붙인 화훼상가들을 쉽게 볼 수 있습니다. 그런데 이곳의 화훼단지는 그린벨트에 조성되다 보니, 처음부터 논란이 많았습니다.[29] 최근에는 신원동 일대의 개발 움직임이 활발한 만큼 결국 이웃한 경기도 등으로 옮겨갈 것이 예상됩니다. 1955년 서초리에서 시작된 서초구의 화훼원예는 반세기 정도 서울에 터를 잡고 있었지만, 머지않아 다시 경기도로 돌아갈 것 같습니다.

돼지 사육의 최전선

농촌 시절의 강남 3구 지역에서는 원예뿐 아니라 축산도 활발했습니다. 물론 농촌에서 집집이 소, 닭, 돼지 등을 기르는 것은 당연한 일입니다. 다만 그보다 산업적으로 대규모 축산을 하는 마을들 또한 존재했습니다. 가령 서초구에서는 남태령전원마을이 자리한 방배동의 관악산 북쪽 산기슭 그리고 내곡동의 대모산 남쪽 산골에 그런 마을들이 여럿 있었죠.

1977년 제작된 5,000분의 1 지도에 따르면, 남태령전원마을 자리에 열 곳의 목장과 양돈장이 있었습니다. 현재도 이곳에는 약간의 비닐하우스가 남아 있어 반세기 전 축산 농가들의 흔적을 확인할 수 있습니다.

강남 3구에서 축산으로 가장 유명했던 지역은 오늘날 강남구를 가로지르는 헌릉로 남쪽, 내곡동의 신흥마을과 헌인마을입니다. 헌릉로는 '대곡로'나 '헌인로'라고도 불렸죠. 이 길 남쪽의 두 마을 주민들은 각자의 사연을 지닌 채 강남의 남쪽 끝 산골에서 축산에 매진했습니다.

그중 신흥마을은 원래 '어둔골'로 불렸습니다. 《동명연혁고 강남구편》은 이 마을에 나무숲이 우거져 낮에도 어둡다 보니, 이런 이름이 붙었다고 설명합니다. 광복 후 한반도 북부 지역에서 한국으로 피란한 월남민들이, 주인이 없는 땅을 찾아 이 마을을 개척했다고 합니다. 처음 축산단지를 조성한 이는 김홍담 씨였고, 1972년경에는 새마을지도자 김현용 씨가 특히 양돈에 집중, 큰 성과를 거두어 대통령표창을 받았습니다.

신흥마을은 한국에서 최초로 '케이지 양돈법'을 도입한 것으로 유명합니다. 축사에 칸을 많이 만들고 돼지를 한 마리씩 집어넣어 기르는 사육법이죠. 이런 환경에서 돼지들은 많이 움직이지 못하고, 대신 먹고 자는 일만 반복하게 됩니다. 이 사육법의 도덕적 평가는 여기에서 논하지 않겠습니다. 다만 식량이 부족하던 시절에 새로운 방법을 도입해 더 많은 고기와 수익을 얻은 점은 큰 화제가 되었던 것으로 보입니다. 새마을운동을 촉진하기 위해 1975년 내무부가 출판한 《새마을운동 길잡이》에서 도시새마을운동의 성공 사례로 이 마을을 거론했을 정도니까요.

"1970년 5월 끼니를 끓이지 못하면서도 돼지 여섯 마리를 기르기 위하여 천막을 치고 1973년 11월 현재 3년여 만에 200마리로 증식되어 연 300만 원 이상의 소득을 올리게 되었을 뿐 아니라, '어둠골'을 '신흥마을'로 스스로 개칭하고, 축산단지의 꿈을 가꾸어 이제는 30여 세대가 비육우, 양계, 양돈, 사슴을 기르는 종합 축산단지를 조성하여 돼지 수출 2년째인 1974년도에는 2000두를 수출하였다."[30]

인용문에서 자세히 설명되듯, 신흥마을은 돼지뿐 아니라 다른 가축들도 사육했습니다. 하지만 워낙 돼지 사육에서 혁신을 일으켰다 보니, 돼지 키우는 마을이라는 이미지가 사람들의 뇌리에 강렬하게 새겨졌던 것 같습니다. 실제로 1977년의 지도에는 이 마을 위치에 '돼지골'이라고 적혀 있습니다. 서초리에서는 비닐하우스 농법이, 신흥마을에서는 케이지 사육법이 도입되는 등, 영동지구 개발이 시작되기 전의 강남 지역은 농·축산업의 혁신을 주도한 선진 농촌이었습니다.

신흥마을에서 버스를 타고 두 정거장 정도 동쪽으로 가면 헌인마을

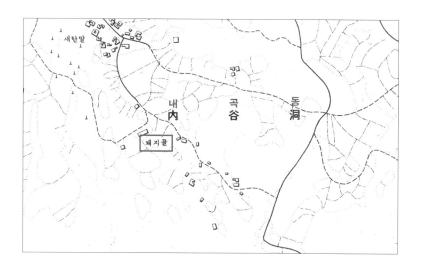

1977년의 지도에 보이는 돼지골(▲)과
내곡동의 신흥마을입구 버스정류장(▶).
이 버스정류장을 지나는 '서초09'번 버
스는 근처 헌인마을부터 양재천을 건
너 강남구 역삼동의 2호선 강남역까지,
헌릉로와 강남대로를 따라 운행합니다.
2025년 1월

이 나옵니다. 원래 이곳은 소록도에서 세상으로 나온 한센병력자들이 정착했던 마을입니다. 그 과정에서 미국인 변호사 에틴저가 자금을 대 '에틴저마을'로도 불렸죠. 이들의 자녀가 대왕국민학교에 입학하려다가 다른 학부모들의 반발을 사 전국적인 문제로 비화했다는 이야기를 《갈등도시》에서 소개했습니다.

1978년 내무부가 출판한 《새마을운동-시작에서 오늘까지》에는 이 마을의 이야기가 전경 사진 및 새마을지도자 김광창 씨의 사진과 함께 실려 있습니다. 전국을 떠돌던 한센병력자들은 1964년 11월 "인근에 농가조차 없는 잡목만이 무성하던 헌인능 앞 지금의 헌인마을에 정착"했다고 합니다. "하늘이 겨우 보일 정도로 숲이 울창한 산속 깊은 경사지에

굴을 파" 마을을 일구고 닭과 돼지 사육에 성공한 과정이 자세히 소개되어 있습니다.[31]

신흥마을, 헌인마을 그리고 1972년 종로구 와룡동에서 내몰린 시민들이 정착한 샘마을[32]의 예처럼 한국 사회의 소수자

내곡동의 흐능날경로당. 옛 마을 흐능날의 흔적으로, "헌인꽃단지번영회"라고 새겨진 현판에서 지금도 비닐하우스 농업이 이뤄지고 있음을 알수 있습니다. 2025년 1월

들은 서울 바깥에, 즉 농촌 강남의 끄트머리에 자리 잡았습니다. 이들은 원예와 축산으로 생계를 꾸렸는데, '흐능날'이라는 마을이 있던 내곡동의 헌인릉 근처 지역에서는 지금도 비닐하우스 농업이 이뤄지고 있습니다. 영동농협의 스마트농업지원센터도 이곳에 들어서 있죠. 군부대와 보안시설, 유네스코 세계유산으로 등재된 조선왕조의 왕릉 등이 몰려 있어 각종 개발 제한 사항이 적용된 결과, 이런 경관이 남겨진 것입니다.

이런 공간적 특성을 활용해 1969년에는 가칭 '관악산 맘모스 유원지'를 세울 계획이 마련되기도 했습니다. 당시 보도를 보면, 관악산이라는 잘 알려진 산의 이름을 빌려와 해당 계획을 소개하고 있지만, 실제로는 북쪽의 구룡산과 대모산, 남쪽의 인릉산과 범바위산 사이에 자리한 내곡동 골짜기가 사업 대상지였습니다.[33]

이 계획은 아마도 1960년대 중반에 제안되었던 '관악산 종합개발계획'을 계승한 것으로 보입니다.[34] 하지만 관악산 북쪽에 서울대학교가 들어서자, 사업 대상지를 그 동쪽으로 옮긴 것 같습니다. 그러다가 결국 관악산 남쪽의 서울대공원으로 실현된 것이죠. 정리하면 관악산의 북쪽에서 동쪽으로, 다시 남쪽으로 사업 대상지가 바뀐 것입니다.

도시사학자 손정목은 서울대공원 부지에 원래 신무기 개발 기지가 들어설 계획이었다고 증언했습니다. 하지만 북한의 미사일 기술이 향상되는 바람에 그 사정거리에서 최대한 벗어나고자, 좀 더 남쪽의 대전시 근처로 옮겨갔다고 합니다. 이후 한바탕 정치적·법적 논란을 거친 끝에 신무기 개발 기지가 들어섰어야 할 땅에 서울대공원이 대신 들어섰다는

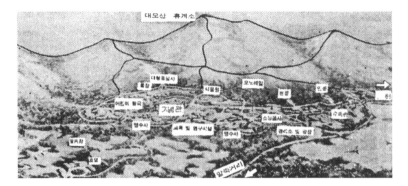

관악산 맘모스 유원지 조감도. 1969년 9월 24일 자《조선일보》기사 〈관악산 주변 1백만평 임야에 맘모스 유원지〉에 실린 그림입니다.

1960년대 중반 관악산 종합개발계획에 따라 조성된 수영장. 폐허로 남았습니다. 2020년 2월

것입니다.[35] 그 땅의 용도가 애매하던 시점에, 1960년대부터 이야기되던 대규모 유원지를 설치하자는 방향으로 논의가 정리된 것 아니었을까 싶습니다. 그리고 서초구에 들어설 뻔했던 대규모 유원지는 훗날 송파구의 롯데월드로 실현되었고요.

신흥마을 및 헌인마을과 헌릉 사이에 놓인 헌릉로. 이 도로는 광주대단지로 쫓겨난 강북 사람들을 다시 서울과 이어준 도로이자, 피란민과 한센병력자들을 다시 세상과 이어준 도로였습니다. 지금도 헌릉로 주변을 답사할 때마다 영동지구 개발 전까지 경기도의 농촌 지역이었던 강남 3구의 땅끝 마을 풍경을 상상하게 됩니다.

'농촌 강남'의 흔적을 간직한 도시화석

강남 3구 가운데 서초구와 강남구를 걷다 보면 언덕과 골짜기가 반복되어서 힘들게 느껴질 때가 많습니다. 이에 반해 송파구는 가락동의 언덕 지역을 제외하면 대부분 저지대여서 걷기 편하죠. 이 저지대는 예전에 상습 침수되었던 곳이지만, 개발 이후에는 대규모 택지를 조성하는 데 유리하게 활용되었습니다.

서초구와 강남구의 언덕들에는 대체로 마을이 있었습니다. 그리고 언덕에서 계곡을 따라 흘러 내려간 물이 사방으로 퍼져나가는 저지대에서는 농사를 지었습니다. 그러나 탄천과 양재천, 복개된 사당천(방배천)과

반포천 같은 하천 옆의 넓은 범람지는 상습 침수지여서 개발되지 않고 남겨졌습니다. 이런 범람지에는 피란민이나 철거민이 정착해 채소를 길렀습니다.

손정목은 영동지구 개발 전 이곳을 방문했을 때 받은 인상을 다음과

강남 지역을 찍은 가장 오래된 항공사진. 미군이 1945년 3월 28일 작성한 보고서 〈City of Keijo, Korea〉에 실려 있습니다. 지금의 서초구와 강남구에 해당하는 부분으로, 서초구의 북쪽 대부분과 강남구의 압구정동 지역은 평탄하고, 나머지는 언덕과 계곡이라는 게 단번에 파악됩니다. 경부고속도로가 놓이게 될 길고 좁은 계곡도 보입니다.

같이 풀어냈습니다. "보이는 것은 전답과 배나무 과수원뿐이었"고, "여기 저기 낮은 구릉이 있었고 그 구릉 기슭에 초라한 초가집 몇 채만 보이는 한없이 한적하고 또한 한없이 평화로운 그런 마을의 연속"이었다고 말이죠.[36] 강남 개발 당시 서울시 도시계획과장으로 직접 관여했던 윤진우 씨는 추진 과정에서 이 언덕과 계곡의 심한 고저 차를 해결하지 못한 것이 후회스럽다고 회고했습니다. 정부의 도움이 있었다면 강남이 좀더 좋은 시가지가 되었으리라는 것이죠.[37]

강남 3구의 위성사진을 살펴보면 바둑판 모양의 도시 구조가 무너지고 구불구불한 도로가 나타나는 지점을 많이 볼 수 있습니다. 대개 바둑판 모양으로 도로가 놓인 곳은 골짜기이고, 구불구불한 도로가 나타나는 지점은 언덕바지로, 농촌 시절에 마을이 있던 곳입니다. 따라서 이 구불구불한 도로는 옛 마을 길이 그대로 남은 것일 가능성이 큽니다.

이런 지식을 머릿속에 입력하고 지도를 보거나 강남 곳곳을 걷다 보면 옛 마을의 흔적을 쉽게 찾을 수 있습니다. 그 마을들 하나하나를 소개하는 것은 큰 의미가 없을 듯합니다. 여기서는 지금도 흔적을 뚜렷하게 확인할 수 있는 대표적인 몇 곳만 살펴보겠습니다.

서초구에서는 반포동의 서래마을 및 서리풀공원과 동작대교 사이에서 옛 마을 길과 건물을 확인할 수 있습니다. 대체로 방배동에 해당하는 이 지역은 예전에 '이수단지'라 불렸고, 요즘에는 재건축 예정지임을 가리키는 '방배○구역'으로 불리죠. 그 남쪽의 언덕바지, 즉 오늘날 2호선과 4호선이 교차하는 사당역 동쪽의 도구머리공원에는 '도구머리(도구

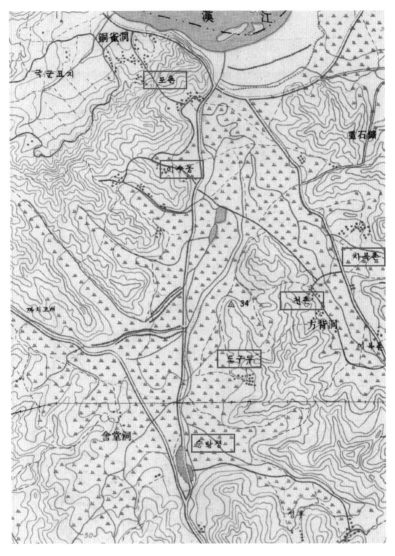

1963년 제작된 2만 5000분의 1 지도 속 지금의 서초구 서쪽 지역. 포촌, 사복촌, 천촌, 도구두, 승방평 등의 마을이 보입니다.

두)'와 '세우촌'이라는 옛 마을의 구조가 남아 있습니다. 농촌 시절의 주택을 헐고 그 자리에 새로 지은 것으로 보이는 오래된 건물들도 간혹 보이고요. 이 일대에는 '포촌', '사복촌', '천촌', '승방평' 같은 마을도 있었지만, 이수단지를 개발할 때 택지지구에 포함되어 흔적이 사라졌습니다. 이들 마을의 토박이분들은 지금도 친목계를 꾸리고 있다고 하네요.[38]

강남구 서쪽으로는 역삼동의 국기원사거리를 중심으로, 그 북쪽 언덕에는 '웃방아다리'가, 남쪽 언덕에는 '아랫방아다리'가 있었습니다. 두 마을이 공동으로 제사를 지내던 당나무가 강남 개발 전까지 역삼개나리공원 자리에 있었고요. 이 두 마을은 역마을, 즉 역참이 있는 마을이었습니다. 역시 역참이 있었던 말죽거리까지 합하면 역마을이 총 세 곳이 되므로, 곧 '역삼'입니다.

건설부가 1974년 발표한 〈서울시내 고층건축물 실태조사보고서〉에는 국기원 근처에 조성 중인 주택단지와 상가 지역을 묘사한 그림이 실려 있습니다. 이 그림만 봐도 해당 지역이 상당히 높은 언덕이라는 사실을 쉽게 알 수 있죠. 개인적으로 저는 강남역 동쪽에 볼일이 있으면 2호선을 타고 한 정거장 떨어진 역삼역에서 내립니다. 강남역에서 내리면 동쪽으로 언덕을 올라가야 하지만, 역삼역에서 내리면 서쪽으로 언덕을 내려가므로 편하기 때문입니다.

한편 웃방아다리에서 아랫방아다리로 이어지던 옛길은 남쪽으로 계속 뻗어나가, 언주면사무소 주변에 있던 역말과 또 다른 마을인 '독구리'로 이어졌죠. 서초구 서초동의 3호선 양재역 동쪽 지역으로, 지금도 위

〈서울시내 고층건축물 실태조사보고서〉에 실린 국기원 일대. 불쑥 솟은 건물과 언덕이 눈에 띕니다.

오늘날의 국기원 일대. 근본적으로 1970년대와 크게 달라지지 않았습니다. 2022년 9월

성사진을 보면 옛 마을의 구조와 길을 확인할 수 있습니다.

강남구 동쪽으로는 삼성동의 봉은사를 기준으로 동쪽에 '안닭점'이, 남쪽에 '닭점'이 있었습니다. 닭점은 원래 '닥점'이었는데, 닥나무를 팔던 가게들이 있어서 이런 이름이 붙었습니다.[39] 이 지역은 백제시대에 삼성리토성이 지어졌을 정도로 고지대였으니, 그 산기슭에 마을들이 들어섰던 것이죠. 안닭점은 얼마 전까지 '물건너 화주당'이라고 하는 무속 신앙의 거점이 있었을 정도로 큰 마을이었습니다. 닭점은 봉은사의 확장과 한국종합전시관(지금의 코엑스) 건설로 사라졌지만, 안닭점의 구조는 아직 확인됩니다.

안닭점의 아래에는 '무동도'라는 섬이 있었는데, 이 섬을 강남에 붙여 만든 평평한 저지대에 한국종합전시관을 건설했죠. 무동도의 흙을 사용해 압구정현대아파트를 지은 사실은 유명합니다. 이 평평한 땅을 지나면 다시 언덕이 나타나는데, 이곳에 있던 마을을 '큰 언덕'이라는 뜻의 '한티', 또는 '대치大峙'라고 불렀습니다. 바로 오늘날 재건축이 계속해서 진행 중인 '대치동 구마을'이죠. 한티가 자리한 계곡에서 흘러나온 물이 탄천과 양재천으로 흘러드는 저습지低濕地에는 은마아파트가 건설되었습니다. 은마아파트에서 양재천 건너 다시 남쪽으로 가면 대모산 산기슭이 나오는데, '개포동 구마을'이 아직 이곳에 남아 있습니다.

서초구와 강남구 남쪽의 그린벨트에는 농촌 마을들이 여전히 많이 남아 있습니다. 이들 마을은 옛 구조를 유지하고 있지만, 건물은 전국적으로 취락구조개선사업이 실시된 1978년 이후 새마을주택(문화주택)으로

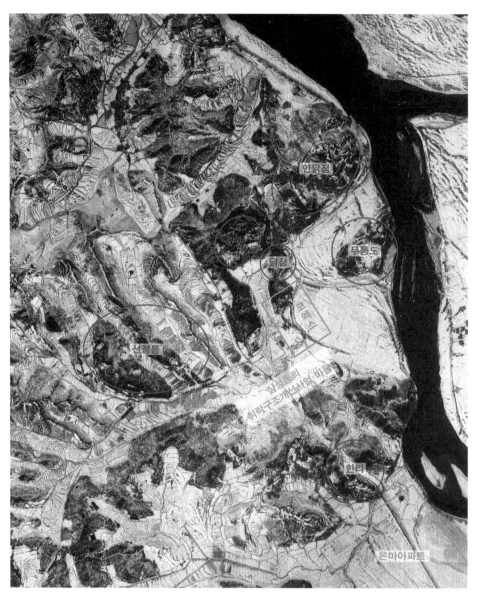

안말절

무동도

뒷절

코엑스

삼성동의
취락구조개선사업 비롯

서촌말

한티

은마아파트

1969년에 지금의 강남구 삼성동과 대치동 일대를 촬영한 항공사진. 중앙의 코엑스와 하단의 은마아파트를 중심으로 옛 마을들의
위치를 가늠해보세요.

대치동 구마을에 남은 당나무. 그 수령이 530년 정도로 추정됩니다. 서울역사박물관에서 펴낸 《한티마을 대치동》에 따르면, 옛날에는 폭우 시에 이곳까지, 즉 지금의 은마아파트 일대가 모두 잠겼다고 합니다. 2024년 5월

신축된 경우가 많습니다.

실제로 1978년에 이 지역 마을들에서 취락구조개선사업이 끝났다는 보도가 나왔습니다. '새쟁이', '원터', '청룡', '양재', '내곡', '잔디', '종열', '신원', '염곡', '계리', '암산' 등 11개 마을로,[40] 어디선가 많이 들어본 이름들이죠. 이들 마을이 있던 곳에서는 1978년에서 1979년 사이에 준공된 이른바 '불란서주택'을 지금도 쉽게 볼 수 있습니다.

한편 취락구조개선사업이 진행되자, 외지 투기꾼들이 몰려들어 땅값을 올리고는 했습니다. 강남 개발 당시 강북 전주들이 몰려들던 일의 축소판이라 하겠습니다.[41] 또 서초구 양재동 잔디마을에서는 원토지주의

서초구 신원동의 '본마을' 자리에 남은 기와집. 서초구청에서 펴낸 《서초구지》에 따르면, '김진사댁'이라 불리던 유명한 곳이었다고 합니다. 2023년 11월

서초구 원지동에 남은 당나무와 미륵당. 2021년 9월

강남구 삼성동에 남은 1969년의 농촌주택. 2024년 12월

서초구 우면동의 '성촌마을' 자리에 남은 1981년의 새마을주택. 2024년 11월

토지를 수용해 마을 구조를 개조할 때 공무원이 일 처리를 잘못하는 바람에 건물들을 도로 헐어야 하는 사태가 벌어졌습니다.[42]

강남구 삼성동의 경우 그린벨트가 아닌 선정릉과 한국종합전시관 사이에서 취락구조개선사업이 이뤄진 농촌주택이 기적적으로 살아남기도 했습니다. 이처럼 강남 지역은 개발이 시작된 지 10여 년이 지난 시점에도 여전히 농촌으로서의 성격을 지니고 있었습니다.

강남은 100년 전에도 물난리에 시달렸다

언덕과 계곡, 저지대로 가득했던 강남 3구 지역은 여름 장마 때마다 물난리에 시달렸습니다. 부동산에 관심 있는 분들을 위해 쓴 《우리는 어디서 살아야 하는가》에서 지금도 강남은 물난리에 취약한 곳이라고 설명했습니다. 이 문제는 특정한 정치 세력에 책임이 있는 게 아니라, 강남 개발이 졸속으로 이뤄지다 보니 생긴 구조적인 문제라고 짚은 바 있죠. 그리고 이 책이 출간되고 몇 달 뒤인 2022년 8월 8일에 폭우가 쏟아져 정말 큰 피해가 발생했습니다. 다시 한번 강조합니다만, 강남 지역은 원래 물난리에 취약한 곳입니다. 그래서 강남 지역의 부동산을 들여다볼 때는 고지대와 저지대의 안전도를 구분해야 합니다.

가령 1925년 여름에 발생한 을축년 대홍수는 한강 연안 지역에 큰 피해를 입혔습니다. 한강가에 있던 수많은 마을이 괴멸하다시피 했고, 주

2022년 8월 8일의 폭우 상황을 짐작게 해주는 버스 배차 앱. 7호선 논현역과 2호선 강남역이 자리한 계곡에 물이 가득 찼기 때문에, 3호선 신사역에서 논현역으로 언덕을 넘어간 버스들이 연달아 침수되었습니다. 강남 지역의 지형이 얼마나 침수에 취약한지 잘 보여줍니다.

민들은 근처 언덕이나 내륙으로 옮겨갔습니다. 강남 3구 지역도 예외가 될 수 없었죠.

그 대표적인 사례가 서초구 반포동의 서래마을입니다. 현재는 래미안원펜타스로 재건축된 신반포한신15차 자리에 살던 주민들은, 을축년 대홍수를 피해 텅스텐광산이 있던 뒷산으로 피신해 새로 정착했습니다. 참고로 서래마을은 "마을 앞의 개울이 서리서리 구비쳐" 흐른다 해서 붙은 이름으로, 여기에서 '반포동'이라는 지명도 생겨났다고 합니다. 그 뜻을 풀면 '소용돌이치는盤 개천浦'이죠.[43] 이후에도 장마 때마다 서래마을 동쪽에 있던 조달청 자리까지 물이 차올랐다고 하니,[44] 을축년 대홍수 때는 피해가 얼마나 심했을지 쉽게 상상할 수 있습니다.

2021년 폐업한, 서래마을 앞의 쉐라톤서울팔래스강남호텔 근처 산기슭에 살았던 것으로 보이는 초등학생이 투고한 동시가 1954년 4월 12일 자《조선일보》에 실려 있습니다. 이 시는 농촌 시절의 서래마을이 어떤 모습이었는지를 어렴풋이 짐작하게 해줍니다.

〈봄이 오며는〉

간질간질
실바람엔 꽃이 피고요
간질간질
땅강아진 굴을 팝니다
간질간질
호랑나빈 꽃에 놀고요
간질간질
아지랑인 춤을 춥니다

한편 을축년 대홍수를 용케 피한 곳도 있었습니다. 지금의 강남 3구에서도 북쪽 지역, 가령 광주군 언주면 청담리(지금의 강남구 청담동) 등은 상당히 가파른 언덕이어서 1925년에도, 2022년에도 별다른 피해를 입지 않았습니다. 반면 그곳에서 탄천 너머 동쪽으로 펼쳐진 고양군 뚝도면 잠실리(지금의 송파구 잠실동)는 거의 전 지역이 파괴되었습니다. 드넓은 경기도에서 공교롭게도 바로 붙은 두 지역의 상황이 완전히 달랐던 것

나청호 주지 공덕비 뒷면(◀)과 을축년 대홍수 기념비(▶). 각각 강남구 삼성동의 봉은사와 송파구 송파동의 송파근린공원에 있습니다. 공덕비 뒷면에는 광주군과 고양군의 수해 이주민 대표들의 이름 또한 새겨져 있습니다. 2024년 1월

입니다. 이때 봉은사의 나청호 주지가 절의 재산을 총동원해 주변 지역의 사공들을 모집, 나무에 매달려 있던 수백 명의 잠실리 주민을 구한 일이 유명합니다. 이 사건에 대해서는 《서울 선언》에서 자세히 설명했습니다.

구사일생한 잠실리 주민들은 나청호 주지 덕분에 목숨을 건졌다고 감사해하며 공덕비를 세웠습니다. 이 비석은 지금도 봉은사 입구에 나청호 주지의 부도비와 나란히 서 있습니다. "대본산 봉은사 주지 나청호 대선사 수해구제공덕비"라고 새겨진 공덕비 뒤편에는, 1929년에 광주군과 고양군의 수해 이주민 대표로 선리, 부리, 잠실리, 신장리 사람들의

이름이 새겨져 있습니다. 그중 선리와 신장리는 지금의 경기도 하남시 북부에 속하는 곳들인데, 이로써 나청호 주지의 구제 사업이 잠실리를 넘어 매우 넓은 지역에서 이뤄졌음을 알 수 있습니다.

이 공덕비 너머로 코엑스를 바라볼 때마다 100년 전 강남 3구 지역을 휩쓴 물난리를 떠올리게 됩니다. 이처럼 홍수에 취약한 지역에 지금과 같은 거대 도시를 건설하고, '영동대로 지하공간 복합개발 사업'을 추진하고, 회의Meeting, 관광Incentive tour, 국제회의Convention, 전시Exhibition를 아우르는 복합 비즈니스시설인 '마이스MICE 클러스터'를 건설하고 있다는 사실을 서울 시민들은 과연 알고 있을까요?

실제로 감사원은 2023년 1월 〈광역교통망 구축 추진실태〉를 공개하며, 영동대로 지하공간 복합개발 사업의 침수 방지 대책이 미흡하다고 꼬집었습니다. 이 사업은 강남구 삼성동의 지하 공간을 개발하는데, 9호선 봉은사역부터 2호선 삼성역까지를 새로 연결합니다. 그런데 강남 지역의 홍수는 대략 10년에 한 번꼴로 발생했습니다. 2022년에서 10년 뒤인 2030년대 초가 되면 2호선 삼성역에 GTX-A가 정차하게 될 것이고, GTX-C도 공사가 진행 중일 겁니다. 2022년 8월 8일의 홍수로 2호선 강남역과 4·7호선 이수역 등 주요 지하철역이 모두 침수되었는데, 2030년대 초에 그런 일이 재발한다면, 그 피해는 훨씬 더 클 것으로 우려됩니다.

조선시대부터 한양 외곽의 포구 마을로 번성하던 '송파'도 을축년 대홍수 때문에 지금의 송파구 가락동으로 옮겨갔습니다. 이 마을은 아주 먼 옛날 지금의 하남시 선동에 있었습니다. (공교롭게도 몇백 년 후의 대홍수

1부 | 강남 이전의 강남

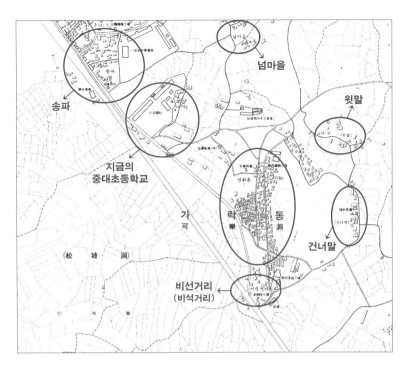

택지개발 전의 송파구 지역. 1977년 제작된 5,000분의 1 지도입니다. 가락동에 '평화촌'이 보이고, 그 아래 '비선거리(비석거리)'가 있습니다.

때 나청호 주지에게 도움받게 될 광주군 동부면 선리 또한 이곳입니다.) 그런데 홍수 피해 때문에 지금의 강동구 암사동에 새로 터전을 마련했다고 하죠. 하지만 1647년과 1823년 두 번에 걸쳐 또 홍수 피해를 당해 지금의 석촌 호수 남쪽으로 옮겨갔으니, 바로 그곳에서 1925년의 을축년 대홍수를 겪고 말았습니다.[45] 그리하여 마지막으로 옮겨갔던 곳이 바로 지금의 가락동입니다.

오늘날 송파구 석촌동의 석촌역에서 8호선을 따라 가락동의 송파역과 가락시장역으로 이어지는 지역은 한강과 탄천에서 비교적 멀리 떨어져 있는 데다가, 언덕에 해당합니다. 즉 홍수를 걱정하지 않아도 되는 곳이죠. 이 때문에 송파 주민들이 더는 옮겨 다니지 않고 살 수 있겠다는 취지에서, 마을 이름을 '살기에 좋아 즐거워할 만하다'는 뜻의 '가락可樂'으로 지었다는 설이 있습니다. 이 지역은 광주군의 중심지였던 것으로 추정되는데, 여전히 언덕 지형을 유지하고 있는 비석거리공원에 관료들을 칭송하는 선정비 11기가 모여 있습니다.[46]

여담으로 가락동에는 '평화'라는 단어가 들어간 지명이 많은데, 청계천 철거민들이 1967년 이곳에 정착하고는 마을 이름을 '평화촌'이라 붙였던 데서 연유합니다.[47] 여기서 남쪽으로 2킬로미터 정도 가면 초대형 복합 쇼핑몰인 가든파이브가 나옵니다. 가락동에 바로 붙은 송파구 문정동의 랜드마크로, 이명박 서울시장이 청계천을 복원하는 과정에서 장사할 곳을 잃은 상인들을 이주시키고자 만들었죠.[48] 유통망이 중요한 상인들을 서울 땅끝의 황무지에 옮겨놓는다는 정책은 당연히 반발을 샀고, 실제로 처음에는 분양률이 절반에도 미치지 못할 정도였습니다. 가든파이브에 입점했으나 휴업, 또는 폐업한 상인들도 많았죠. 또 1969년에는 평화촌에서 남쪽으로 6킬로미터 정도 떨어진 광주대단지에 강북 철거민들을 이주시키기도 했으니, 송파구와 성남시가 서울시 관계자들에게 어떤 취급을 받아왔는지 짐작할 수 있습니다.

한신포차의 기원을 찾아서

　농촌 강남의 마을들은 뜻밖의 문화 현상을 탄생시키기도 했습니다. 서초구 잠원동에는 '나루마을'이라는 오래된 마을이 남아 있습니다. 3호선 잠원역에 바로 붙어 있죠. 대부분의 경우 1980년대에 강남 개발로 살 곳을 잃은 철거민들이 새로 정착하며 탄생한 마을로 소개됩니다.[49] 하지만 이 일대의 양옥 중에는 1970년대에 사용승인을 받은 건물이 있는 만큼, 이런 설명이 정확하지 않다는 사실을 알 수 있습니다. 예전 항공사진을 살펴보면, 아파트단지들이 들어서기 전부터 이곳에 있던 마을의 마지막 남은 한 토막이 바로 이 나루마을이라는 사실을 확인할 수 있습니다. 그러니까 예전부터 있던 마을에 철거민들이 들어와 살게 되었다는 게 사실일 겁니다.

　이곳에는 철거민뿐 아니라 고아들도 모여 살았습니다. 1947년 이우철 신부가 미군의 도움을 받아 고아원인 성심원을 세웠기 때문입니다. 성심원에 대한 이야기는《갈등도시》에서 자세히 소개했습니다. 이우철 신부가 성심원 안에 마련했던 잠실리본당은 현재의 잠원동성당으로 이어지죠.[50] 이 성당은 영동 지역의 첫 본당(정확히는 준본당)으로서, 한때 가톨릭 중심지로 기능했습니다.[51]

　영동 지역의 첫 본당이 성심원에서 비롯되었다는 사실은 그 뒤로도 뚜렷이 기억되었습니다. 성심원은 잠원동 지역이 개발되면서 경기도 용인시 수지구 동천동으로 옮겨갔습니다. 하지만 '성심'이라는 이름은 계속

성심원

지금의
신반포한신27차
(김주용 씨 공덕비)

경부고속도로

아직 남아 있는
나루마을 주택

경원중학교

지금의 잠원동 지역을 촬영한 1981년의 항공사진.

준공 당시의 성심원 전경(▲)과 이우철 신부의 흉상(▶). 옛 성심원의 사진은 1954년 7월 21일 자 《경향신문》 기사 〈잠실리 성심원 낙성식 성대히 거행〉에 실려 있습니다. 이우철 신부의 흉상은 용인시로 자리를 옮긴 현 성심원에 있습니다. 2018년 8월

해서 자리를 지켰습니다. 성심원 부지에 들어선 신반포한신24차는 '성심 아파트'로 불렸고, 해당 아파트가 래미안신반포리오센트로 재건축된 뒤에는 잠원성심소공원이 조성되었습니다.

다시 나루마을 이야기로 돌아가, 바로 이곳에서 백종원 더본코리아 대표가 외식 체인을 만들어 유명해진 '한신포차'가 탄생했습니다. 중국 고전 《초한지》의 등장인물인 한신에게서 비롯된 명칭이라고 주장하는 사람들도 있더군요.

하지만 한신포차와 중국 고전은 별 관계가 없습니다. 그 이름은 나루마을을 둘러싼 아파트단지에서 비롯되었죠. 1970년대 말부터 한신공영이란 건설사가 나루마을 주변인 서초구 반포동과 잠원동 일대에 대규모

나루마을의 현재 경관. 멀리 보이는 아파트가 신반포한신18차와 24차를 재건축한 래미안신반포리오센트입니다. 2024년 8월

아파트단지를 짓기 시작했습니다. 1980년대가 되면 아파트단지를 따라 포장마차들이 모여들었고요. 이웃한 강남구 신사동의 유흥업소에서 밤새워 노느라 지친 사람들이 이곳의 포장마차촌을 자주 찾았는데, 그러면서 주변 아파트단지의 이름을 따 자연스레 '한신포차'라고 부르기 시작했다네요. 용산구 이태원동과 우사단로, 그 옆의 보광동에 맛집이 많은 것과 같은 이유입니다.

서초구 서초동에는 원조 한신포차임을 주장하는 식당이 영업하고 있습니다. 이 식당 입구에는 이런 문구가 적혀 있습니다. "원조 한신 VIP 일

1980년대의 나루마을 주변 포장마차촌(▲)과 그 현재 모습(▼). 과거 사진은 1988년 10월 28일 자《조선일보》기사〈서울의 노점상〉에 실려 있습니다. 2024년 8월

한신포차의 전통을 잇고 있다고 주장하는 서초동의 어느 식당. 노란색 글씨로 "원조"라고 강조한 상호에서 자부심이 느껴집니다. 2025년 1월

번지 포차 잔치국수 / 잠원역 한신아파트 앞 공터에서 최초로 기업형 포차 운영 업소". 이 문구가 진짜인지는 제가 알기 어렵습니다만, 프랜차이즈 브랜드가 된 한신포차와는 다른, "원조 한신"을 내세우는 식당이 2025년 현재까지 영업 중이라는 사실은 주목할 만합니다. 어릴 적에 종종 부모님과 함께 한신포차에 들러 외식했다는 저의 지인은, 이 식당의 느낌이 예전 한신포차와 비슷하다고 증언했습니다.

아울러 한신공영이 뉴코아라는 쇼핑 체인을 탄생시킨 것은 물론이려니와 한신포차라는 문화 현상이 탄생하는 데 간접적으로 이바지했다는 점도 강조하고 싶습니다. 2024년 기준 도급 순위 28위인 그리 크지 않은 건설사가 이렇게 직간접적으로 강남의 문화 경관에 깊은 흔적을 남겼다니, 놀랍습니다.[52] 한신공영은 우성건설과 더불어 반포지구에 대규모 아파트단지를 건설하며 그 이름을 알렸습니다. 그러면서 이런 문화 현상이 탄생하는 데도 이바지했던 것입니다.

언덕을 오르내리던 사람들

한편 옛 성심원 터와 나루마을 사이에는 신반포한신27차가 있습니다. 서초구 잠원동의 이 아파트단지 안에는 을축년 대홍수 때 경기도 사람들을 구제해준 김주용 씨의 공덕비가 남아 있습니다. 시흥군 신동면 잠실리 시절의 이곳에는 '웃마을', '간데마을', '아랫마을'이 있었습니다. 그중 간데마을에 이 비석이 있었다고 합니다.[53] 아파트단지가 들어선 후에도 워낙 유명한 사람의 비석이다 보니 치우지 못하고 원래 위치에 남겨둔 것 같습니다.

당시 보도에 따르면, 김주용 씨는 고양군 용강현 아현리(지금의 마포구 아현동)에서 대대로 살아왔다고 합니다.[54] 그는 한국 최초로 '보린회'라는 사설 자선단체를 만들어 서대문 밖 종로구 교북동에 영세민 집단주택을 건설하는 등 여러 활동을 펼쳤습니다. 보린회는 훗날 명휘원에 흡수되는데, 명휘원의 설립자가 바로 조선왕조의 왕족인 영친왕과 이방자 부부입니다.[55] 오늘날 명휘원은 한 가톨릭 수녀회에서 운영하고 있습니다.

사실 을축년 대홍수가 일어난 1925년에 김주용 씨는 이미 사망한 상태였습니다. 대를 이어 자선 활동에 매진해오던 아들 김교익 씨가 아버지의 이름으로 잠실리 사람들을 도왔던 것입니다. 그는 아버지가 교북동에 지었던 것과 같은 집단주택을 광주군 언주면 신사리(지금의 강남구 신사동)의 언덕에 지어 수재민들을 수용했습니다. 이뿐 아니라, 신동면의

홍동학교와 이영섭 씨. 각각 1939년 9월 26일 자《조선일보》기사〈승격된 홍동학교 기념식과 운동회〉와 1978년 11월 22일 자《동아일보》기사〈신팔도기 129 안양·시흥 1〉에 실린 사진입니다.

행정가였던 이영섭 씨 등이 시흥군 신동면 서초리(지금의 서초구 서초동)에 설립했다가 역시 을축년 대홍수 때 파손된 홍동학교도 지원했죠.[56]

참고로 홍동학교를 세운 이영섭 씨는, 1933년에 신동야채홍산조합을 설립하고 그 전해에 신동양계저축조합 설립을 추진했던 이영섭 씨와 동일 인물로 보입니다.[57] 창씨개명을 한 사람들의 원래 조선식 이름을 밝혀 놓은《창씨명감》등의 자료에는, 이 이영섭 씨로 보이는 인물이 '덕원영섭德原英燮'으로 창씨개명을 했다고 적혀 있습니다. 그리고 바로 이 이름이 김주용 씨의 공덕비에서 확인됩니다. '홍동학교 교장'이라는 직함과 함께 새겨져 있죠. 한편 이 공덕비의 제막식이 보도되기도 했는데, 김주용 씨가 설립한 보린회의 활동을 조선총독부도 주목해 그 당시 초등학교 도덕 교과서인《수신서》에 실었다는 내용이 나옵니다.[58]

이처럼 이영섭 씨 등이 세우고, 김교익 씨의 도움으로 을축년 대홍수를 이겨낸 홍동학교는 시흥군 최초의 사립학교이기도 했습니다.[59] 그렇다 보니 시흥군 내에서는 꽤 유명했던 모양입니다. 가령 동아일보사 시흥지국이 1926년 8월 20일 출제한 십자말풀이를 보면, "신동면 잠실리에 잇는 사숙명"을 맞추라는 문제가 눈에 띕니다.[60] 을축년 대홍수 이후 15년 정도 지난 1939년 흥동학교는 심상소학교로 승격되었고,[61] 지금의 신중초등학교로 이어집니다.[62] 《서울선언》에서 흥동학교의 후신을 '신동초등학교'라고 썼는데, 잘못 기록한 것이어서 수정합니다.

1941년 이영섭 씨는 신동면 면장을 사임하고 도의원으로 출마하는 등 행정가와 교육자에서 정치인으로 변신했습니다. 광복 후에는 1954년의 3대 총선에 자유당 소속으로 출마해 당선되었고, 그사이에 수인선 고잔역, 안양중학교, 막계저수지 건설 등에도 간여했습니다. 이곳들은 지금이야 안산시, 안양시, 과천시 등 서로 다른 지자체에 속해 있지만, 예전에는 모두 시흥군이었습니다.

흥미로운 사실은 이영섭 씨가 화훼원예로 이름을 날린 서초리의 왕원식 씨와 1955년에 만났다는 것입니다.[63] 여기까지 살펴본 이영섭 씨의 행적이 모두 동일인의 것이 맞는다면, 그는 행정·교육·정치 분야에서 활동하는 한편으로, 식민지 시기부터 광복 이후까지 농촌 강남의 농·축산업에도 관심을 기울였다고 하겠습니다.

잠실리 사람들은 을축년 대홍수로 저지대의 마을을 버리고 언덕 위로 올라가 지금의 강남구 신사동과 논현동 지역에 정착했습니다. 그리고 시간이 흘러 신사동에서 근무하던 사람들이 언덕 아래로 내려와 잠원동 나루마을의 포장마차촌을 애용한 데서 한신포차가 탄생했습니다. 강남 사람들이 100년에 걸쳐 언덕을 오르내리며 만들어낸 흥미로운 문화

메이플자이로 재건축 중인 신반포한신아파트. 재건축 규모가 매우 큰데, 신반포한신8~11차와 17차, 기타 아파트단지들을 대상으로 합니다. 서초구 잠원동의 주흥교에서 바라본 풍경입니다. 2024년 10월

현상입니다.

 김주용 씨의 보린회 덕분에 활로를 찾은 잠실리 사람들은 신사리 언덕에 정착, 마을 이름을 '주흥동'이라고 지었습니다. '김주용 씨가 흥하게 한 마을'이라는 뜻이죠. 지금도 서초구 서초동에는 '주흥길'이라는 지명이 남아 있고, 경부고속도로 위로 이어지는 고가도로의 이름도 '주흥교'입니다.

 오늘날 주흥교에 서면 경부고속도로 너머로 신반포한신아파트가 재건축되는 모습을 볼 수 있습니다. 100년 전 홍수를 피해 언덕으로 올라갔

던 사람들이, 다시 평지로 내려와 부촌을 만들고 있습니다. 토목 기술의 발전과 함께 성장하고 있는 강남을 상징하는 풍경입니다.

2부

강남의 탄생

: 실패한 계획이 낳은 불패 신화

지금의 강남은
하루아침에
만들어지지
않았습니다.

영동 신시가지 개

사업계획 조감도

사 업 안 내

1 사업개요
  가 사업면적   83기 만평
     1 지구   472 "
     2 지구   365 "
  나 토지이용계획
     대   지   609만평 72
     공공용지및광장등 42 - 5
     도   로   166 - 20
     공 원 용 지   20 - 3
  다 총사업투자계획 167 억원
     7 0 년   33 -
     7 1 "   30 -
     7 2 "   104 -
  라 사업기간
          1970   1972 3개년간
2 효과
  1 강남의 주축으로 천호 광주단지
    신림 시흥 등지를 연결
  2 도심지내의 행정기관 및 공공기
    관 중추 관리기능 계획적 유치
  3 인구 60 만명 수용 계획상에
    도심인구 분산기여

정부와 서울시가
신호탄을 쐈지만
시민들의 열망과
의지로 완성된
이 공간에
어떤 이야기가
깃들었을까요?

영동지구 착공

서울 강북과 광주대단지를 연결하고, 경부고속도로 일대를 개발하며, 안보적 차원에서 한강 이남으로 인구를 분산하기 위해 영동지구 개발이 본격화되었습니다. 1968년 영동1지구(지금의 서초구)가, 1971년 영동2지구(지금의 강남구)가 착공되었고, 그 와중인 1970년에 강북의 핵심 시설을 강남으로 옮기는 신시가지 계획이 발표되었습니다.

잠실지구 착공

영동지구에 이어 잠실지구도 착공되었습니다. 그 시작은 원래 강북 생활권이었던 잠실도를 강남에 붙이는 것이었습니다. 이렇게 조성된 잠실지구를 시작으로 지금의 송파구가 만들어졌습니다.

3핵 도시 구상 발표

서울시는 강북 인구 분산을 위해 도시 기능을 3핵으로 재편하고자 했습니다. 이때 3핵이란 강북 사대문 지역, 서부 강남(영등포), 동부 강남(영동지구와 잠실지구)이었습니다. 다만 정부의 관심이 서울 이남으로 옮겨감에 따라, 이 계획은 수십 년에 걸쳐 천천히 실현되었습니다.

압구정현대아파트 특혜 분양 시비

강남에는 신축 단독주택 단지와 아파트단지가 들어섰습니다. 이때 고급 아파트단지를 중심으로 특혜 분양 같은 비리 시비가 끊이지 않았습니다. 강남구의 양재천 인근 개발을 둘러싸고 벌어진 '수서 비리 사건'의 경우 대통령에게까지 비자금이 전달되었습니다.

꽃마을 화재

스카이라인이 완전히 달라지던 1970년대에도 강남 곳곳에 철거민들이 살았습니다. 가령 꽃마을 주민들은 법조단지가 밀고 들어오는 데다가, 1988년부터 10여 차례의 방화 추정 화재마저 발생하며, 졸지에 철거민이 되었습니다. 이들은 강남구 도곡동으로 자리를 옮겼는데, 훗날 그곳에 타워팰리스가 들어섰습니다.

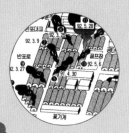

성수대교 붕괴

강남 개발은 워낙 거칠게 계획, 진행되었고, 중간에 정부의 관심도 시들해졌기 때문에 부실시공이 적지 않았습니다. 제대로 지었지만, 관리가 부실한 경우도 있었습니다. 그 결과 1994년 성수대교가, 1995년 삼풍백화점이 붕괴했습니다.

1977

1988

1994

1973년 6월 서울시청에서 열린 영동시영주택 추첨 행사. 당시에는 진행자가 직접 상자에 손을 넣어 번 호가 적인 공을 뽑아 당첨자를 가렸습니다. 영동시영 주택은 반포주공아파트보다 1년 앞서 지어진, 강남 최초의 고급 주택단지였습니다. 추첨 행사에 몰린 수 많은 사람이 그 인기를 증명하는 듯합니다.

지금의 강동구 암사동에 있던 양지마을로, 강동구
가 강남구에서 막 분구된 1979년 10월의 풍경입니
다. 취락구조개선사업을 통해 한국 최초로 주택들에
태양발전 시스템을 적용했습니다. 논밭과 알록달록
한 주택들의 대비가 눈에 띕니다.

2장

첫 삽을 뜨다

: 대전환기의 열망을 품은 영동지구

지금까지 개발 전의 농촌 강남에 어떤 사람들이 살았는지, 어떤 사연들이 있었는지 살펴보았습니다. 이번 장에서는 오늘날과 같은 강남 3구의 모습을 탄생시킨 개발 시기에 벌어졌던 일들을 살펴보겠습니다.

　같은 강남 개발이라고 해도, 서초구와 강남구 지역의 개발은 '영동지구 개발'이라 불렸고, 송파구 지역의 개발은 '잠실지구 개발'이라 불렸습니다. 잠실지구라는 말은 조선시대에 누에를 기르기 위해 설치한 '잠실 蠶室'에서 비롯되었는데, 지금도 송파구에 잠실동이 있으니 쉽게 수긍할 수 있습니다. 참고로 잠실은 서잠실, 동잠실, 신잠실 등 세 곳이 있었습니다. 서잠실은 지금의 서대문구 연희동에, 동잠실은 지금의 송파구 잠실동에, 새로운 잠실인 신잠실은 지금의 서초구 잠원동에 있었습니다. 이 중 잠원동의 옛 이름이 '잠실리'였죠. 1964년 출판된 《20세기 한국대관》에 실린 지도를 보면, 잠원동 자리에는 '잠실'이, 잠실동 자리에는 '부리도'가 적혀 있습니다. 당시 서울을 포함한 전국의 시민들은 '잠실' 하면, 잠실동이 아니라 잠원동을 떠올렸던 것입니다. 지금도 잠원동에 '잠실리뽕나무'라 불리는 오래된 뽕나무가 남아 있습니다.

　한편 영동지구와 관련해서는 서초구와 강남구에 '영동'이라는 법정동이나 행정동이 없다 보니 따로 설명이 필요합니다. 한국어에는 한글로 '영동'이라고 쓰는 지명이 세 개 있습니다. 강원도 영동嶺東은 '대관령 동쪽'이라는 뜻이고, 충청북도 영동군永同郡은 또 다른 한자를 쓰는 별개의 장소입니다. 그리고 서초구와 강남구를 가리키던 영동永東은 '영등포의 동쪽'이라는 뜻입니다. 영등포가 한강 남쪽의 대표적인 도심지여서 '강

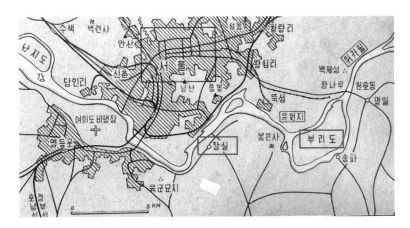

《20세기 한국대관》 속 지도에서 보이는 '잠실'과 '부리도'. 지금의 잠실동이 아직 섬이었을 시절인 1964년의 지도입니다. 사실 부리도는 잠실도의 일부였는데, 그 위와 아래로 모두 한강이 흐르는 모습이 낯설기만 합니다. 그중 아래 물길이 원래 한강의 본류였습니다.

남'이라 불리던 시절, 지금의 강남 지역에는 딱히 뭐가 없다 보니 '영등포의 동쪽'이라고만 불렸죠. 저의 책《갈등도시》에서 최초의 강남인 영등포를 자세히 다루었습니다.

격동하는 현대사와 틀어지는 개발축

지금의 서초구와 강남구 지역을 개발하자는 제안은 이미 식민지 시기 말기부터 있었습니다. 한때 경성에서 가장 높은 빌딩이었던 화신백화점 그리고 끔찍한 공해병을 일으켜 사명 자체가 병명이 된 원진레이온 등

을 소유했던 기업가 박흥식이 지금의 은평구 불광동과 수색동 및 남서울 개발 계획을 제안했던 것입니다.[1]

당시 조선총독부와 경성부는 경성을 서남쪽의 인천 및 동북쪽의 원산과 잇는 방향으로 개발하고 있었습니다. 도식화하면 '/' 방향의 개발이었는데, 박흥식은 이와는 반대로 '\' 방향의 개발을 제안했던 것이죠. 박흥식이 식민지 시기에 남서울 개발 계획을 제안했을 때의 조감도는 남아 있지 않지만, 1961년에 다시 한번 제안했을 때의 조감도는 남아 있습니다.[2]

박흥식은 1970년대 말에 지금의 분당신도시 지역을 개발할 계획도 세웠다고 전해집니다.[3] 다만 그곳에는 이미 1970년대 초부터 광주대단지가 확고하게 자리 잡고 있었고, 1970년 말에는 월남민 김창숙 씨가 모란개척단을 조직해 그 남쪽을 개발하려다가 실패하기도 했습니다.[4] 오늘날의 강남 지역을 점점 남쪽으로 확장하겠다는 계획은 박흥식만의 구상이 아니었음을 알 수 있습니다. 땅에 관심 있는 사람들에게는 명확히 보이는 미래였던 것입니다.

박흥식이 식민지 시기에 남서울 개발 계획을 제안했던 이유는 분명하지 않습니다. 다만 기존의 개발축이 닿지 않는 지역을 선점함으로써, 개발 이익을 극대화하려 했으리라고 짐작될 뿐입니다. 좀 더 자세히 설명하기에 앞서 살펴볼 것이 있습니다. 바로 일본 철도 회사들의 사업 방식입니다.

일본에서는 철도 회사가 철도를 부설한 뒤에 연선沿線을 개발하는 방식이 20세기 전기부터 시행되었습니다. 가령 여성 배우들만으로 꾸려진 유명 가극단의 설립자 고바야시 이치조小林一三는 오사카시의 우메다梅田에서 효고현의 다카라즈카시宝塚市까지 철도를 놓은 뒤, 그 수익을 극대화하기 위해 주변 택지를 활발히 개발했습니다.[5]

이런 방식은 태평양전쟁 패전 후에도 이어져, 오늘날 도쿄 등의 교외 지역은 철도 회사들이 철도 부설에 이어 조성했던 택지인 경우가 많죠. 한국은 정부가 교외 지역을 개발하는 것이 일반적이다 보니, 신도시만 건설되고 철도가 없어 입주민들이 고생하는 사례가 끊이지 않고 있고요. 광주대단지 개발 때의 정책 실패가 수십 년 동안 반성 없이 이어지고 있는 셈입니다.

식민지 시기에 기업가로 활동한 박흥식은 일본에서의 이런 사례를 당연히 알았을 겁니다. 그래서 이미 철도가 부설된 '인천-경성-원산'의 '/' 방향도 아니고, '신의주-개성-경성-수원-부산'의 '\' 방향도 아닌, 철도가 없는 '불광-경성-남서울'의 '\' 방향으로 철도를 놓고 주변 지역을 택지개발하려 했던 것이 아닐까 싶습니다. 물론 도시사학자 손정목의 지적처럼 그 당시 계획에 대해서는 남은 자료가 없기 때문에 어디까지나 저의 추정일 뿐입니다.

다만 광복 후에, 즉 1960년대와 1970년대에 박흥식이 남서울 지역을 개발하자고 했던 이유 그리고 김현옥 서울시장이 강북 주민들을 남쪽으로 내려보내 광주대단지를 개발하고, 뒤이어 정부 차원에서 잠실지구를 개발한 이유는 식민지 시기와 비교해 분명 달라졌습니다.

1945년 8월 15일부터 1953년 7월 27일까지 광복과 분단, 6·25전쟁을 모두 겪고 나자, 식민지 시기의 각종 계획은 의미를 상실했습니다. 가령 경성과 대륙을 잇는 간선철도로서 기능하던 경의선과 경원선이 원래 목적을 잃었습니다. 아울러 이 두 노선을 통해 들어온 화물이 경성을 거치지 않고 퍼져나갈 수 있도록 마련한 교외선의 목적 또한 화물 운송에서 행락객 수송으로 바뀌었습니다. 이런 사례는 일일이 거론할 수 없을 정도로 많습니다.

《우리는 어디서 살아야 하는가》에서 강조한 것처럼, 한국의 모든 도시 계획은 북한과의 두 번째 전쟁을 대비하고 있습니다. 6·25전쟁 때 서울 강북에 사람이 너무 많아 작전 수행 등에 지장이 초래되었다고 판단한 정부는, 두 번째 전쟁에 대비하고자 강북 인구를 한강의 남쪽과 그 너머로 분산하는 정책을 지속적으로 추진했습니다. 1975년 초까지는 강북 인구를 강남 3구 지역으로 내려보내는 정책이 주를 이뤘습니다. 바로 이때 강남이 탄생했던 것이죠.

1960년대 말에 시작된 강남 개발에 근본적인 전환이 발생한 것은 1975년의 일이었습니다. 바로 그해에 미국과 한국의 연합군이 도와주던 남베트남이 공산주의를 내건 북베트남에 최종적으로 패배했던 것입니다. 당시 한국 정부로서는 북베트남과 이념을 같이하는 북한의 침공을 상정할 수밖에 없었습니다. 한강 남쪽을 개발하는 정도로는 두 번째 6·25전쟁에 대비해 강북의 인구와 인프라를 남하시킨다는 근본적인 목적을 달성할 수 없다는 위기감이 커졌습니다.

이로써 강남 개발이 사실상 중단됨에 따라, 강남은 어중간한 상태로 남겨졌습니다. 워낙 급박하게 개발이 이뤄지다 보니 애초부터 계획이 거칠었고, 중간에 정부의 관심이 중부권으로 옮겨갔기 때문에 그조차 흐지부지되었습니다. 이에 따라 재난과 재해에 무방비이고 도로 사정도 좋지 않은, "폼페이 최후의 도시" 같은 오늘날의 강남이 만들어졌습니다. 다음은 도시계획가 장명수의 회고입니다.

"처음에는 아무도 강남이 저렇게 커질 줄 몰랐습니다. (…) 강남이 어느 정도 막 번영할 무렵 내로라하는 도시계획가들이 술을 마시면서 강남 계획을 자기가 했다고 서로 자랑치고 했어요. 나중에 강남이 넘쳐흘러 폼페이 최후의 도시처럼, 악마처럼 유흥가로 되면서 강남 계획을 누가 했냐고 물으면 서로 안 했다고 자기와는 관계가 없다고 했습니다. 왜냐하면 실패했기 때문입니다. 눈사람을 굴릴 때 조그만 한 것을 굴리면 그냥 막 불어나듯이 어떤 계획도 대책도 없이 불어나버린 것입니다."[6]

'한강뷰 아파트'에 어째서 벙커를 설치했을까

강북의 기능이 강남으로 옮겨가던 1975년 4월경 박정희 대통령은 강북뿐 아니라 서울 및 수도권 전체의 성장을 억제하고 국가의 중심을 더 남쪽으로 내려보내는 정책을 추진하기로 마음먹었습니다. 그 배경은 베트남전쟁의 쓰라린 결과와 북한의 미사일 기술 향상이었습니다.[7] 한마디

로 "휴전선에서 인접한 거리에 대규모의 인구가 밀집하여 안보상의 문제"가 발생한다는 것이었습니다.[8]

이런 국내외 정세를 반영해 1975년 〈서울시인구분산계획〉, 1976년 〈수도권인구재배치계획(기본구상)〉, 1979년 〈수도권정비기본계획(안)〉, 1984년 〈수도권정비기본계획〉 등 관련 계획이 잇따라 마련되었습니다. 이에 따라 과천, 안산, 안중 등의 신도시가 구상되거나 건설되었고, 종국에는 정부대전청사와 세종시의 탄생으로 이어지게 됩니다.

박정희 대통령은 "항상 전시체제 생각을 하고 있던" 사람이었다는 정주영 현대그룹 회장의 증언처럼,[9] 제3공화국 당시에는 도시를 건설할 때 안보적 요인을 최우선시한다는 게 너무나 당연했습니다. 그렇다 보니 도시를 건설하며 작성한 모든 문헌에 그 목적을 일일이 표기하지 않았습니다. 또 강남구 압구정동의 압구정현대아파트에 설치된 저격용 벙커처럼 민감한 시설에 대해서는 문서 자체를 남기지 않기도 했습니다.[10]

어떤 도시계획과 관련해 안보적 요인이 문서상으로 기록되지 않았다고 해서, 정말로 "전시체제"와 무관하다고 판단하는 것은 현대 한국의 도시들이 탄생하고 성장한 대전제를 이해하지 못하는 것입니다. 가령 과천신도시를 개발하던 시기에 작성된 유인물은 "수도 서울이 과밀화하여 그것을 완화할 목적"임을 밝히고 있습니다. 이에 대해 도시사학자 손정목은 "그와 같은 설명은 의도된 거짓말이었거나 참된 이유를 알지 못했거나 두 가지 중 하나"라고 단언했습니다.[11] 이것은 영동지구 개발을 필두로 한 모든 신도시 개발에 적용되는 말입니다.

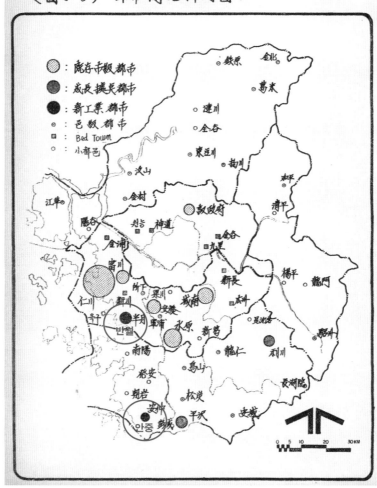

〈圖 3-3〉 都市開發計劃圖 (1991)

〈수도권정비기본계획(안)〉에 따른 1991년의 〈도시개발계획도〉. 반월(지금의 안산시와 시흥시)과 안중(지금의 평택시 서부)을 신공업도시로 성장시켜, 그 이남에서 서울로 이주하려는 인구를 흡수하겠다는 의도가 뚜렷이 읽힙니다.

연장선에서 손정목은 강남 개발이 대성공을 거둔 이유 또한 개발 지역이 바로 강남이라는 데서 찾았습니다. 그에 따르면, "한국 국민은 누구나 할 것 없이 6·25 한국전쟁 때 한강교량 건너기가 얼마나 어려운 일이었던가를 기억하고 있"고, "1960년대 이후 1980년대 말까지 모든 서울 시민은 북한에서 다시 남침할지도 모른다는 위협을 항상 느끼고 있었"습니다. 이 때문에 "강남에서 거주한다면 아무리 남침해온다 할지라도 부산까지 피난 갈 자신이 있다는 잠재의식", 즉 "서울 시민 모두가 지닌 '강남지향의식'"이 탄생했다는 것입니다.[12] 비슷한 증언이 강남 개발에 관여했던 여러 도시계획가의 회고에서 숱하게 반복됩니다.

서울 시민들은 또다시 전쟁이 났을 때 생명을 지킬 가능성이 큰 곳을 찾아 강북에서 강남으로 옮겨가기 시작했습니다. 강남의 성공을 설명하면서 안보적 요인을 사소하게 취급하거나 언급하지 않는 사람은, 강남을 개발한 이유를 근본적으로 이해하지 못하고 있는 것입니다. 근본적인 이유를 오해하고 있으니 현재 상황을 잘못 이해하게 되고, 미래 예측이 틀리게 됩니다. 이는 서울 강북과 강남의 관계뿐 아니라 경기도 북부와 남부의 관계, 나아가 한강 이남 한국 각지의 도시 발전과 관련해서도 마찬가지입니다.

강남 개발의 안보적 요인과 관련된 가장 좋은 예가 바로 한강의 다리들입니다. 강남 개발 과정에서 유사시 강북 주민들을 남쪽으로 빠르게 피란시키고 군사작전에 활용할 목적으로 한강에 수많은 다리를 놓았습니다.[13] 이 다리들은 손상되었을 때 수리하기 쉽도록 일괄적으로 50미터

폭으로 지어졌습니다.[14] 다리 양 끝에 초소도 놓았죠.

특히 6·25전쟁 때 파괴된 한강인도교를 개축한 한강대교를 비롯해, 성산대교, 성수대교 등은 북한군의 남하를 최대한 늦추고자 구조적으로 다리를 쉽게 끊을 수 있도록 설계했습니다. 그런 점을 평소에 의식해 관리해야 했는데, 그러지 못하는 바람에 성수대교 붕괴 사고가 일어났습니다.[15] 이런 관점에서 보자면, 1950년에는 한강인도교와 광진교가, 1994년에는 성수대교가 끊어져 수많은 시민이 사망한 비극의 근본적인 원인으로 북한과의 군사적 대립을 지목할 수 있겠습니다.

반포대교 아래의 잠수교는 안보적 요인을 고려해 지어졌다는 뜻에서 아예 '안보교'로 불리기도 했습니다. 제3한강교, 즉 한남대교에서 시작되는 경부고속도로는 전시에 병력 및 무기 수송을 수월하게 할 수 있도록, 또 비상활주로로 사용할 수 있도록 설계되었습니다. 이러한 명분이 있었기 때문에 경부고속도로를 건설할 때 군 병력과 장비가 대규모로 동원되었던 것입니다.[16]

연장선에서 서래마을이 들어선 서초구 반포동의 언덕 등에는 군용 벙커가 설치되었습니다. 건축사학자 박철수의 지적처럼, 압구정현대아파트뿐 아니라, 송파구 잠실동의 잠실주공아파트는 설계 단계부터 총안銃眼이 마련되었습니다.[17] 이처럼 한강이 바라보이는 강남 3구의 북부 지역은 사실상 요새입니다.

박원순 서울시장 당시 강제되었던 주거용 건축물의 35층 높이 제한이 오세훈 서울시장 2기 시기에 해제되면서, 요즘 여의도 및 강남에서 재건

경부고속도로와 군인들. 1968년 공보부가 출간한 《실현되는 또 하나의 민족의 꿈 고속도로 서울~부산》에 실린 사진입니다. "고속도로의 건설은 (…) 국방상에도 크게 이바지하게 된다"라는 캡션이 달려 있습니다. 저자 소장

압구정현대아파트에서 한강 북쪽을 향해 난 총안. 2018년 12월

축 아파트단지들의 층고가 점점 높아지고 있습니다. 이에 따라 국방부가 다섯 곳의 재건축조합에 대공 진지를 설치하라고 요구했다는 소식이 최근 전해졌죠.[18]

국방부의 요구에 해당 재건축조합들은 당황해하고 있다고 합니다. 국방부의 요청을 받은 재건축조합들이 어딘지는 군사기밀이어서 알 수 없습니다만, 강남구 압구정동은 강남 3구에서도 가장 북쪽으로 튀어나와 있기 때문에 대공 진지가 설치될 가능성이 큽니다.

이 지역의 재건축을 맡은 건설사에서 공개한 조감도를 보면, 건물 최상층에 주민편의시설이 마련되어 있습니다.[19] 하지만 실제로는 대공 진지가 들어설지 모릅니다. 육군이 운용하는 블로그에는 서울의 어딘가 높은 건물 위에 배치된 대공 진지의 사진들이 게시되어 있습니다.[20] 대공 진지 설치를 둘러싸고 벌어지는 소란은 강남 주민들이 자신이 살고 있는 땅의 본질을 이해하지 못하고 있다는 사실을 드러내는 대표적인 사례입니다.

이런 저의 주장이, 안보가 중요하다는 주장과는 다르다는 사실을 덧붙여두고 싶습니다. 제가 강조하는 것은 안보의 중요성이 아니라, 강남 개발 당시에는 국가와 시민 모두 안보적 요인을 대전제로 삼았다는 사실입니다. 흔히들 말하지 않습니까. 부동산은 심리가 크게 영향을 미치는 분야라고. 말죽거리 신화의 배경에 안보 불안이라는 심리가 깔려 있었음을 이해하지 못하면서 어떻게 강남의 과거, 현재, 미래를 올바르게 파악할 수 있겠습니까.

그린벨트에는 '환경'이 없다

지금까지 살펴본 것처럼 강남 개발, 특히 지금의 서초구와 강남구 지역에 해당하는 영동지구 개발이 시작되자, 군사시설들이 배치되기 시작했습니다. 일부 시설은 영동지구가 빠르게 도시화되자 다른 곳으로 옮겨갔고, 어떤 시설은 여전히 남아 있고, 어떤 시설은 새로 들어섰습니다. 대표적인 곳으로는 강남구 논현동의 옛 영동공무원아파트 인근 군부대, 서초구 서초동의 옛 정보사령부와 내곡동의 국가정보원이[21] 있습니다. 아울러 과천시와 접한 곳의 수도방위령부나[22] 성남시와 접한 곳의 서울공항처럼, 강남과 경기도 사이 지역에도 군사시설들이 존재합니다.

일반적으로 군사시설은 위치를 노출하면 안 됩니다만, 지금 언급한 곳들은 워낙 잘 알려져 있다 보니, 뉴스에도 자주 등장하고 심지어 국방부 홈페이지에 면회 장소가 안내되어 있기도 합니다.

이들 군사시설이 영동지구 및 그 주변에 있었을 당시에는 그 일대가 대부분 그린벨트, 즉 개발제한구역이었거나, 개발이 많이 이뤄지지 않은 지역이었습니다. 오늘날의 한국 시민들은 그린벨트를 자연 상태로 보존된 지역이라고 생각하는 경향이 있고, 그러다 보니 그린벨트를 해제하는 문제에 민감하게 반응합니다. 하지만 박정희 대통령이 그린벨트를 설정한 가장 큰 이유는 환경 보전이 아니라 역시나 안보였습니다. 거기에 도시끼리 너무 붙다 못해 합쳐지는 연담화連擔化를 방지한다는 목적이 추가되었던 것이죠.

저는 그린벨트들을 자주 답사하는데, 환경이 보전되기는커녕 도시계획이 이뤄진 지역보다 더 난개발되어 있는 경우를 자주 봅니다. 도시계획가 노융희는 자신이 이사장으로 있던 단체에 '환경'이라는 단어를 넣으려다가 감독관청에서 거부당한 일을 소개하며, "그 정도로 환경문제에 대한 거론을 금기시"했다고 회고했습니다.[23] 이처럼 정권이 환경문제에 대한 언급 자체를 터부시하던 분위기에서, 환경문제 때문에 그린벨트를 설정했다는 것은 순진한 이해입니다.

정부가 한 번씩 그린벨트를 해제해 택지개발한다고 발표할 때가 있죠. 토지주의 사유재산에 국가가 개발 제한을 걸어 지가를 낮게 유지하다가, 필요할 때마다 곶감 빼 먹듯 해제해서는 LH 같은 공공기관이 싸게 구입하는 악순환이 반복되고 있습니다. 남의 재산으로 정부가 생색내는 격입니다. 경기도 고양시에 일산신도시를 개발할 때도 토지주들이 저항했던 가장 큰 이유가 이것이었고, 지금도 전국 곳곳에서 이 문제로 갈등이 빚어지고 있습니다. 환경 보전이 필요한 지역은 자연공원법 같은 별도의 제도로 지정하고, 나머지 지역은 개발 제한을 풀어 토지주들이 재산권을 행사할 수 있게 하는 것이 자본주의 논리에 맞습니다.

한편 그린벨트가 안보 차원에서 설정되었다는 것은 그 당시 해당 업무에 종사한 관련자들이 남긴 증언을 통해서도 분명히 확인됩니다. 가령 도시계획가 김의원은 1971년 6월 박정희 대통령이 청와대에서 직접 지도에 선을 그어가며 그린벨트를 설정하도록 지시했다고 증언했습니다. 특히 은평구 갈현동과 고양시 덕양구 삼송동 지역의 그린벨트는 원래

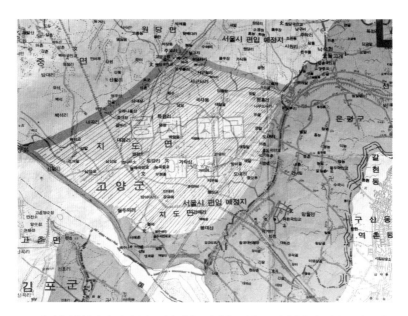

1972년 간행된 〈서울약도〉. 은평구와 고양시 덕양구 일대가 그린벨트로 지정되어 있습니다. 그 너머로 '서울시 편입 예정지'라는 표기가 보입니다. 2024년의 22대 총선에서 고양시를 서울에 편입시키자는 주장이 나왔는데, 그 역사가 꽤 오래되었음을 알 수 있습니다. 저자 소장

실무자들이 추후 개발을 위해 제외했던 것을 대통령이 직접 지시해 결국 지정되었다고 합니다. 이와 관련해 김의원은 "국가 안보를 염려한 모종의 작전 계획까지 있었다"는 것을 뒤늦게 깨달았다고 밝혔습니다.[24] 이렇게 해서 수십 년간 개발이 묶여 있던 삼송동 지역이 최근 몇 년 사이에 빠르게 도시화되는 모습을 보면서, 한강 이북 지역에서 안보적 요인의 의미나 무게가 바뀌고 있음을 실감합니다.

한편 도시계획가 박병주는 1971년에 열린 중앙도시계획위원회 소위원

회에서 있었던 일을 증언했습니다. 그린벨트 계획선이 그려진 서울 주변 도면 앞에서 태완선 건설부 장관이 "청와대에서 국가 안보의 차원을 국토 관리에 접목시켜 만든 일"이라고 설명했다는 겁니다.[25] 태완선 장관은 대통령 보고 전의 최종 결재 과정에서 자신이 물려받은 땅이 그린벨트에 포함된 사실을 알게 되었는데, "공정하게 해야지"라는 말과 함께 서명했다고 하네요.[26] 장관도 손댈 수 없을 만큼, 그린벨트가 정권 차원의 안보적 검토하에 설정되었음을 알게 해주는 일화입니다.

1960년대에 강남을 개발하고 1971년에 그린벨트를 설정한 근본적 이

고양시 덕양구 동산동의 동산용사촌에서 바라본 삼송지구. 골목 사이로 스타필드와 그 너머 아파트단지들이 보입니다. 2021년 3월

유는, 1980년대가 되면서 서서히 잊혔던 것 같습니다. 가령 1986년 3월 연재된 《동아일보》의 특집 기사 시리즈인 '서울 강남 개발 20년 「전원도시의 꿈」 사라진 현장'을 보면, 강남 개발을 "해방 이후 지금까지 우리들의 손으로 직접 도시를 꾸며본 최대 규모의 건설 사업"이라고 평가하는 동시에, "풍부한 자연 그대로의 녹지 공간을 살려 전원풍의 도시를 건설할 수 있었던 기회"를 놓쳤다고 비판하는 대목이 나옵니다.[27]

하지만 1960년대와 1970년대에 걸쳐 강남을 개발한 목적이 전원도시를 만들기 위한 것이라는 이 기사의 주장은 근거가 약합니다. 아마 기자들은 강남에 그린벨트를 설정하거나 해제하는 것이 환경을 보전하거나 전원도시를 만드는 것과 무관한 차원에서 이뤄진 결정이었다는 사실을 이해하지 못했거나 잊었던 것 같습니다.

한편 강남에는 안보와 관련된 특수시설만 들어섰던 것이 아닙니다. 송파구만 해도 가락동에는 중앙전파관리소가, 문정동에는 서울동부구치소와 관련 법조시설들을 모은 법조단지가, 가락동에는 가락농수산물종합도매시장이 자리 잡았습니다. 청계천을 복원할 때는 거점을 잃은 상인들을 문정동의 가든파이브로 옮기기도 했죠. 서초구에서는 서초동에 법조단지가 들어서며 그 앞에 있던 꽃마을 같은 시설들이 양재동의 aT센터로 옮겨졌고, 그 옆의 매헌시민의숲에는 '대한항공버마상공피폭희생자위령탑'과 '삼풍참사위령탑'이 세워졌습니다. 이는 모두 강남 지역이 서울 외곽이던 시절의 흔적들이죠.

그 밖에 정보사령부처럼 해당 시설을 다른 곳으로 옮기고 부지를 개

송파구 가락동의 옛 성동구치소. 가락동은 1963년부터 1975년까지 성동구였고, 이후 강남구와 강동구 시절을 거쳐, 1988년 송파구가 되었습니다. 사진 속 성동구치소는 가락동이 강남구 시절이던 1977년 개소했지만, 이름에 '성동'이 들어갔습니다. 이후 2017년 바로 옆 문정동으로 이전하며, '서울동부구치소'로 이름을 바꿨습니다. 2024년 5월

발하는 사례도 있고,[28] 서울공항처럼 이전 논의는 있지만 쉽지 않으리라고 예상되는 사례도 있으며, 국가정보원이나 수도방위사령부처럼 이전되지 않으리라고 예상되는 사례도 있습니다.

토목 기술이 가른 도시의 운명

한편 오늘날의 강남 3구가 만들어지는 데는 토목 기술 또한 큰 영향을 미쳤습니다. 우선 소양강댐을 비롯한 수많은 댐이 한강 상류에 지어져 수재가 극복되기 시작하면서 강남을 개발할 수 있는 기반이 마련되

었습니다.[29] 또 정부가 경부고속도로를 놓을 땅을 확보하는 과정에서 영동1지구(지금의 서초구)와 영동2지구(지금의 강남구)가 개발되었습니다. 아울러 한강의 지류를 본류로 바꾸고 본류를 끊어 석촌호수로 만들면서 잠실지구(지금의 송파구) 개발이 시작되었습니다. 이 모든 사업이 바야흐로 본궤도에 오른 1967년, 어느 기자는 "치산치수만이 아닌 치수치도는 확실히 조국 근대화의 첩경"이라며, 전국의 강을 치수하고 경부고속도로를 건설하는 모습에 감탄을 표하기도 했습니다.[30]

소양강댐은 원래 일본의 건설사인 교에이共榮에서 제안한 중력댐 방식

으로 지어질 예정이었습니다. 하지만 당시 현대건설 사장으로 시공을 책임진 정주영 회장의 제안에 따라 사력댐으로 바뀌었습니다. 중력댐은 댐 자체의 무게로 수압을 버티는데, 이 때문에 콘크리트와 철근으로 만듭니다. 사력댐은 점토로 중앙을 채우고, 자갈과 모래로 덮은 다

강남 3구를 탄생시킨 소양강댐. 대통령비서실이 1974년 출간한 《새마을》에 실린 사진입니다. 저자 소장

2부 | 강남의 탄생

음, 돌을 쌓거나 콘크리트를 부어 마무리합니다. 이 때문에 중력댐은 강한 외부 충격에 약하지만, 사력댐은 다양한 암석들이 충격을 흡수하며 최대한 버텨냅니다. 물론 포병 장교 출신의 박정희 대통령은 "항상 전시 체제 생각을 하고 있던" 터라, "폭격을 맞아도 한 번 들썩하고 조금 패일 뿐 댐이 파괴될 걱정이 없는 사력댐"을 선호했습니다.[31]

일각에서는 정주영 회장이 소양강댐 착공보다 2년 앞선 1965년에 훗날 강남구 압구정동이 될 지역의 공유수면을 매립한 점을 들어, 압구정 현대아파트를 짓기 위한 큰 그림이었다는 식으로 해석하기도 합니다. 하지만 이런 주장은 국가사업의 운영 메커니즘을 이해하지 못하는 호사가들의 음모론일 뿐입니다. 가령 이명박 대통령은 "경부고속도로는 정상적인 공사가 아니"라 "전투"였다고 강조하면서 "대통령이 사령관이었다면, 정주영 사장은 민간 출신 야전 사령관이었다"라고 회고했습니다.[32] 1960년대와 1970년대의 현대그룹은 박정희 대통령의 국가 건설 사업을 현실에서 실현하기 위해 애쓴 기업이었다고 보는 게 맞습니다. 경부고속도로 건설 당시 정주영 회장은 적자를 각오하고, 수십 명의 건설 노동자를 사망에 이르게 하면서까지 돌관공사를 강행했죠.

국가사업에 주력한다는 정주영 회장의 기조는 그 뒤로도 유지됩니다. 1970년대 현대양행의 핵무기 개발,[33] 1990년대 현대정공의 우주산업 진출[34] 등에 이어 요즘에도 현대그룹은 영동대로 지하공간 복합개발, 제2서해대교 및 가덕도신공항 건설 등 주요한 국가사업에 참여하고 있습니다. 좀 더 큰 틀에서 보자면, 현대그룹은 강남 개발을 담당하고 관련 인프라를 구축하는 등 국가의 하드웨어를 마련하고 있고, 삼성그룹은 반도체산업을 통해 국가의 소프트웨어를 마련하며 '확장 강남'을 이뤄내고 있습니다.

한편 한강을 손봐서 그 남쪽을 사람이 살 만한 땅으로 만들겠다는 계획은 20세기 전기에 지금의 강서구, 경기도 부천시, 인천시 계양구와 부평구에 걸쳐 있던 부평분지에서 처음 시도되었습니다. 습지였던 부평분지가 이때 개간된 덕분에, 강서구에 김포국제공항과 마곡지구가 들어설 수 있었습니다. 최근에는 그 아래쪽의 부천시 오정구 대장동에 3기 신도시인 대장신도시를 건설 중이죠.

이처럼 성공적이었던 부평분지 개간을 시작으로 토목 기술을 활용해 한강 남쪽 지역을 개조하는 사업이 수십 년간 이어졌습니다. 20세기 후반의 발전된 토목 기술이 수많은 시민이 거주하는 한강 남쪽의 땅을 만들고, 한국의 중심 가운데 하나인 강남 3구를 만들었던 것입니다.

그 전까지 강남 3구 지역은 많은 사람이 살기에 적합하지 않은 곳이었기 때문에 몇몇 마을을 빼면 대체로 비어 있었습니다. 그렇기에 대규모 도시 개발이 가능했습니다. 상습적으로 물이 넘쳐 큰 피해를 초래하던 송파구의 성내천도 최근에는 치수 사업 덕분에 범람이 멈췄습니다. 물론 서초구에서는 우면산 산사태가 일어났고, 강남구에서는 2호선 강남역이 상습적으로 침수되고, 송파구에서는 때때로 싱크홀이 발생하는 등 아직 해결해야 할 문제가 많습니다. 하지만 모두 토목 기술의 발전과 대규모 인프라 투자를 통해 해결 가능한 문제입니다. 문제 해결의 의지

　　　　　　　　　　　　　　　2부 | 강남의 탄생

가 강남 주민들에게 있느냐 하는 것이야말로 진짜 문제죠.

강남 3구가 이러한 과정을 통해 개발되었는데도, 여전히 풍수지리적으로 좋은 땅이어서 부촌이 되었다는 주장을 펼치는 사람들이 있습니다. 이는 근대의 토목 기술 발전과 강남 개발의 관계를 이해하지 못한 전근대적인 발상입니다. 다시 한번 강조하지만, "버려진 땅이라 불리던"[35] 영동지구와 잠실지구의 개발은 한강 상류에 소양강댐을 비롯한 여러 댐이 건설되면서 비로소 가능해졌습니다.

그런데 어쩌면 댐은 강남 3구 지역을 대규모로 침수시키고, 특히 오늘날의 잠실지구가 탄생하는 것을 가로막았을지 모릅니다. 1967년 발표된 현대 한국 최초의 전국 규모 개발 계획인 '대국토건설계획'이 정확히 그런 미래를 그리고 있었기 때문입니다. 이 계획은 서울과 인천 사이에 대형 선박이 운항할 수 있는 경인운하를 건설하고, 행주산성 부근에 한강댐을 지어 운하 운영에 필요한 전기를 공급한다는 구상을 포함하고 있었습니다.

이와 관련해 건설부가 같은 해에 작성한 〈서울·인천 특정지역 건설계획 조사보고서: 제6차 한강 다목적댐 능곡도시계획〉을 보면, 사당천(방배천) 유역(지금의 서초구와 동작구 사이), 탄천과 양재천 유역(지금의 강남구와 송파구 사이), 잠실도의 북쪽 상당 부분(지금의 송파구 북쪽 지역)을 침수 예상 지역으로 꼽고 있습니다. 따라서 경인운하와 한강댐 건설 계획이 취소되면서 강남 3구 지역이 침수되지 않은 것은 이 지역의 개발을 가능하게 한 주요 요인 가운데 하나였다고 할 만합니다.

도로가 먼저일까, 도시가 먼저일까

한편 경부고속도로는 1968년 2월 착공되어 1970년 6월 준공되었습니다. 경부고속도로 건설에 필요한 토지를 무상으로, 또는 염가로 확보하기 위해, 정부는 토지구획정리사업을 시행했습니다. "논밭의 일부가 도로 용지로 편입되면 나머지 땅값은 크게 오"른다거나, "(토지 일부가) 고속도로에 편입되게 되면 나머지 땅값은 얼마나 오를지" 모른다며 헐값에 팔라고 했다는군요.[36] 고속도로가 무엇인지 잘 알고 있는 우리로서는 이런 주장이 황당하지만, 한국에 고속도로가 처음 등장하던 그 당시에는 시민들뿐 아니라 행정 당국자들도 정말 이렇게 생각했다고 합니다.

그리하여 경부고속도로를 놓기 위해 토지구획정리사업이 실시된 지역이 바로 지금의 서초구 대부분에 해당하는 영동1지구였습니다. 그 뒤에 동쪽으로 영동2지구가 개발되어 강남구의 원형이 되었고, 또다시 동쪽으로 잠실지구가 개발되어 송파구의 원형이 되었죠.

강남 개발 초기에, 서울 시민을 비롯해 전 국민이 품은 강남의 이미지는 경부고속도로 그 자체였습니다. 이 사실을 확인하기 위해 몇 장의 지도를 비교해보겠습니다. 첫 번째 지도는 1927년 출판된 《취미의 조선여행》에 실린 〈경성유람안내도〉입니다. 이 지도는 하늘에서 내려본 조감도 방식으로 강북 지역을 담아내고 있습니다. 이런 형태의 지도를 '하쓰사부로식 조감도'라고 합니다. 이는 요시다 하쓰사부로吉田初三郎라는 20세기 전기의 일본 전통화 화가가 제국주의 시대 일본 곳곳의 지도를 그린

방식에서 비롯되었습니다. 〈경성유람안내도〉는 요시다가 1929년에 그린 〈조선박람회도회朝鮮博覧会図絵〉〈경성전기연선어안내京城電気沿線御案内〉 등의 경성 지도를 좌우 반전시킨 듯한 구도이기도 합니다.

〈경성유람안내도〉에 그려진 한강 이남 지역은 여의도부터 노량진까지입니다. 지도 왼쪽 아래에 '한강신사'라고 적힌 곳은 오늘날의 효사정으로, 동작구 흑석동에 있죠. 시키구미志岐組라는 건설사가 한강인도교를 시공하고 한강신사를 세웠는데, 이 회사의 직원이던 기노시타 사카에木下榮가 신사에서 동쪽 땅을 바라보고는 장차 유망하다고 생각해 개발에 나섰던 것이 흑석동의 시작입니다.[37]

흑석동이 개발된 뒤인 식민지 시기의 가장 말기에 지금의 상도동도 개발되었습니다. 하지만 〈경성유람안내도〉가 그려진 1927년 시점에 강남이라고 하면 한강인도교를 건너서 갈 수 있는 여의도와 노량진 정도만을 가리켰습니다. 영등포가 강남이라고 불리게 된 것은 1936년에 해당 지역이 경기도 시흥군에서 '경성'으로 편입된 이후의 일이죠.

하쓰사부로식 조감도로 서울을 그리는 방식 그리고 노량진 동쪽에는 지도에 표시할 만한 것이 없다는 인식은 광복 후에도 이어졌습니다. 가령 1965년 간행된 〈대한민국조감도〉를 보면, 한눈에도 하쓰사부로식 조감도를 따라 한반도와 서울을 그렸다는 사실을 알 수 있습니다.

그런데 〈대한민국조감도〉의 서울 부분에는 노량진 동쪽으로 관악산, 국군묘지(지금의 국립서울현충원), 광진교 정도만 그려져 있습니다. 강남 3구 지역이 아직 개발되기 전이어서 아무것도 표시되지 않은 데다가, 1930년

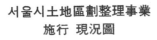

서울시土地區劃整理事業
施行 現況圖
(地區別・年代別・施行者別)

區　分	年　代　別
	60年代以前施行地區
	60年代施行地區
	70年代施行地區
	80年代施行地區

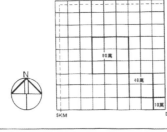

區　分	施　行　者　別
	서울特別市施行地區
	組合施行地區
	大韓住宅公社施行地區

單位：10萬坪

90萬

40萬

10萬

N

5KM

0

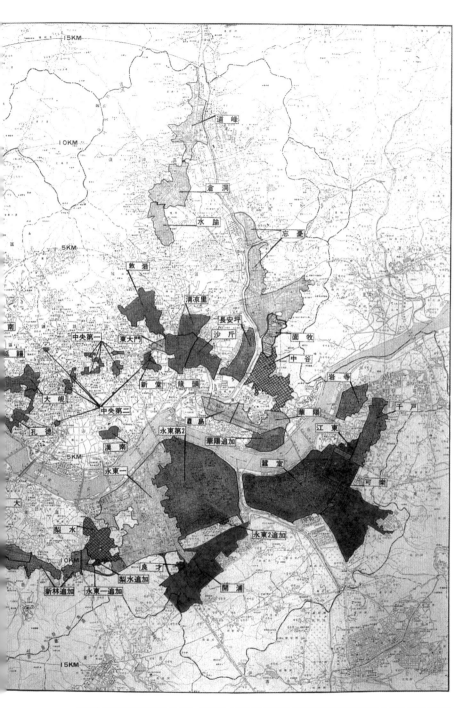

道峰

倉洞

水踰

忘憂

敦岩

清凉里

長安坪

沙斤

面牧

中央第一   東大門

中谷

岩寺

南醫廟

新堂   膓頭

華陽

江東

千戸

大峴

中央第三

蠶島   永東第2

華陽追加

孔德

漢南

蠶室

可樂

5KM

永東一

梨水

永東2追加

大

新林追加   良才

水東一追加   梨水追加

開浦

서울의 토지구획정리사업 대상지. 1990년 서울시가 출간한《서울토지구획정리백서》에 실린 〈서울시토지
구획정리사업 시행 현황도〉입니다. 강남 3구 지역에서는 주로 1970년대와 1980년에 토지구획정리사업이
이뤄졌음을 알 수 있습니다.

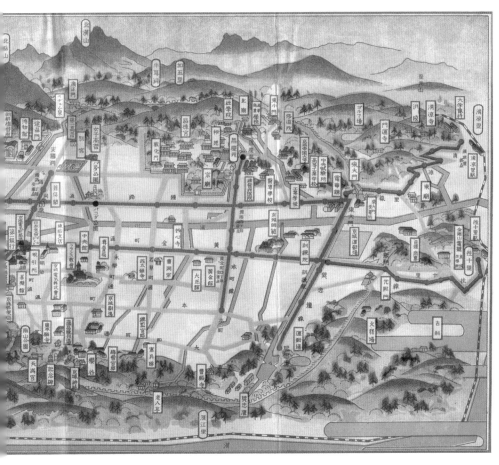

하쓰사부로식 조감도 방식으로 그린 경성. 1927년 출판된 《취미의 조선여행》에 실린 〈경성유람안내도〉입니다. 대부분 강북 지역이고, 왼쪽 일부만 강남 지역입니다. '한강인도교'를 건너면 '경인수도계획'의 핵심 시설인 '인천수도'가 나옵니다. 1906년 대한제국은 노량진을 수원으로 삼아 인천 전역에 급수하는 경인수도계획을 채택, 공사를 시작했습니다. 1910년 상수도관 매설과 펌프실 건축이 마무리되며, 인천 주민들도 수돗물을 사용하게 되었습니다.

인천수도 아래 표시된 '한강신사' 자리에는 원래 칠성을 모시던 도당이 있었습니다. 거대한 바위의 틈새로 수백 년 된 소나무가 솟아 있어 조선시대부터 신성한 곳으로 여겨졌다고 하죠. 하지만 식민지 시기에 바위와 소나무가 모두 제거되고 한강신사가 세워져 신사참배를 하는 곳으로 바뀌었습니다. 광복 직후 한강신사는 인근 마을 주민들에 의해 허물어졌고, 1993년 서울시가 그곳에 정자를 세워 지금에 이르고 있습니다. 저자 소장

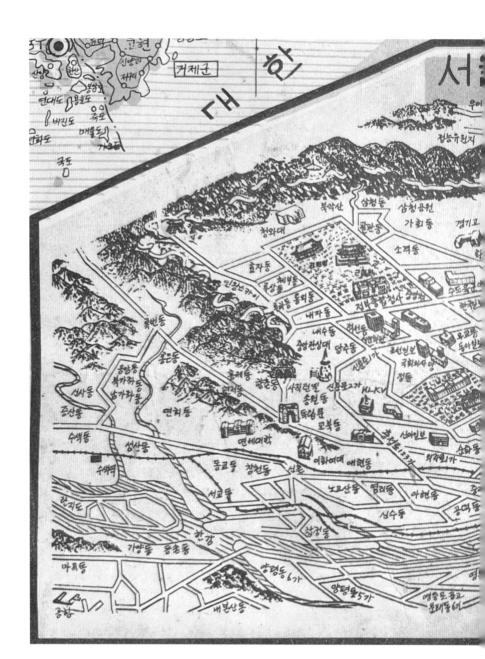

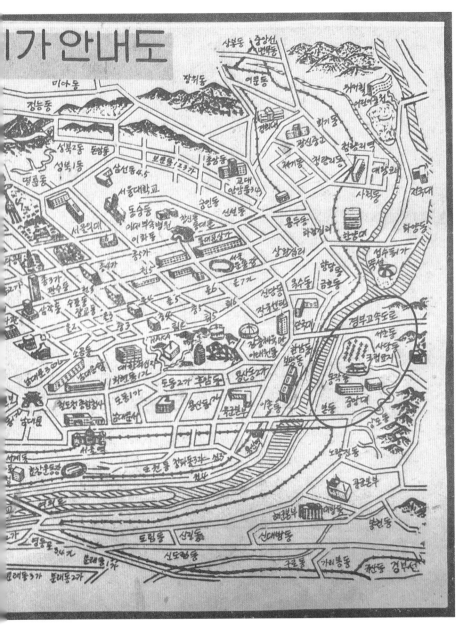

하쓰사부로식 조감도 방식으로 그린 서울. 1970년 간행된 〈우리나라 전도〉의 일부입니다. 그 이전의 지도들보다 자세하게 강남 지역을 묘사하고 있습니다. 수많은 행정구역과 길이 표시되어 있는데, 특히 지도에 기록된 강남 3구의 첫 지명으로서 '경부고속도로'와 '서초동'을 눈여겨볼 만합니다. 그 위로 '뚝섬'과 '건국대', 그 아래로 '국립묘지(지금의 국립서울현충원)'와 '중앙대' 등의 시설들도 눈에 띕니다. 저자 소장

대부터 개발된 흑석동 지역도 지도에 등장하지 않죠. 강북 사람들의 인식 속에 그들 지역이 들어오지 못했기 때문에 누락된 것입니다.

1970년 간행된 〈우리나라 전도〉 또한 여전히 하쓰사부로식 조감도를 따르고 있습니다. 하지만 강남 지역에 대한 묘사만큼은 그 이전의 지도들과 근본적으로 다릅니다. 식민지 시기에 개발된 흑석동과 상도동뿐 아니라, 1963년에 서울에 편입된 서초동과 1968년에 개발이 시작된 경부고속도로까지 묘사한 것입니다. 이로써 서초동은, 비록 아직 영등포구에 속해 있던 시절이지만, 강남 3구의 지명 가운데 처음으로 지도상에 이름을 올렸습니다. 아울러 역시 처음으로 지도상에 등장한 강남 3구의 인프라가 경부고속도로라는 사실은, 당시 시민들이 영동1지구와 경부고속도로의 관계를 잘 인식하고 있었음을 보여줍니다.

물론 경부고속도로가 의미를 가지려면 강북과 경부고속도로를 이어주는 제3한강교(지금의 한남대교)가 있어야 합니다. 이와 관련해 살펴볼 조직이 하나 있습니다. 바로 '주택·도시 및 지역계획 연구실Housing, Urban and Regional Planning Institute', 즉 허피HURPI입니다. 허피는 미국에서 탄생한 비영리 국제 개발 조직인 아시아재단The Asia Foundation과 건설부가 1965년 5월 맺은 협정에 따라 설립되었습니다. 이후 건설부 산하의 도시 설계 조직으로 활동했죠.[38]

이 허피를 주도한 건축가이자 도시계획가인 오스왈드 네글러Oswald Nagler는 당시를 회고한 인터뷰에서, 제3한강교를 놓아야 하기 때문에 남서울을 개발해야 한다는 압력이 생겨났고, 이에 따라 남서울 개발 계획

제일생명 건물

경부고속도로-강남대로

1976년의 영동지구를 담은 항공사진. 지금의 서초구에서 강남구 방향으로 경부고속도로와 강남대로 너머를 바라보고 있습니다. 제일생명 건물이 있던 곳은 오늘날 교보타워사거리가 되었습니다.

을 구상하게 되었다고 밝혔습니다.[39] 강남을 개발하기 위해 제3한강교를 놓은 게 아니라, 경부고속도로와 제3한강교를 놓기 위해 강남을 개발했음이 네글러의 증언에서도 확인되는 것입니다.

1976년 정부에서 촬영한 항공사진은 6년 전에 간행된 〈우리나라 전도〉와 동일한 각도로 지금의 서초구와 강남구 경계 지역을 내려다봅니다. 사진 아래쪽에는 서초동 언덕 위로 외인주택단지(훗날 삼풍백화점과 삼풍아파트로 개발)가 보이고, 중간에는 경부고속도로와 강남대로가 보이며, 위쪽에는 제일생명 건물[40] 너머로 국기원 등이 있는 역삼동 언덕이 보입니다. 강남 개발의 첫 단계인 경부고속도로와 강남대로가 서초구와 강남구의 언덕 사이 계곡을 따라 놓였음을 알 수 있습니다.

이 계곡을 따라 3호선 신사역, 7호선 논현역, 9호선 신논현역, 2호선 강남역, 3호선 양재역이 들어섰고, 최근에는 신분당선도 놓였습니다. 영동 지역의 지형적 특성 그리고 그 특성에서 비롯된 취약성을 극복하기 위해 토목 기술이 어떤 일을 해냈는지를 이 사진은 여실히 보여줍니다.

"재미 보는 것은 강북 재벌뿐"

1963년 1월 1일 강남 3구 지역이 경기도에서 서울로 넘어왔습니다. 이로써 서울은 이전에 비해 두 배 가까이 넓어졌죠. 서울뿐 아니라 전국의 대도시가 이 시기에 주변 지역의 땅을 끌어와 덩치를 키웠습니다. 하지만 그렇게 넓어진 땅은 제대로 관리되지 않았습니다.

그로부터 8년이 지난 1971년, 서울의 새 땅이 행정적으로 차별받는 상황을 고발한 보도가 나왔습니다. 이에 따르면, 지금의 서초구 지역에서 영등포구청이나 신동출장소로 볼일을 보러 가려면 만원 버스를 타는 수밖에 없었습니다. 시흥군 신동면 양재리 시절부터 30년간 양재동에서 살았다는 이용운 씨는, 우체국마저 8킬로미터나 떨어진 신동출장소에 있는 탓에 며칠에 한 번씩 편지들을 모아서 가져가야 하는 형편이라고 불편을 토로했습니다. "시골 사는 친척이 서울이랍시고 찾아올 때면 무엇을 자랑해야 좋을지 모를 형편"으로, "서울 편입으로 (경기도) 도민증 소리를 안 듣게 됐고 땅값이 좀 올랐다는 것뿐 생활은 시골의 옛" 방식 그대로라고 말이죠.[41] 그래도 땅값이 올랐다니, 이용운 씨는 자기 토지를 가지고 농사를 짓던 자작농이었나 봅니다.

심지어 목숨을 위협받는 일도 벌어졌습니다. 한번은 신동출장소의 관할 권역 내에 살던 이대이 씨의 집에 새벽 두 시쯤 강도가 들었는데, 신동파출소가 2킬로미터나 떨어져 있던 탓에 경찰이 도착했을 때는 강도가 이미 도망친 뒤였다고 합니다. 노량진경찰서에서 형사가 출동하려 했지만, 수사용 차가 하필 망가져 있는지라, 그가 택시를 타고 현장에 도착했을 때는 새벽 네 시가 넘은 시각이었습니다. 또 다른 보도에 따르면, 경부고속도로 건설이 시작되자, 접근은 편해지고 행정력은 미치지 못하는 양재동 등에 강도들이 몰려들었다고 합니다.[42]

당시 양재동은 영등포구에 속해 있었는데, 영등포구는 땅도 넓어지고 인구도 늘고 있다며 열심히 선전했습니다.[43] 하지만 실상 주민들에게 적절한 행정 서비스를 제공하지 못하고 있었던 것입니다. 1973년이 되어서도 상하수도 및 청소 관련 행정이 주민들에게 가닿지 못하고 있다는 사실을 행정 당국이 고백했을 정도입니다.[44] 사정이 이렇다 보니 서울에 편입된 직후의 강남 3구 지역은 '서울보통시'라 불렸습니다.[45] 이랬던 곳이 지금은 '강남특별시'라 불리고 있으니, 땅의 흥망성쇠는 참 알 수 없다는 생각을 하게 됩니다.[46]

행정력이 미치지 못하던 개발 당시의 영동 지역에 구청보다 먼저 손을

高速道辺의 잇딴 強·窃盗

住民들 不安에 떨어

派出所멀고 後患

평균 2□

永登浦区 良才洞□

경부고속도로에서 자행된 강절도 사건(▲)과 나룻배 청담호 침몰 사고(▼). 각각 1962년 11월 9일 자 《조선일보》 기사 〈고속도변의 잇딴 강·절도−주민들 불안에 떨어〉와 1973년 7월 27일 자 《경향신문》 기사 〈나룻배 침몰 8명 익사〉에 실린 사진입니다. 개발 당시의 영동 지역에서는 온갖 사건, 사고가 끊이지 않았습니다.

뻗친 것은 강북의 재벌과 복부인들이었습니다. 강북 사람들에게 한강 남쪽의 농업 지역은 이미 친숙한 곳이었습니다. 공동묘지에 성묘를 가거나, 서울의 "유일한 유원지"였던[47] 봉은사에 유람을 가거나, 과일을 사러 가는 등 자주 들렀기 때문입니다. 요즘 대도시 사람들이 근교 카페를 방문해 '논밭뷰'를 즐기며 '저기 저 땅에 텃밭 가꾸고 싶다'라고 생각하는 것과 비슷하게, 그 당시 강북 사람들 또한 용산구 한남동이나 성동구 자양동 뚝섬에서 나룻배를 타고 4분만 가면 나오는 영동 지역을 이런저런 이유로 즐겨 찾았던 것입니다.[48]

물론 지금과 그때는 시대가 다른 만큼 결정적인 차이가 있습니다. 지금은 은행 대출이 상대적으로 쉽지만, 과거에는 은행 대출을 받는다는 것 자체가 특권이었습니다. 영동 지역이 서울에 편입되고 제3한강교가 착공되면서 이곳이 머지않아 개발되리라는 게 명백해졌지만, 대부분의 시민은 이 사실을 알고 있어도 투자할 돈이 없었습니다. 결국 "이모 씨", "박모씨", "조모씨", "K씨", "U씨", "재벌 L씨" 같은 일부 특권층[49] 그리고 장한평농지개량조합을 조직한 월남민 김형목 씨 등만이 말죽거리 신화의 주인공이 될 수 있었습니다.[50] 도시사학자 손정목에 따르면, 비슷한 시기에 한신공영과 우성건설 등이 영동 지역에 대규모 아파트단지를 건설하며 전국적인 건설사로 발돋움했습니다.[51]

5~6년 사이에 땅값이 20배 가까이 오르자, 영동 지역의 자작농들은 땅을 팔고 재정착하거나 다른 곳으로 멀리 떠나 농사를 지었습니다.[52] 이들은 농토 위로 치솟은 아파트단지가 닭장이나 유치장 같아서 살기

싫다며 입주를 거부하기도 했습니다.[53] 한편 토지 보상비를 받아 멀리서 새 농토를 구하지 않고, 원래 살던 곳 근처의 미개발지를 구입해 농사를 짓던 사람들은, 강남 개발이 순차적으로 진행됨에 따라 토지 보상비를 여러 번 받기도 했습니다.[54] 그중에는 벼락부자가 된 사람도 있었지만, 갑자기 큰돈이 생기자 이를 주체하지 못하고 자가용을 구입하는 등 흥청망청 써버린 끝에 몰락한 사람도 있었습니다.[55]

이 과정에서 시장에 나온 땅을, 재벌들은 이름을 밝히지 않고 이면으로 거래했습니다. 아직 경기도에 속해 있던 농촌 강남에서 4대째 화초 원예와 미나리 농사를 이어온 어떤 농민은 "당국의 새로운 발표가 있을 때마다 재미 보는 것은 강북 재벌뿐이지 현지 주민에 하나도 보탬은 없다"라고 꼬집었습니다.[56] 말죽거리 신화라는 것이 실제로는 몇몇 사람만 누린 일이었음을 압축적으로 보여주는 증언입니다.

이면 거래를 한 것은 재벌뿐이 아니었습니다. 정부도 지가 앙등에 편승해 정치자금을 마련했습니다. 그 과정을 담당한 서울시 도시계획과장 윤진우 씨가 작성한 〈XY문서〉를, 손정목이 직접 그에게 확인받아 《서울 도시계획 이야기》에서 소개했죠.[57] 2015년 출판된 《건설시대의 서울》에서는 윤진우 씨가 직접 증언하고 있으니,[58] 관심 있는 분이라면 두 책의 내용을 맞춰보길 바랍니다. 깨달아지는 바가 많을 터입니다.

이처럼 말죽거리 신화는 대통령부터 자작농까지 수많은 사람을 휩쓸며 퍼져나갔고, 그 결과 강북 사람들이 강남 지역의 땅 70퍼센트를 소유하기에 이르렀습니다. 그러면서 땅값이 너무 올라, 강남 개발의 명분이었던 강북 인구 분산마저 실패할 지경이었죠.[59] 서울시는 뒤늦게 강남 땅의 50~60퍼센트를 공공용지로 확보하려는 계획을 세웠지만, 이미 한발 늦은 뒤였습니다.[60] 정부나 서울시가 주도적으로 강남 3구 개발을 추진하거나 투기 열풍을 일으킨 게 아니라는 사실은 이런 부분에서 쉽게 확인됩니다. 즉 정부가 정치자금을 마련하기 위해 말죽거리 신화를 일으켰다기보다는, 오히려 재벌을 비롯한 민간에서 일으킨 투기 열풍에 정부가 편승했다고 보는 것이 좀 더 정확한 이해입니다.

대통령도, 서울시장도 예상 못 한 파급 효과

박정희 정부가 북한과의 두 번째 전쟁에 대비하기 위해 강북 인구를 강남 일대로 내려보낸 정책이, 지금과 같은 강남 3구의 경제적 성공을 이끌리라고 예측한 사람은 아무도 없었습니다.

당시 정부는 강남 개발 과정에서 투기 열풍이 불자, 이에 올라타 비자금을 마련했습니다. 그 후 상공부 및 관련 단지 이전, 총무처단지 건설, 서울시청 이전 등의 계획은 전부 무산되고, 그 대신 정부과천청사 건설과 오늘날 세종시 지역으로의 수도 이전 계획이 추진되었습니다. 이처럼 당시 정부의 관심은 강남이라는 특정한 지역을 키우는 데 있었던 게 아니라, 한국의 중심을 서울 강북에서 한강 남쪽으로 옮겨 전쟁에 대비하는 데 있었습니다. 오늘날의 강남 3구는 한강 남쪽의 여러 강남 가운데

한 곳이었을 뿐이라는 게 실상에 가깝습니다.

아울러 손정목의 지적처럼, 김현옥 서울시장은 강남에 관심이 없었습니다. 그는 '제2서울' 건설을 주장하면서, 강북의 빈민촌과 유흥시설 등을 내려보낼 땅으로서만 지금의 강남 3구와 경기도 성남시 구도심을 바라보았습니다. 그리고 남서울 개발이라는 명목하에 광주대단지를 건설하다가 파국을 맞이했습니다. 오늘날의 강남 3구도 광주대단지와 같은 상황을 겪게 될 가능성이 작게나마 분명 존재했던 것입니다.

무언가 행동을 했을 때, 과연 그 결과가 어디까지 파급 효과를 일으킬지 수십 년 단위로 예측할 수 있는 사람은 없습니다. 경부고속도로 건설에서 강남 3구의 경제적 성공으로 이어지는 일련의 과정은, 그 사실을 극명하게 보여주는 대표적인 사례입니다.

실제로 지금과 같은 강남 3구의 경관은 이 지역 앞에 펼쳐진 유일한 선택지가 아니었습니다. 가령 1936년 시흥군에서 독립한 영등포가 경성의 일부가 되는 대신 영등포부, 즉 영등포시가 되었다면, 영동지구 개발은 강북에 종속되는 형태가 아니라 서쪽 영등포에 종속되는 형태로 이뤄졌을 겁니다.

또 지금의 서초구와 강남구 지역을 무궁화 모양으로 개발한다는, 1966년 발표된 김현옥 서울시장의 황당한 '새서울 백지계획'은 차치하더라도,[61] 기업가 박흥식이나 허피의 남서울 개발 계획처럼 지금과는 다른 형태의 강남을 구상한 계획들도 존재했습니다.

그중 허피가 설계했던 남서울 개발 계획의 실체를 담은 사진들이 목

허피의 남서울 개발 계획에 따른 남서울 모형
(▲)과 서울시의 새서울 백지계획에 따른 서울
조감도(▶). 무궁화 형상을 한 서울 조감도는 해
당 계획이 정식으로 발표된 1966년 8월 11일
자 《경향신문》 기사 〈새서울 백지계획－무궁화
형역으로〉에 실려 있습니다. 강남 3구, 더 나아
가 서울이 맞이할 뻔한 또 다른 미래를 짐작하
게 해줍니다.

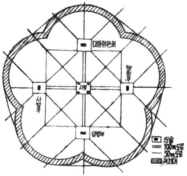

천건축아카이브에 공개되어 있습니다. 이 사진들을 살펴보면, 영동지구만 설계되고, 잠실지구는 제외되었음을 알 수 있습니다. 또한 지금의 서초구 잠원동 지역과 방배동 지역이 빠져 있고, 동작구 사당동 지역이 포함되어 있는 등 세부적으로 상당한 차이가 확인됩니다. 허피의 남서울 개발 계획과 비슷한 계획들은 당시 보도에서도 여럿 확인됩니다. 이들 계획대로 개발이 진행된 미래 또한 충분히 현실적이었다는 것이죠.[62]

예술인마을을 묘사한 삽화. 1981년 9월 26일 자 《경향신문》 기사 〈우리동네 14 남현 사당1동〉에 실려 있습니다. 왼쪽부터 서양화가 박창돈, 아동문학가 장수철, 동요작가 최순애, 시인 서정주, 연극인 이해랑, 음악가 조상현, 서도명창 조봉란, 현대무용가 송범입니다.

서초구 방배동의 옛 관악경찰서. 서초구와 관악구가 생활권을 공유하던 시절의 흔적입니다. 2021년 2월

　실제로 서초구 방배동, 동작구 동작동과 사당동, 관악구 남현동은 당
시 모두 영등포구에 포함되어 하나의 생활권을 이루고 있었습니다. 방배
동의 단독주택단지인 이수단지는 동작동의 국립묘지(지금의 국립서울현충
원) 동남쪽에 있었던 이수마을에서 이름을 따왔고, 한때 관악경찰서는
방배동에 있었으며, 예술인마을은 사당동과 남현동에 걸쳐 존재했습니
다. 1963년부터 1975년까지 방배동은 행정구역상 아예 사당동의 일부였
죠.[63] 허피의 남서울 개발 계획대로 이들 지역이 모두 서초구에 포함되었
다면, 이 지역의 상황은 지금과 상당히 달랐을 겁니다.

참고로 이들 지역이 하나의 생활권을 유지하던 1971년 시점에, 택지 가격은 1등지가 평당 4만 5000원이었고 2등지가 평당 2만 5000원이었습니다. 당시 영동지구의 평당 택지 가격은 1만 5000원에서 2만 원 사이로, 사당동의 2등지보다도 낮았죠.[64] 해당 지역이 얼마나 주목받았는지 알 수 있는 단적인 사례입니다.

한편 초기 강남 개발 계획에는 영등포나 구로 같은 준공업지대를 조성한다는 방안이 존재했습니다. 실제로 강남구 압구정동의 압구정현대아파트 자리가 원래 경공업지대로 예정되어 있었다는 주장이 존재합니다. 정말 사실이라면 코엑스(강남구 삼성동)부터 롯데월드(송파구 잠실동)까지의 지역이 모두 준공업지대로 설정되었을 겁니다. 송파변전소(송파구 방이동)가 이 준공업지대를 뒷받침할 예정이었다고 합니다.[65] 제가 소장한

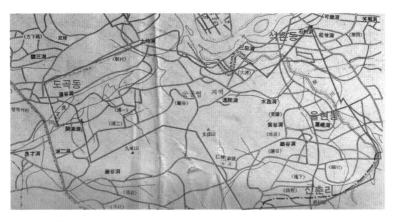

1963년 계획된 준공업지대. 〈대서울20년도시계획 최신서울특별시전도〉에 표시된 준공업지대를 살펴보면, 좌우로 지금의 강남구 도곡동부터 율현동까지 아우른다는 것을 알 수 있습니다. 저자 소장

송파구 방이동에 있는 한국전력 서울생활관. 송파변전소의 위치를 짐작게 해주는 시설입니다. 준공업지대를 염두에 둔 배치로 볼 수 있습니다.

지도 가운데 1963년 간행된 〈대서울20년도시계획 최신서울특별시전도〉에는, 당시 막 경기도에서 성동구로 편입된 도곡동(현재 강남구)과 석촌동(현재 송파구)부터 훗날 성남시로 개편되는 광주군 대왕면 신촌리까지 준공업지대로 표시되어 있습니다.

1968년 2월 3일 자 《매일경제》 기사는 미래 서울의 공업 및 상업 중심 지역을 일목요연하게 그려내고 있습니다. 아직 섬으로 남아 있는 잠실도를 남쪽에서 감싸는 형태로 천호·송파공업지구가 들어서고, 그 동쪽과 서쪽에 천호상업지구와 강남상업지구가 들어설 것이라고 설명합니다.[66] 이 실현되지 않은 준공업지대는, 현재 추진되고 있는 마이스 클러스터와 그 범위가 상당히 비슷합니다. 해당 사업은 강남구 삼성동과 송파구 잠실동을 아우르는 거대한 복합 비즈니스시설을 건설하려 하죠. 그 관계자들이 강남 개발 초기의 준공업지대 조성 계획을 파악한 것인지는 알 수 없습니다. 저는 이것을 《우리는 어디서 살아야 하는가》에서 설명한 '행정의 연속성'이 발현된 사례로 판단하고 있습니다.

국가기관은 왜 남쪽으로 이동하는가

한강 북쪽에 자리한 각종 인프라를 넓은 의미의 강남으로 내려보내는 정책은 1960년대 이후의 안보적 상황을 고려한 데서 비롯되었다고 앞서 설명했습니다.

1979년 국토개발연구원이 작성한 〈수도권정비기본계획(안)〉을 살펴보면, 강북은 계속해서 중추 관리 기능을 담당하되, 그 일부를 강남이 분담할 것으로 기대하고 있습니다.[67] 이를 위해 한강 이북의 개발을 보류하고 한강 이남을 적극적으로 개발함으로써,[68] "서울의 강북·강남 지역의 격차 해소"를 추진해야 한다고 제안하죠.[69]

여기서 말하는 "강북·남북 지역의 격차 해소"란 강북 우위의 상황을 개선해 강남도 사람이 살 만한 곳으로 만들자는 뜻입니다. 이후 상황을 보면, 이 목표가 너무 잘 달성된 탓에 강북이 강남에 역으로 압도당하게 되었다고 할 수 있겠습니다.

1980년대가 되면 강북 시민들의 영동지구 및 잠실지구로의 이동은 정부의 방침과 각종 촉진책에 따른 것이 아닌, 그들의 자발적인 선택에 따른 것으로 바뀝니다. 단순히 안보적 요인, 즉 6·25전쟁 당시 피란하기 어려웠다는 데서 얻은 교훈 때문이 아니라, 아파트단지가 재산 증식 수단으로 인식되기 시작하면서 고소득층이 서초구와 강남구를 선택하는 경향이 두드러지게 된 것입니다.[70] 바로 이 경향이 오늘날까지 이어지고 있고, 영동지구와 더불어 잠실지구까지 강남 3구라는 하나의 개념으로 묶이면서 부촌의 범위가 확대되고 있습니다.

강북에 자리한 핵심 국가기관을 강남 일대로 이전해 인구를 내려보내려는 초기 시도 중의 하나가 1966년에 확인됩니다. 이해 8월 12일 언론에 흘러나온 서울시의 도시기본계획은 1985년까지 행정부를 용산구 삼각지 일대로, 입법부를 제3한강교(지금의 한남대교) 너머 남서울로, 사법부를 여의도 너머 영등포로 옮긴다는 내용이었습니다.[71]

하지만 이 계획은 그 뒤의 정책들과 직접적으로는 연결되지 못했습니다. 1980년 당시 강남구에 속해 있던 서초동으로 서울시청을 옮긴다는 계획이 나왔다가 취소되었고, 이후 사법부가 서초동으로 옮겨왔지만, 입법부를 강남 지역으로 옮긴다는 구상은 그 뒤로 자취를 감췄습니다.

한편 1969년 서울시 한강건설사업소 명의로 공개된, 실제로는 건축가 김수근의 팀이 작성한 〈여의도 및 한강연안개발계획〉에 따르면 국회의 사당뿐 아니라 대법원과 서울시청도 여의도로 옮겨질 예정이었습니다. 국회의사당의 위치는 지금과 똑같이 서여의도 끝이었지만, 오늘날 아파트단지들이 밀집해 있는 동여의도에는 원래 대법원과 서울시청이 들어설 예정이었습니다. 하지만 대법원은 강남으로 갔고, 서울시청은 강북에 남아 3핵, 즉 삼각 구도를 형성하게 되었습니다. 참고로 대법원과 서울시청의 동쪽 끝은 원래 종합병원 자리였는데, 결과적으로 63빌딩과 가톨릭대학교 여의도성모병원 들어섰습니다.

1970년에는 서울시가 영동지구에 상공부와 12개 산하기관을 옮기고 60만 명의 인구를 수용하겠다는 '신시가지계획'을 발표했습니다. 그 핵심은 상공부단지와 총무처단지 건설이었는데, 양택식 서울시장은 영동2지구를 중심으로 남서울을 개발하고자 상공부 등이 들어설 종합청사를 신축하고, 다른 정부부처 및 사회단체도 옮겨오도록 유도할 계획이라고 밝혔습니다. 이전 대상 기관은 상공부본부(특허국과 표준국), 한국전력, 석탄공사, 종합제철, 대한중석공사, 광업진흥공사, 충주비료공장, 호남비료공장, 대한염업, 카프로락탐, 석유지원단이었습니다.[72]

이 원대한 계획에는 상공부와 총무처 직원들을 위한 주택단지 건설도 포함되었습니다. 구체적으로는 상공부 및 관련 기관의 직원들이 거주할 주택단지용 부지 30만 평을 먼저 확보했고, 총무처가 주관하는 공무원 타운도 3만 평 규모로 지으려 했습니다.[73] 마침 영동2지구, 자세히는 지

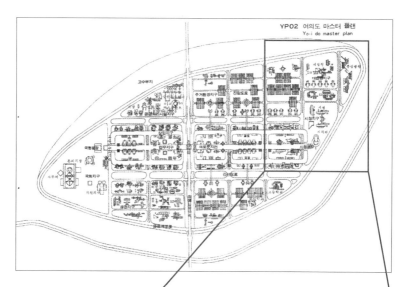

1969년의 〈여의도 및 한강연안개
발계획〉에 실린 '여의도 마스터 플
랜'. 여의도의 왼쪽 끝에는 국회의
사당이, 오른쪽 끝에는 대법원과
서울시청, 종합병원이 배치되어 있
습니다. 국회의사당은 이 계획대로
들어섰지만, 종합병원 자리에는 63
빌딩과 가톨릭대학교 여의도성모병
원이, 대법원과 서울시청 자리에는
아파트단지들이 들어섰습니다.

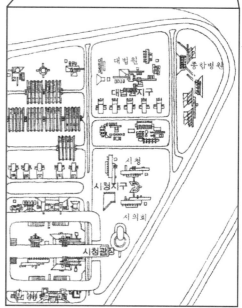

상공부 종합청사 예상도. 1970년 11월 5일 자 《동아일보》 기사 〈영동제2지구중심 남서울개발 확정〉에 실린 그림입니다.

금의 강남구 논현동에 영동공무원아파트가 매우 빠른 속도로 지어졌습니다. 1970년 4월 1일 사업 승인을 받고, 이듬해 12월 28일 준공되어 서울시청, 교육청, 경찰청 직원 가운데 무주택자들에게 분양되었죠. 그러니 상공부단지와 총무처단지를 짓는다는 계획도 충분히 실현 가능한 것으로 받아들여졌습니다.

하지만 결국 이들 계획은 모두 무산되었고, 총무처단지 예정지에는 강남구청과 영동AID차관아파트가 세워졌습니다. 바로 지금의 강남구 삼성동으로, 당시에는 아직 성동구에 속해 있었죠. 참고로 영동AID차관아파트가 삼성동힐스테이트로 재건축된 지 벌써 15년도 넘었지만, 그 일대에는 사명에 'AID'가 들어간 업체들이 아직 남아 있습니다.

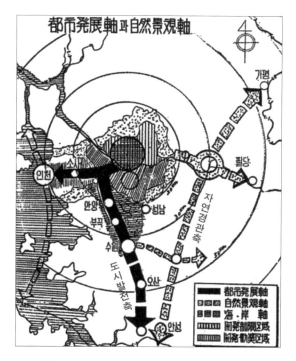

1970년대 구상된 '드리 핑거즈 시스팀'. 1972년 10월 3일 자 《경향신문》
기사 〈서울은 초만원 (완) 도시 개발 정책 측면〉에 실린 그림입니다. 전체적
인 발전축이 서남쪽을 향해 있습니다. 지금의 강남 3구와 확장 강남 일대는
'도시발전축'과 '자연경관축' 사이에 껴 있습니다.

　서울시의 신시가지계획은 큰 틀에서 인천 방향으로는 공업지대를, 경
기도 시흥군 방향으로는 학교와 주택을, 영동지구 방향으로는 관청과 상
가를 배치해, 서울에서 서남쪽으로 세 갈래의 발전축을 형성하려 했습
니다. 이를 "드리 핑거즈 시스팀Three Fingers System"이라 불렀죠.[74] 각 분야
의 권위자들이 집필에 참여, 1964년 출간된 《20세기 한국대관》에서도

고속도로가 강북에서 말죽거리를 거쳐 "안양 또는 수원을 꿰뚫는 코오스로 만들어질 것"이 예측되었습니다. 이처럼 영동지구 개발 초기에는 서울에서 서남쪽으로의 발전축이 당연시되었습니다.

하지만 이 계획은 결국 실현되지 못했습니다. 강북에 있는 국가기관을 한강 너머 남쪽으로 옮기는 것만으로는 충분하지 않고, 아예 서울 너머 남쪽, 나아가 경기도 너머 남쪽으로 옮겨야 한다는 판단을 그 후에 하게 되었기 때문입니다. 상공부의 후신인 산업통상자원부가 2013년에 세종시로 이전하고, 1차 공공기관 이전의 일환으로 2014년에 한국전력이 전력거래소 등의 유관기관과 함께 전라남도 나주시로 옮겨간 일은 1970년대의 정책 구상이 40여 년 뒤에 실현된 것입니다.

도시사학자 손정목은 서울시의 신시가지계획이 "영동대교 건설의 원인이 되었으며, 강남 땅값 앙등의 큰 요인이 되었다"라고 주장했습니다.[75] 실제로 상공부단지가 들어설 것으로 기대된 덕분에 당시 건설 중이던 2호선이 삼성동을 지나게 되었고, 이로써 근미래에 놓일 GTX-A·C 삼성역으로 이어지는 거대한 흐름이 시작되었죠.[76]

상공부단지가 이전한다는 발표가 나올 때마다 영동2지구의 땅값은 상승했고, 이전 계획이 지연되거나 무산되었다는 소식이 들릴 때마다 하락했습니다. 전체적으로는 신시가지계획 덕분에 영동2지구의 땅값이 크게 오르며 영동1지구의 땅값을 능가했습니다. 제3한강교와 경부고속도로가 지나는 영동1지구, 즉 서초구를 제치고 영동2지구, 즉 강남구가 강남 3구의 대장 위치를 차지하게 된 것은 이때부터였습니다.[77]

1973년이 되면 상공부단지 이전에 발맞춰 진행 중이라던 산하기관 직원들을 위한 주택단지 건설에도 차질이 빚어지고 있다는 보도가 나옵니다. 택지개발을 위해 구입한 24만 평 가운데 16만 평이 그린벨트에 포함되어 있었던 것입니다.[78] 당시 삼성동의 땅값은 비교적 낮은 편이었는데, 상공부단지가 아직 옮겨오지 않아서 이렇다는 보도도 보입니다.[79] 하지만 실제로는 상공부단지를 강남으로 보낸다는 계획 자체에 문제가 생겼기 때문에 이런 일이 벌어졌다고 봐야 합니다.

1975년에는 상공부단지 이전 계획이 백지화되었다는 보도가 잇따릅니다.[80] 이듬해에 건설부는 인구의 상당수를 전라북도 익산시와 대구시, 경상북도 포항시를 잇는 가상의 선 아래에 머물게 한다는 〈수도권인구재배치계획(기본구상)〉을 작성하고, '임시행정수도 백지계획' 수립에 착수했습니다. 얼마 후에는 상공부단지를 짓기로 했던 삼성동에 수출상품상설전시관(한국종합전시관, 지금의 코엑스)을 짓겠다고 발표했습니다.[81]

그런데도 부동산업자들은 상공부단지 이전이라는 희망의 끈을 놓지 않았습니다. 심지어 몇몇은 상공부단지 대신 들어선다는 수출상품상설전시관이나, 탄천 매립지에 들어선다는 서울시립병원 등에서 또 다른 희망을 찾기도 했습니다.[82] 참고로 삼성동의 서울시립병원, 즉 서울의료원 강남분원은 2011년에 중랑구 신내동으로 옮겨갔고, 해당 부지에는 임대주택을 세우거나 기업을 유치할 예정이라고 합니다.[83]

저는 송파구 잠실동의 잠실주공1단지에 살던 초등학교 1~3학년 때 취미로 우표를 모았습니다. 코엑스의 전신인 한국종합전시관에서 우표

전시회가 열리면 매번 구경하러 갔는데, 그때마다 삼성동이 참 황량하다는 느낌을 받았습니다. 새벽에 약수를 뜨러 봉은사에 가서도 그 남쪽을 바라보며 똑같은 느낌을 받았죠. 어린아이의 눈에는 그저 황량한 땅이던 삼성동 일대가 이재에 밝은 사람들에게는 큰 이익을 거둘 희망의 땅으로 보였던 겁니다.

상공부단지가 들어서기로 했던 부지 일부는 한국전력이 사용하다가, 한국전력이 나주시로 옮겨가면서 현대자동차그룹에 팔렸습니다. 현대자동차그룹은 이곳에 글로벌비즈니스센터를 지으려 하는데, 원래 계획했

던 105층짜리 한 개 동을 55층짜리 두 개 동으로 변경하자, 서울시가 반대해 새로운 안을 구상 중입니다. 2025년 들어 두 개 동이 아니라 세 개 동을 지으려 한다는 보도가 나왔는데, 어느 경우에도 100층을 넘는 빌딩을 세우겠다는 이야기는 찾아볼 수 없

강남구 삼성동의 옛 한국전력 부지. 저 멀리 롯데월드타워가 보입니다. 새롭게 땅 주인이 된 현대자동차그룹이 예정대로 105층짜리 빌딩을 세운다면, 롯데월드타워를 가릴 것입니다. 2021년 8월

습니다.[84] 현대자동차그룹의 이런 모습에서 102층짜리 본사 빌딩을 세우려다가 층을 낮춰 여러 동의 타워팰리스를 지은 삼성그룹의 예전 모습이 떠오릅니다.

끊이지 않았던 서울시청 이전 논의

상공부단지 이전이 무산되기 전인 1975년 3월 4일, 구자춘 서울시장은 박정희 대통령이 연두순시를 위해 서울시청을 방문한 자리에서 '3핵도시 구상'을 발표했습니다. 기존의 강북 사대문 지역에 집중된 핵심 시설들을 서부 강남인 영등포와 동부 강남인 영동지구 및 잠실지구로 이전하겠다는 내용이었는데, 강북 인구를 강남으로 내려보내라는 대통령의 지시에 호응하는 것이었죠.[85]

같은 해 8월 5일, 서울시는 서울시청은 물론이고, 대법원 등의 각급 법원, 14개의 2차 관청, 여덟 개의 금융기관, 한국전력 등의 정부출자기업, 심지어 서울역 등의 주요 철도역까지 망라한 112개 기관의 강남 이전 계획을 담은 〈서울시 인구집중 억제시안〉을 경제차관회의에서 보고했습니다.[86] 여기서 말하는 '강남'이란 서울의 한강 남쪽 전체를 가리킵니다. 당시 문헌을 볼 때는 '강남', '영동', '잠실'을 잘 구분해 해석할 필요가 있습니다.

이 계획에서 언급된 기관 가운데 한국전력은 1986년 삼성동으로 이전했습니다. 그로부터 30여 년이 흐른 2014년에는 서울을 벗어나 나주시로 재차 이전했죠. 이렇게 보면 한국전력은 지난 수십 년간 정부 방침을 가장 충실히 따랐던 기관이라고 평가할 만합니다. 또 서울역이 한강 남쪽으로 옮겨가지는 않았지만, 30년쯤 뒤에 3호선 수서역과 1호선 광명역이 한강 남쪽에 만들어졌습니다. 서울시가 1975년에 세웠던 계획 가운데 일부가 실현된 것입니다.

아울러 당시 서울시는 강남 이전에 따른 인센티브도 제안했습니다. 정말 강남으로 옮겨가는 학교, 기업, 개인에게 각종 세제 혜택을 주자는 것이었는데, 강남과 강북에 아예 차등적으로 세금을 부과하는 안까지 마련했다고 합니다. 연장선에서 비서울 시민이 서울로 전입하면 특별세를 부과하고, 서울 시민이 서울 바깥으로 이주하면 각종 세제 혜택을 주는 방안도 강구했다죠. 강북 인구를 강남으로 보내는 정책뿐 아니라, 서울 인구를 비서울 지역으로 내보내는 정책도 동시에 추진하겠다는 의지가 확인됩니다.

서울시가 계획을 발표하고 다섯 달 정도 지난 8월 16일 건설부 국토계획국 국토계획과는 〈서울특별시 인구분산대책 의견〉을 내놓았습니다. 이 문서는 서울시의 계획이 불충분하다고 지적하며, "강북 인구를 강남에 이전하는 데 역점을 두고 있어 수도권 외로 소산하도록 하는 방안으로 발전시킴이 바람직"하다고 꼬집었습니다. "타 지역으로부터의 유입을 방지할 수 있는 제동장치를 강구"해야만 "강남 개발에 의한 강북 인구 소산"이 효과를 발휘할 것이라고도 강조했죠.

서울시가 애초에 구상했던 계획을 잘 살펴보면, 강북의 핵심 기관을 서울 안에 붙잡아두고 싶어 한다는 계산이 읽힙니다. 영동지구 개발이 막 삽을 떴을 때는 안보 차원에서 공해산업, 학교, 행정부처 산하기관, 시장, 백화점, 유흥시설, 사회복지시설, 터미널, 요양소 등을 단지 한강 이남으로만 옮긴다는 게 정부 방침이기도 했고요.[87] 하지만 10년쯤 지나 1970년대 중반이 되자, 해당 시설들을 한강 남쪽의 강남이 아닌 서울 남쪽의 경기도나 아예 더 남쪽으로 내려보내는 것으로 정부 방침이 바뀌었습니다.

실제로 〈서울특별시 인구분산대책 의견〉은 2차 관청, 정부 산하 교육·연구기관, 국영기업 본사, 주요 민간기관, 사회단체를 대전시보다 더 남쪽으로 내려보내고, "서울시 소재 주요 대학을 지방으로 이전"시킬 것을 제안했습니다.[88] 상황이 이렇다 보니 서울시의 바람이 무색하게 강북의 핵심 기관들은 고사하고 상공부단지조차 강남 이전이 불가능해졌습니다. 실제로 고려대학교와 홍익대학교는 임시행정수도 예정지 근처인 지금의 세종시 조치원읍에 캠퍼스를 조성하기도 했습니다.

앞서 설명했듯, 1975년은 베트남전쟁이 끝나면서 정부의 국토 개발 정책에 근본적인 변화가 일어난 해였습니다. 하지만 부동산을 사고파는 일반 시민들로서는 정부의 이런 큰 그림을 구체적으로 알 도리도 없었고, 알 필요도 없었습니다. 흔히 하는 말로, 부동산은 심리라고 하지 않습니까. 강북에 자리한 핵심 기관들이 강남으로 내려올 수 있다는 서울시의 조율되지 않은 발표만으로도 바로 그 심리를 자극하기에 충분했습니다.

실제로 서울시가 〈서울시 인구집중 억제시안〉을 발표한 직후부터 강남의 토지 가격이 급상승하기 시작했습니다. 특히 구자춘 서울시장이 1969년의 〈여의도 및 한강연안개발계획〉에서 제안된 여의도가 아니라 상공부단지로 서울시청을 이전한다고 해 그 일대의 지가가 많이 올랐죠.[89] 이에 놀란 서울시가 서울시청을 옮기지 않겠다고 황급히 발표하며 사태를 진정시키려 했습니다.[90] 결국 삼성동에는 상공부단지도 서울시청도 옮겨오지 않았고, 한국종합전시관과 서울시립병원이라는 상대적으로 소규모의 시설들만 건설되었습니다.

하지만 이후에도 서울시청 이전 논의는 끊이지 않았습니다. 1979년부터는 그 전과 달리 영동2지구가 아니라 영동1지구로 서울시청을 이전한다는 정책이 새로이 추진되었습니다. 지금의 서초구 서초동이 이전 예정지였는데, 당시에는 한일주택단지가 있었고,[91] 현재는 대법원이 있는 2호선 서초역 서북쪽 지역이었습니다. 원래는 박물관 등을 짓기로 하고 공용 청사 부지로 묶어두었다가, 최종 단계에서 서울시청 이전 예정지로 결정되었다고 합니다. 한편 서울시청을 영동지구가 아닌 잠실지구로 이전하자는 의견도 있었지만, 최종적으로 청와대와 미래의 정부과천청사 사이에 서울시청을 놓는 게 낫겠다고 판단했다네요.[92]

이런 결정이 내부적으로 내려진 뒤, 강북의 핵심 기관들이 강남으로 옮겨가는 선례를 만들기 위해 서울시청, 서울시교육위원회, 서울시경찰국, 서울시의회 등이 입주할 종합청사를 1983년까지 완공하겠다는 계

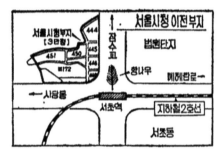

서초역사거리의 향나무(▲)와 1980년에 발표된 서초구 서초동의 서울시청 이전 예정지(▶). 약도는 1980년 2월 19일 자《경향신문》기사〈새 시청 내년에 착공〉에 실려 있습니다. 놀랍게도 여전히 자리를 지키고 있는 저 향나무는 수령이 1000년에 달해 서울에서 가장 오래된 나무라고 합니다. 2024년 8월

획이 발표되었습니다.[93] 신축될 종합청사는 4층 높이에 기와를 얹어 한국의 고유미를 살리게 될 것이라는 구체적인 내용이 뒤따라 보도되었습니다.[94]

당시 일부 시민은 김현옥 서울시장 때 서울시청을 여의도로 옮긴다고 했다가 흐지부지된 일이 반복될지 모른다며 의심했다고 합니다. 그 당시의 서울시청 이전 계획은 여의도 개발을 촉진하기 위한 속임수였다는 말이 나왔을 정도죠.[95] 서울시청을 영동1지구로 옮기겠다는 발표를 둘러

싸고도, 사전에 투기 열풍이 불어 땅값이 10여 배씩 폭등해 검찰이 수사에 나서기도 했습니다.[96] 그리고 1982년 서울시청의 강남 이전이 다시 한번 백지화되었습니다.[97]

빈민을 가장한 투기꾼들

서울시청과는 별도로 1973년부터 추진되던 법원과 검찰청의 서초동 이전 계획은 1995년 대법원이 서울시청 이전 예정지에 들어서며 결국 실현되었습니다.[98] 사법연수원도 서초동으로 옮기려 했으나, 경기도 고양시의 일산신도시로 보냈죠. 이처럼 강북의 국가기관들을 강남으로 옮기는 일은 참으로 예측 불가능하게 진행되었습니다. 그 와중에 이런저런 뜬소문과 투기 열풍이 세상을 휩쓸고 지나갔습니다.

투기 열풍이 분 곳은 법조단지뿐이 아니었습니다. 법조단지가 들어서기 전 서초동 일대에는 왕원식 씨가 시작한 화훼원예를 이어받은 꽃마을이 있었습니다. 이 지역은 영동지구치고 개발이 늦게 시작된 탓에 빈 땅이 많았습니다. 당시에는 정보사령부가 있어서 개발에 제약이 많았고, 따라서 꽃마을 같은 교외 농업지대가 형성되었던 것입니다.

법조단지가 서초동으로 이전하기 시작하면서, 꽃마을 지역에도 부동산 투기 열풍이 일었습니다. 1993년 공직자들의 재산이 처음으로 공개되었을 때 정치인, 장차관, 법조인, 기업가, 외교관 등이 이 일대의 땅을

정치인들이 소유한 법조단지 토지 현황. 1993년 4월 9일 자 《동아일보》 기사 〈땅값 20년새 만배 폭등〉에 실린 사진과 그림입니다. 익숙한 이름들이 눈에 띕니다.

서초구 서초동의 영포빌딩. 2호선 서초역, 서울중앙지방검찰청, 대검찰청, 대법원 등을 모두 걸어서 5분 이내에 갈 수 있는 요지에 있습니다. 이명박 대통령이 온갖 구설에 오르자 사회에 무상 헌납한 빌딩으로, 그가 만든 청계재단이 여전히 이곳에 있습니다. 2018년 7월

많이 가진 사실이 드러나 사회적으로 큰 논란이 되었습니다. 당시 《동아일보》의 보도에 따르면, 이들은 "지난 1973년 5월에 관보를 통해 법원과 검찰청사의 이전 계획이 발표된 시기 전후로부터 80년대 후반까지 이 일대를 사들"였다고 합니다.[99] 이들이 땅을 구입한 뒤로 그 값이 무려 8,000배에서 1만 배까지 폭등했다고 하죠.[100]

사회 지배 집단의 부동산 투기 논란과 더불어, '그랜저'를 몰고 다니거나 지방에 2만 평 가까운 땅을 가지고 있으면서도 이른바 '가짜 빈민'으로 신분을 속여 꽃마을에 들어온 전문 투기꾼이 수십 명에 달한다는 보도도 화제가 되었습니다.[101] 사실 빈민촌을 개발할 때마다 빈민을 가장한 투기꾼들이 늘 말썽을 일으키는데, 그 최초의 지역 가운데 하나가 꽃마을이었습니다. 이런 의혹이 일어나는 지역을 답사하다 보면, 가짜 빈민에 대한 이야기를 많이 듣게 되죠. 자기 부모가 가짜 빈민이 되어 고생하고 있다며, 돈 벌기 쉽지 않다고 당당하게 말하는 사람을 만나본 적도 있습니다.

1장에서 설명한 것처럼 꽃마을 일대에서는 1988년부터 10여 차례의 방화 추정 화재가 잇따라 발생해 사망자가 여럿 나왔습니다. 단순 화재도 있었겠지만, 어떤 화재는 발화 원인이 날카롭게 잘린 전선이었을 정도로 방화 의혹이 짙었습니다. 한편 1988년 10월 9일의 화재 후에는 강남구청 직원들이 다시 집을 지으려는 주민들을 막아서는 일이 발생했습니다.[102] 강남구 개포동의 포이동 재건마을에서도 2011년에 비슷한 일이 있었습니다. 사실상 마을이 거의 전부 타버리자, 강남구청이 철거를

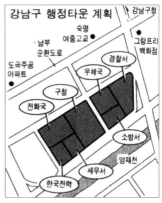

강남구 도곡동 체비지에 들어선 꽃마을 철거민 이주단지(◀)와 그곳에 행정타운을 놓으려 한 계획의 흔적
(▶). 각각 1994년 4월 21일 자 《동아일보》 기사 〈도곡동에 '주상타운' 조성〉과 1993년 3월 8일 자 《매일
경제》 기사 〈강남 도곡동 일대 5만여m2 대규모 '행정타운' 들어선다〉에 실려 있습니다.

감행했던 것이죠.[103] 참고로 '포이동'은 옛 법정동의 명칭으로, 2008년 개
포동에 통합되었습니다. 1980년대 초 정부가 포이동 200-1번지(이후 266
번지)에 빈민들을 강제 이주시킨 게 재건마을의 시작이었습니다. 2011년
의 철거 시도에도 자리를 지킨 재건마을에 대해 강남구청은 2018년에
다시 한번 개발 계획을 꺼내 들었습니다. 꽃마을은 이런 '철거의 규칙'이
일찍이 나타났던 곳이었습니다.

꽃마을에서 화재 피해를 당한 377가구 중 265가구는 1988년 강남구
도곡동 467번지의 체비지替費地에 있던 88경비단 막사로 이주했습니다.[104]
오늘날 타워팰리스가 서 있는 바로 그곳입니다. 체비지란 토지구획정리
사업에 필요한 비용을 충당하기 위해 마련한 땅을 가리킵니다. 기존 소

유주들에게 일정 비율로 땅을 받아 형성하는데, 개발 주체는 이를 팔아 비용을 마련하죠.

꽃마을 철거민들이 머문 체비지는 워낙 강남구의 핵심 지역에 있다 보니, 이 땅을 둘러싼 대형 사기 사건도 발생했습니다. 1989년에 한 일당이 "야당 정치자금 등 3백억 원을 조성키 위해 8학군 지역에 아파트를 지어 특별분양한다"라며, 체비지의 입주권을 판매해 16억 6000만 원가량을 가로챘던 것입니다.[105]

한편 체비지로 옮겨가지 않고 꽃마을에 그대로 남아 있던 시민들은 시시각각 거세지는 퇴거 압박에 시달려야 했습니다. 1989년 7월과 8월에 걸쳐 법원과 검찰청이 옮겨오면서, 비닐하우스를 밀어내고 도로를 깔고 빌딩을 올리는 움직임이 쉬지 않고 계속되었기 때문입니다.[106] 서울시는 이듬해인 1990년부터 몇 년에 걸쳐 무허가 비닐하우스촌에 대한 철거를 거듭 시도했습니다. 네 명의 사망자가 발생한 1992년 3월 9일의 화재처럼 사건, 사고도 잇따랐고요.[107]

땅 주인들이 토지를 소홀히 관리해 무허가 비닐하우스촌이 생겨났던 것인데, 서울시가 1억 5000여만 원을 들여 철거하는 것은 이중 혜택이라는 비판이 제기되기도 했습니다.[108] 비슷하게 쪽방촌의 환경을 개선하는 사업이, 사실은 건물 상태를 방치한 채로 임대료만 챙겨온 건물주들에게 불로소득을 안기는 것이라는 지적이 최근 나오고 있죠.[109] 이와 일맥상통하는 논란이 이미 30여 년 전에 발생했던 것입니다.

당시 보도를 보면 꽃마을에는 '갯골마을'과 '세명마을'이라는 지명이 있었다고 합니다.[110] 하지만 오늘날 이런 지명들은 모두 잊혔고, 해주정씨 집성촌을 가리키던 '정곡'이라는 지명만 사람들의 기억에 남았습니다.[111] 이처럼 사라진 사람들과 잊힌 지명들이 강남 3구에는 수없이 많습니다. 꽃마을의 빈민들을 밀어내고 법조단지를 만들 때 관악구 봉천동의 빈민들이 건축물 공사에 대거 종사한 일 또한 잊혔고요.[112]

타워팰리스 대신 삼성타워가 들어섰다면?

한편 1988년의 화재 이후 서초동의 꽃마을을 떠나 도곡동의 체비지로 이주한 철거민들은 1992년 강남구청이 그곳에 행정타운 건립을 추진한다고 발표하자, 다시 한번 불안에 떨어야 했습니다.[113] 강남구청은 이곳에 우선 전화국, 한국전력, 세무서, 우체국, 소방서, 경찰서를 모아놓고, 장기적으로는 청사도 옮길 예정이었습니다.

이를 위해 영구임대아파트를 알선하는 등의 방식으로 꽃마을에서 온 이주민들을 체비지에서 퇴거시킨다는 계획을 세웠습니다.[114] 하지만 서울시가 강남구청의 행정타운 계획에 반대를 표하고,[115] 또 이주민들이 자체적으로 지역주택조합을 결성해 체비지를 매입하기로 하면서[116] 상황은 복잡하게 흘러갔습니다.

1994년 11월 4일의 공개 입찰에서 체비지의 핵심에 자리한 세 필지를 모두 삼성그룹이 낙찰받았습니다. 당시 삼성그룹은 본사와 계열사를 한데 모을 계획이었습니다.[117] 그해 말부터 삼성그룹이 이곳에 100층이 넘는 빌딩을 세운다는 소문이 흘러나오기 시작했습니다.[118] 1996년 4월 16일에는 102층의 '삼성타워' 디자인이 공개되었고, 대략적인 완공일도 2002년쯤으로 발표되었죠.[119] 서울시는 영향평가를 대충 한다는 의혹을 받을 정도로 삼성그룹의 계획에 우호적이었습니다.[120]

만약 102층짜리 삼성타워가 정말 강남구 도곡동에 건설되었다면, 이 건물은 오늘날 송파구 신천동의 123층짜리 롯데월드타워가 그런 것처럼 서울의 중심이 강남임을 선언하는 상징물로서 기능했을 터입니다. 연장선에서 정말 모든 삼성그룹 계열사가 삼성타워에 입주했다면,[121] 지금처럼 삼성전자 본사가 경기도 수원시 영통구 매탄동에 자리 잡으면서 수원시 동부가 개발되고 '확장 강남'이 형성되는 일도 없었을 겁니다. 아울러 강남구 역삼동의 삼성타운 및 서초구 우면동의 삼성전자 우면 서울R&D캠퍼스도 지금 위치에 있지 않았을 거고요.

하지만 1997년에 외환위기, 속칭 IMF 사태가 터지면서 삼성타워 계획은 취소되었고,[122] 그 대신 40~50층의 주상복합건물 여러 채를 짓는 계획이 세워졌습니다.[123] 한국전력 부지를 구입한 현대자동차그룹이 105층짜리 빌딩을 세우려다가 낮은 빌딩을 여러 동 세우는 것으로 계획을 바꾼 것과 마찬가지 일이 이미 그때 벌어졌던 것이죠. 우리가 알고 있는 타워팰리스는 이런 과정을 거쳐 1999년에 착공, 2004년에 준공되었습니다. 이렇게 보면 롯데그룹은 삼성그룹이나 현대자동차그룹이 못 한 초고층 빌딩 건설을 해낸 것이라 하겠습니다.

양재천 너머로 보이는 타워팰리
스(▲). 타워팰리스 자리에는 원래 102층짜리 삼성타워가 들어
설 예정이었습니다. IMF 사태의 여파로 이 계획
은 취소되고, 대신 타워팰리스가 들어섰습니다.
타워팰리스 저 너머로 롯데월드타워가 보입니다.
2023년 5월

102층짜리 삼성타워 모형(▶). 1996년 5월 29일
자《동아일보》기사〈삼성, 강남 도곡동에 백2층
신축 심의 신청〉에 실린 사진입니다. 삼성그룹의
계열사들이 이 건물에 입주할 예정이었습니다.

경기고등학교 소개문(◀)과 재건중앙교회 소개문(▶). 경기고등학교는 1976년 종로구 화동에서, 재건중앙교회는 1983년 서대문구 북아현동에서 강남구 삼성동으로 이전했습니다. 2021년 8월/2024년 12월

강북에서 강남으로 이전한 시설들. 송파구의 남쪽 끝에 있는 가든파이브가 보여주듯, 남쪽으로 향하는 흐름은 지금도 계속되고 있습니다. 2019년 8월

지금까지 살펴본 내용을 정리하면 한 가지 결론이 도출됩니다. 강북에 있던 국회의사당, 상공부단지, 총무처단지, 서울시청 등을 강남으로 이전하겠다는 계획은 모두 무산되었고, 법조단지만 이전되었습니다. 이것을 과연 정부와 서울시가 강남을 키우기 위해 특혜를 준 것이라고 해석할 수 있을까요? 오히려 관련 내용을 성급하게 발표하는 바람에 땅값이 폭등해 이전 계획이 어려움을 겪었고, 나아가 강북 인구의 강남 분산 또한 방해받았다는 지적이 있을 정도입니다.

기존 해석에서는 정부와 서울시가 특히 학교와 학원의 강남 이전을 조장하고 강북에서는 신설을 금지하는 등의 억제 정책을 취했다고 강조합니다. 정부와 서울시가 강남을 키우려 했다고 결론 내리기 위해서죠. 물론 일부 초중고등학교와 교회 등이 강북에서 강남으로 옮겨간 것은 사실입니다. 하지만 저는 당시 정책의 실상이 그 반대에 가깝다고 생각합니다. 일부 기관은 강북에서 강남으로 옮겨갔지만, 정작 핵심 기관들은 강북에 남거나, 아예 강남보다 더 남쪽으로 옮겨갔습니다.

또 만약 원래 계획대로 강북의 각종 기관이 강남으로 옮겨갔다면 과연 지금과 같은 강남이 탄생했을까요? 몇몇 기관이 아니라 핵심 기관 전체를 옮기려 했다가 헌법재판소의 제지를 받기도 했던 세종시의 현재 모습은, 강남이 가지 않았던 길을 보여줍니다. 공무원과 그 가족이라는 단일한 성격의 집단이 만들어낸 세종시의 동洞 지역은, 주거, 상업, 교통 등이 어우러진 강남 3구에 비해 활력이 부족하다는 느낌을 지울 수 없습니다.

영동지구 개발의 흔적들

영동지구 개발이 끝났다는 소식이 1982년, 1985년, 1992년 등 주기적으로 보도되었습니다. 정확히는 서울시가 토지구획정리사업의 종료를 주기적으로 발표했던 것인데, 영동지구 개발은 이렇게 끝날 듯 끝나지 않다가 1990년대 초가 되어서야 최종적으로 마침표를 찍었습니다.[124]

이후 30년이 넘었지만, 아직도 옛 영동지구를 돌아다니다 보면 '영동'이라는 지명을 여기저기서 쉽게 발견할 수 있습니다. 강남 3구가 한국에서 가장 중요한 축이 된 지금도, 그 단어를 볼 때마다 이곳이 그저 영등포의 동쪽 농촌이었던 시절이 떠오르고는 합니다. 강남구 압구정동의 압구정현대아파트 앞 현대종합상가에 있던 '영동부녀회 파출부', 1978년 준공된 서초구 반포동 시범빌딩의 옆 건물로, 같은 해 준공된 금성빌딩에 있는 '영동교회' 등은 반세기 전 영동지구 개발 시기의 풍경을 상상하게 해주죠.

강남구의 양재천 인근을 개발하기 위해 정치자금을 살포하며 '수서 비리 사건'을 일으켰던 정태수 회장의 한보그룹은 3호선 대치역에 흔적을 남겼습니다. 한보그룹이 제공했던 의자가 플랫폼에서 여전히 쓰이고 있죠. 삼풍백화점이 기증했던 쓰레기통이 서초구 반포동 서래마을의 한 아파트단지에 남아 있길래 사진을 찍어 《갈등도시》에 실었는데, 그로부터 얼마 뒤에 그 아파트단지에서 해당 쓰레기통을 없앴다는 소식을 듣기도 했네요.

3호선 대치역에 아직 남아 있는, 한
보그룹이 기증한 의자. 한보그룹
은 1997년 1월 완전히 해체되었지
만, 이렇게 그 흔적을 남겼습니다.
2024년 4월

대통령비서실이 1977년 출간한《새
마을》에 실린 영동지구 개발의 한
장면. 사진 우상단에 영동시영주택
6단지 건물이, 그 너머로 영동고등
학교가 보입니다. 저자 소장

강남구 압구정동의 어느 골목길 전봇대에 적혀 있는 '영동지'
라는 간선명. 2024년 4월

1978년 준공된, 압구정현대아파트 앞 현대종합상가에 있었던
'영동부녀회 파출부'. 2018년 12월

강남구 대치동의 수인분당선 한티역 서북쪽에 있다가 철거된
'영동스낵카'(▲). 2018년 11월

1978년 준공된 서초구 반포동 금성빌딩에 있는 '영동교회'(◀).
2019년 8월

서초구 잠원동에서 영업 중인 '영동치킨'(◀)과 강남구 논현동의 영동시장에서 영업 중인 '영동삼미숯불
갈비'(▶). '영동'을 내세운 상호와 오래된 간판이 옛 맛과 영동지구 개발 시절의 추억을 불러일으킵니다.
2024년 4월/2017년 10월

1973년 대통령비서실이 출판한 《새마을》에는 영동시영주택6단지와
영동고등학교 사진이 실려 있습니다. 오늘날 영동시영주택6단지는 마을
구조만 남았고, 건물들은 모두 재건축되었습니다. 《새마을》에 실려 있는,
황량한 마을 길 너머로 영동고등학교가 보이는 사진은 강남이 얼마나
빠르게 변해왔는지를 짐작하게 해줍니다.

이처럼 영동 시절의 흔적은 아직 쉽게 찾아볼 수 있기는 하지만, 조금
씩 사라지고 있기도 합니다. 강남구 대치동의 수인분당선 한티역 서쪽
에 있던 영동스낵카는 제가 사진을 찍고 2년 뒤인 2020년 4월에 철거되
었습니다. 소유주가 서울시에 기증하겠다는 의사를 표했지만 거절당했
고,[125] 결국 철거되어 경기도 여주시의 모처로 보내졌다고 합니다.[126]

강남의 택시 기사들에게 우동을 팔던 영동스낵카는 사라졌지만, '영동'이라는 단어는 여전히 서울 시민들의 식욕을 자극하는 마력을 지니고 있습니다. 강남구 논현동의 영동시장은 제가 어릴 적부터 부모님과 함께 드나들던 경관과 맛을 여전히 유지하면서 새로운 손님들도 끌어들이고 있죠. 영동시장의 영동삼미숯불갈비는 1978년 준공된 양옥 건물에서 지금도 영업 중으로, 초록색과 빨간색이 뒤섞인 네온사인을 번쩍이며 사람들의 발걸음을 멈춰 세우고 있습니다. 또 상호에서 '영동'을 내세운 강남 곳곳의 치킨집들은 손님에게 옛날 치킨의 맛을 유지한다는 인상을 줍니다. 여기서 말하는 '옛날'이란 농촌 시절이 아닌 영동지구 개발 시기를 가리키는 것입니다. 제가 초등학교 4학년 때 자주 들렀던, 송파구 잠실동의 새마을시장에 있던 전기구이 통닭집에서 팔던 통닭 맛을 이들 가게에서 다시 맛볼 수 있을지도 모르겠습니다.

3장

한강의 흐름을 바꾸다

: 도시와 도시를 연결한 새 땅, 잠실지구

지금의 서초구에 해당하는 영동1지구의 개발이 시작된 1969년에서 1년이 지난 1970년, 영동2지구와 잠실지구의 개발도 발표되었습니다.[1] 특히 잠실지구에는 종합경기장을 짓겠다는 내용이 포함되어 있었는데, 이것이 오늘날의 잠실종합운동장으로 이어집니다.

영동2지구와 잠실지구의 개발이 함께 발표되긴 했지만, 실제로는 1971년에 영동2지구가 먼저 착공되고, 잠실지구는 1974년에 착공되었습니다. 이런 차이가 발생한 데는 두 가지 이유가 있습니다. 우선 식민지 시기부터 영등포 다음의 두 번째 강남 역할을 해왔던 천호를 먼저 개발해야 했습니다. 실제로 영동2지구의 착공 이듬해인 1972년 천호지구가 착공되었습니다. 참고로 당시에는 성동구에 속해 있었죠.

한때 같은 행정구역으로 묶여 있던 강동구와 송파구에서 토지구획정리사업은 '천호지구(1972년) → 잠실지구(1974년) → 암사지구(1976년) → 강동지구(1981년) → 가락지구(1982년) → 고덕지구(1982년)' 순으로 주거니 받거니 하며 진행되었습니다.[2] 오늘날 서초구, 강남구와 함께 강남 3구로 묶이는 송파구가 다른 두 지역과 뚜렷이 구분되는 특성을 지닌 데는 이런 개발 과정의 차이가 영향을 미쳤습니다.

잠실지구 착공이 늦어진 또 다른 이유는, 그 당시 강북과 강남 사이에 끼어 있던 섬이자 행정적으로 강북에 속해 있던 잠실도를 대규모 공사를 통해 한강 남쪽에 붙여야 했기 때문입니다. 영동지구를 개발하기 위해서는 땅을 평탄화하고 토지를 수용하는 일반적인 작업만 추진하면 되었지만, 잠실지구를 개발하기 위해서는 섬을 육지의 일부로 만드는 작업이 우선 이뤄져야 했습니다. 그래서 영동2지구의 착공일인 1971년 2월 17일, 잠실도를 한강 남쪽에 붙이는 공사가 시작되었습니다.

섬이었던 잠실, 강이었던 석촌호수

도시사학자 손정목에 따르면, 잠실지구 개발에는 세 가지 목적이 있었습니다. 첫째, "당시에 한창 진행 중에 있던 광주대단지(현 성남시)와 강북시가지를 연결하는 도로와 교량을 하나 더 건설하는 한편, 기존 시가지와 광주대단지 사이에 대규모의 신시가지를 건설함으로써 광주대단지 주민의 고립의식을 무마"하려는 것이었습니다. 둘째, 강북 인구를 강남으로 분산하려는 것이었고, 셋째, "영동 800만 평, 잠실 400만 평을 묶어 하나의 거대한 주택단지를 조성"해 강북에 있던 인프라의 일부를 옮기려는 것이었습니다.[3]

이러한 설명에서도 알 수 있듯, 영동지구가 첫 강남인 영등포와의 관계에서 개발되었던 것과는 달리, 잠실지구는 어디까지나 강북과 광주대단지를 연결하기 위해 개발되었습니다. 원래 강북과 생활권을 공유하는 한편, 지리적으로 광주대단지와 가까웠기 때문입니다.

잠실도를 한강 남쪽에 붙이는 작업은, 한강의 본류를 없애고 지류를 본류로 바꾸는 것이 핵심이었습니다. 비슷한 작업이 그 전에도 있었습니다. 낙동강의 본류와 지류를 바꾸는 사업이 1934년에 이뤄졌던 것이죠.

부산시 강서구 대저동의 김해공항과 명지동의 명지신도시가 자리한 낙동강 삼각주는 좌우로 두 개의 강이 흐릅니다. 현재는 동쪽의 낙동강이 본류지만, 원래 서쪽의 서낙동강이 본류였죠. 서낙동강의 남북에 각각 수문을 설치해 농업용수를 확보하고 하굿둑을 놓는 사업이 이뤄진 결과, 서낙동강이 지류가 되고 낙동강이 본류가 되었습니다.

일각에서는 지금의 한강 본류가 아예 존재하지 않았다고도 합니다. 이 추정에 따르면, 잠실도는 원래 강북에 붙은 반도였는데, 어느 때인가 홍수로 물이 넘쳐 강이 생기는 바람에 섬으로 바뀌었다죠. 이 새로 생긴 강은 말 그대로 '신천'이라고 불렸습니다.[4] 1915년에 제작된 5만분의 1 지도를 보면, 신천을 끼고 광진구 쪽을 바라보는 곳에 '신천리'가, 그 동남쪽에 '잠실리'가 표시되어 있습니다.

잠실리 서쪽의 부리도에는 부렴마을이 있었습니다. 오늘날 송파구 잠실동의 아시아공원과 아시아선수촌아파트 일대에 해당합니다. 신천리와 잠실리는 잠실도라는 하나의 섬 안에 자리한 두 개의 마을이었고, 부리도는 물이 넘치면 잠실도와 분리되었다가 물이 빠지면 다시 잠실도와 붙었던 것 같습니다. 오늘날 잠실동, 삼전동, 석촌동, 송파동, 방이동을 꿰뚫는 백제고분로가 그 당시의 물길 형태를 대략 보여주고 있습니다. 잠실지구가 개발되기 전까지 이들 세 마을은, 여름에 홍수로 고립된 주민들을 헬리콥터로 구출했다는 보도가 아니고서는 언급될 일이 없는 시골 마을이었습니다.[5]

잠실지구에 있던 세 개의 마을 가운데 신천리와 부렴마을 주민들은 마을을 떠난 뒤에도 교류를 이어간 듯합니다. 1990년대와 2000년대의 어느 때인가 신천리 주민들이 옛 마을이 있던 곳에 남긴 망향비인 '새내 내력비'를 보면, "근근히 농사를 지으면서 장마철마다 수해를 면치 못하"는 힘든 삶을 살면서도, 추석이면 "잠실 부럼에 살던 토박이들과 어울려" 함께 행사를 열었다고 새겨져 있습니다. 잠실리 주민들이 남긴 망향비는 확인하지 못했습니다.

한편 본격적인 잠실지구 개발에 앞서 한강 본류를 막던 1971년에는 그 밑바닥에서 돌무더기가 발견되어 화제가 되었습니다. 당시 마을 사람들은 인조 때의 관료인 김자점이 강물을 막으려 했다는 전설을 언급했다고 합니다.[6] 한강을 막으면 왕이 된다는 예언을 믿고 이런 토목 사업을 벌였다는 것인데,《동명연혁고 강동구편》에는 해당 전설을 부정하고, 중종 때 쌓은 석축의 흔적으로 추정하는 내용이 실려 있습니다.[7]

김자점은 조선시대 최대의 제방인 황해도의 어지둔보와[8] 경기도 이천의 자점보를[9] 건설하고, 인천에서는 굴포천을 뚫으려 했다고 전해집니다.[10] 그가 이런 토목 사업을 벌였던 이유에 대해 자기 토지에 물을 대기 위해서였다거나 계양산맥을 끊어 조선왕조의 혈맥을 끊기 위해서였다는 식의 전설들이 존재합니다. 연장선에서 잠실지구를 개발할 때 한강 밑바닥에서 발견된 돌무더기도, 그가 한강을 막아 왕이 되려다가 실패한 흔적이라는 해석이 제기되었습니다. 하지만 실제로는 군량미 수송로를 확보하고 수운을 정비하려는 목적이었을 겁니다. 이런 의미에서 김자점은 잠실지구 개발의 선구자라고 볼 수 있겠네요.

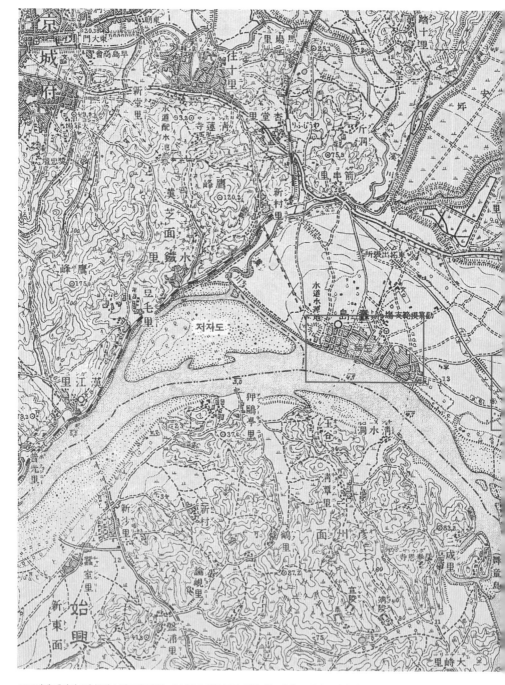

1915년에 제작된 5만 분의 1 지도에 보이는 오늘날 송파구 지역. 지금과는 반대로, 잠실도 위가 한강의 지류, 아래가 본류였습니다.

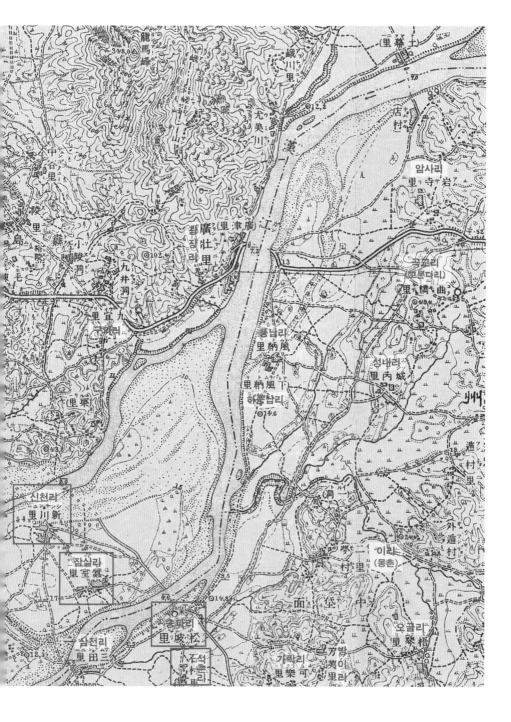

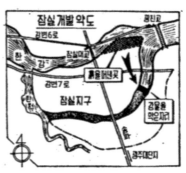

한강 밑바닥에서 발견된 돌무더기(◀)와 잠실 개발 약도(▲). 1971년 4월 16일 자 《경향신문》 기사 〈물으로 이어진 서울의 고도 잠실〉에 실린 사진과 그림입니다. 해당 기사는 "서울 성동구 잠실도와 송파 사이로 흐르던 한강의 지류가 막혀 서울의 고도(孤島) 잠실도는 섬에서 육지로 변했다"라고 시작합니다. 이미 '본류'와 '지류'를 바꿔 부르고 있네요. 약도를 보면, 어디서 퍼낸 흙으로 어디를 막았는지를 알 수 있습니다.

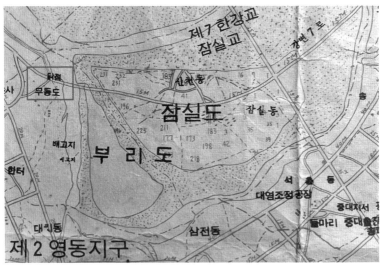

1972년 간행된 〈서울약도〉 속 잠실지구. 이미 무동도는 강남 이남에 붙은 육지가 되어 있습니다. 저자 소장

혈맥을 끊는다는 풍수지리적 주장은 식민지 시기의 토목 사업을 설명할 때도 많이 등장합니다. 산에 터널을 뚫거나 쇠말뚝을 박아 혈맥을 끊었다는 식의 미신적인 해석을 하는 사람들이 아직도 많습니다. 이런 유의 해석은 오랜 역사를 가집니다. 앞서 본 김자점의 사례와 더불어, 임진왜란 때 명나라에서 파견된 이여송이 조선 산천의 혈맥을 마구 끊다가 신령한테 혼났다는 전설이 대표적이죠. 이처럼 풍수지리로 세상의 변화를 설명하는 일은 오래전부터 시도되었고, 강남 개발도 예외가 될 수 없었습니다.

온갖 미신과 전설을 뒤로하고 한강 물줄기를 바꾸는 공사가 시작되자, 나룻배들은 건설 기기를 나르느라 바빠졌습니다.[11] 하지만 1971년 7월 14일에 매립공사가 완료되고 잠실대교가 완공되자 뱃사공들은 일자리를 잃었죠. 그 와중에 한강 본류가 호수로 바뀌자, 사람들이 몰려들어

새로 생긴 호수로 몰려든 낚시꾼들(▶)과 잠실지구 개발을 위해 중장비를 운반하는 나룻배(▼). 각각 1975년 6월 11일 자《경향신문》기사〈잠실 어파트 공사장에 낚시터〉와 1971년 2월 18일 자《조선일보》기사〈'잠실 지구' 개발 착공〉에 실린 사진입니다.

물고기를 잡기 시작했습니다.[12] 1975년의 보도를 보면, 거의 정식 낚시터 수준으로 성행했다고 하니, 물고기들이 상당히 많이 살았나 봅니다.[13]

최초의 '한강뷰 아파트'와 황무지

서울시는 새로 생긴 잠실지구에 대규모 아파트단지를 짓겠다고 발표한 데 이어,[14] 1980년까지 신시가지를 조성하겠다고 발표했습니다.[15] 그러자 당연히 투기 세력들이 잠실지구를 노리기 시작했습니다. 이들이 탄 자가용이 매일 40~50대씩 몰려들었고, 부동산 중개업소는 다섯 배나 늘어났다고 합니다.[16]

지금은 레이크팰리스로 재건축된 잠실주공4단지를 분양할 때는, 영동지구에 자리한 주택공사 정문부터 인근 도로까지 자가용으로 꽉 찼다고 합니다.[17] 제가 잠실주공4단지에 살 때는 그곳이 인기 많은 부동산 투자처라는 사실을 몰랐더랍니다. 아파트단지 한복판의 상가 1층에 있던 빵집의 빵 맛이 좋았고, 그곳에서 일하던 누나가 친절했다는 기억이 남아 있을 뿐입니다.

1975년 성동구 시절의 강동구 천호동으로 향하다가 우연히 잠실지구를 지나쳤던 작가 박순녀는, "나무 그늘 하나 없고 여기저기 아파아트군의 건립만이 한창인" 그곳을 가리켜 "해볕이 그냥 화살 같"은 게 미국 텍사스 같다고 감탄했습니다.[18] 오늘날에도 택지지구를 개발할 때 아파트만 먼저 짓고 부대시설은 나중에 짓다 보니, 이런 풍경을 흔히 볼 수 있죠. 텍사스와 잠실지구의 차이라면, 텍사스 사람들은 말이나 자가용을 타고 다녔겠지만, 당시 잠실지구 사람들은 두 개 노선밖에 없는 버스를 타고 강북의 일터로 가기 위해 출퇴근 시간만 되면 전쟁을 치렀다는 것입니다.[19]

1978년 대통령비서실이 출판한 《새마을》에는, 잠실지구와 외부 세계를 이어주던 146번 버스에 탑승하고자 길게 줄을 선 잠실주공아파트 주민들의 사진이 실려 있습니다. 이로부터 3년이 지난 1981년 간행된 〈서울특별시 특수교통망〉에는 송파구 동쪽의 성내천에 차고지를 둔 146번 버스가 잠실지구를 관통해 영동2지구까지 운행한다고 되어 있습니다. 이 지도에 따르면, 잠실지구를 운행하는 버스가 3년 전보다 조금 더 늘어나기는 했습니다만, 이웃한 영동2지구에 비하면 교통 시스템이 여전히 부실해 보입니다.

1982년부터 1984년까지 잠실주공1단지에, 1985년에 잠실주공4단지에 살았던 저 또한 잠실지구에서 받은 가장 큰 느낌은 황량함이었습니다. 잠실주공1단지 서쪽에서는 잠실종합운동장의 각종 경기장이 건설 중이었고, 아시아공원과 아시아선수촌아파트가 들어서기 전의 벌판에는 갈대가 무성했습니다. 일요일이면 벌판 한복판에 지어진 교회에 갔다가, 벌판과 잠실주공3단지 사이에 자리 잡은 새마을시장에 가곤 했죠. 제가 잠실주공1단지로 이사하기 1년 전인 1980년에 촬영된 항공사진에는 제 기억 속의, 잠실종합운동장과 잠실주공아파트와 새마을시장과 벌판으

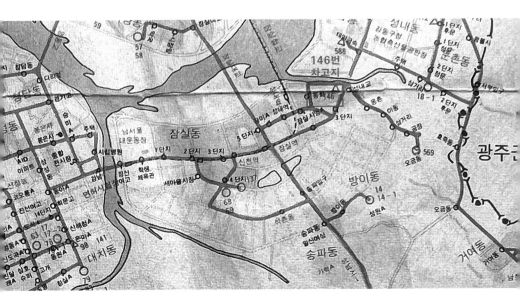

잠실지구 개발 초기의 버스 운행 상황(▲)
과 146번 버스에 탑승하는 잠실주공아파
트 주민들(◀). 각각 1981년 간행된 〈서울
특별시 특수교통망〉과 1978년 출간된 《새
마을》에 실린 사진입니다. 당시 146번 버
스는 잠실지구 주민들을 외부 세계와 이어
주는 거의 유일한 교통수단이었습니다. 저
자 소장

1980년 7월 3일 잠실지구 서쪽을 촬영한 항공사진(▲)과 1977년 제작된 5,000분의 1 지도에 담긴 동일 지역(▶). 잠실주공아파트와 그 아래 단독주택단지, 잠실종합운동장을 제외하면 허허벌판입니다.

잠실종합운동장

잠실주공아파트

단독주택단지

단독주택단지

1976년 잠실지구 서쪽을 북서쪽에서 촬영한 항공사진. 잠실주공3단지 옆에 옹기종기 모여 있는 단독주택단지가 눈에 띕니다. 오늘날 이곳에는 새마을시장이 들어서 있습니다.

로 이뤄진 잠실이 담겨 있습니다. 제가 몰랐던 건, 그 벌판이 그저 황무지가 아니라 옛 부렴마을의 밭이었다는 것이죠.

이보다 3년 전인 1977년에 제작된 5,000분의 1 지도를 보면, 새마을시장 자리에 단독주택단지가 표시되어 있습니다. 1976년과 1980년의 항공사진에서 이곳을 보면, 뒤섞여 있는 기와집과 양옥의 모습이 확인됩니다. 오늘날 기와집은 모두 재건축되었고, 양옥 중에는 1977년의 건축물대장을 가진 딱 한 채만이 남아 있습니다. 이 건물은 잠실지구가 한창

새마을시장에 유일하게 남은, 1977년 준공된 단독주택. 50여 년 전의 도시 경관을 보여주는 귀중한 도시화석이지만, 인근의 재건축, 재개발로 언제까지 남아 있을지 알 수 없습니다. 2024년 10월

개발되던 중간 시기의 지역 경관을 증언하는 희귀한 도시화석이라 하겠습니다. 새마을시장 일대는 주기적으로 재건축, 재개발이 추진되고 있어서, 이 건물을 볼 수 있는 날도 얼마 남지 않은 듯하네요.

북한을 향한 경계심과 올림픽 개최

잠실주공1단지에 살던 1980년대 초, 아파트단지 남쪽에 벌판이 펼쳐져 있었다면 북쪽에는 한강 백사장이 펼쳐져 있었습니다. 여기서 조약

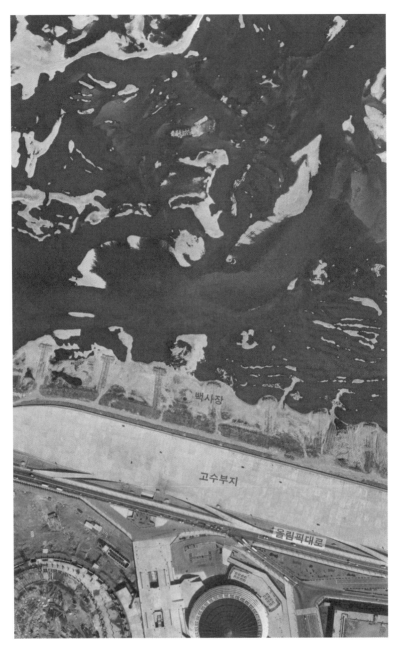

백사장

고수부지

올림픽대로

1980년 3월 3일 잠실지구를 촬영한 항공사진. 올림픽대로와 고수부지가 조성된 뒤에도 여전히 한강 백사장이 남아 있습니다.

돌을 주위다가 집의 어항에 깔았던 기억이 있네요. 백사장에는 가끔 북한의 '삐라'가 떨어져 있기도 했습니다. 1980년에 촬영된 항공사진을 보면, 올림픽대로 북쪽으로 한강 개발이 추진되는 와중에 아직 형체를 유지하고 있는 백사장의 존재가 확인됩니다. 잠실주공1단지에서 이 백사장까지 어떻게 갔는지는 기억이 없습니다만, 잠실지구 북쪽에 백사장이 있었다는 기억만큼은 왜곡되지 않았다는 게 증명된 셈입니다.

한강 개발은 강북과 강남에서 순차적으로 이뤄졌습니다. 강남 서부에서는 여의도 지역이, 동부에서는 제3한강교(지금의 한남대교) 지역과 잠실지구가 특히 중요했습니다. 여의도 개발은 첫 강남인 영등포 지역의 개발을 촉진함으로써, 강북과 인천을 잇는 발전축을 강화하고자 했습니다. 제3한강교 지역과 잠실지구 개발은 강남 3구 개발의 일환으로 이뤄졌는데, 특히 잠실지구에서 아시안게임과 올림픽이라는 국제 대회를 개최하게 됨에 따라 주변 지역을 정비한다는 목적이 강조되었습니다. "송파구를 살펴보는 데 있어서 아시아경기대회와 올림픽을 제외하게 되면 정확한 고찰이 되지 못한다"라는 말이 있을 정도로, 이 두 대회는 오늘날의 송파구를 만든 근본 요인입니다.[20]

1981년 10월 전두환 대통령이 건설용 골재骨材를 채취하고 고수부지를 활용할 목적으로 한강 개발을 지시했습니다.[21] 이 사업은 아시안게임이 열린 1986년에 완료되었습니다. 이를 기념하고자 그해 9월 10일 서울시 지하철공사가 '한강종합개발준공기념 승차권'을 발행했습니다. 이 승차권에 그려진 '한강종합개발기념비'는 옛 삼성리토성 아래에서 잠실종합

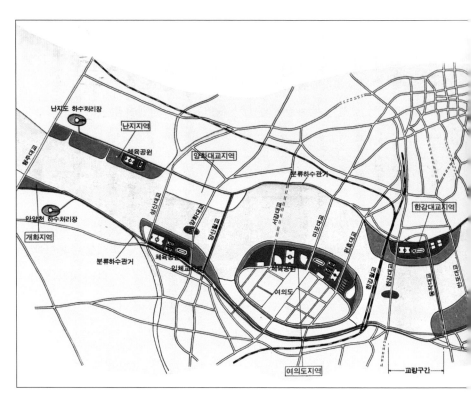

난지도 하수처리장
난지지역
체육공원
양화대교지역
분류하수관거
한강대교지역
안양천 하수처리장
개화지역
분류하수관거
체육공원
입체교차로
체육공원
여의도
여의도지역
교량구간

한강종합개발준공기념

1986. 9. 10.

서울특별시
지하철공사

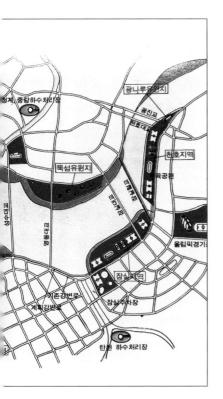

〈한강종합개발계획도〉(▲). 서울특별시사편찬위원회가 1985년 출간한 《한강사》에 수록되어 있습니다.

한강종합개발준공기념 승차권(◀). 서울시 지하철공사가 1986년 9월 10일 발행했습니다. 저자 소장

운동장과 이제는 재건축된 잠실주공1~4단지 그리고 롯데월드타워를 올려다보는 올림픽대로변에 아직도 남아 있습니다.

1971년 잠실도를 한강 남쪽에 붙이고 개발을 시작하던 때 이미 이곳에 종합경기장과 체육 교육기관을 세운다는 구상이 제안되었습니다.[22] 도시사학자 손정목의 증언에 따르면, 1968년에 몽촌토성 일대의 100만 평 규모 지역이 종합경기장 후보지로 지정되었다고 합니다. 오늘날 송파구 오륜동의 올림픽공원 자리죠. 이어서 몽촌토성을 헐고 잠실지구 공사에 활용하자는 의견이 나왔는데, 과장 한 사람이 반대해 실현되지 못했다고 하죠. 그는 "아마도 보통 언덕이 아닌 것 같다. 잘 알지도 못하고 허물어버렸다가 역사상 유서가 깊은 토성이거나 하면 그 책임을 누가 질 것이냐"라며 반대했다네요.[23]

이렇게 해서 몽촌토성은 통째로 헐리는 일을 피했지만, 올림픽 개최가 확정되어 관광객들이 찾을 공원으로 정비되는 과정에

잠실대교 위에서 바라본 송파구 잠실동 일대. 잠실주공5단지부터 잠실종합운동장 올림픽주경기장까지의 풍경입니다. 2025년 1월

옛 삼성리토성 자리에서 바라본 강남구 삼성동의 한강종합개발기념비. 왼쪽에는 롯데월드타워가, 오른쪽에는 잠실종합운동장 올림픽주경기장이 보입니다. 2024년 5월

서 유적지로서의 성격을 많이 잃었습니다. 아울러 잠실지구에 잠실종합운동장과 올림픽선수기자촌아파트 같은 아파트단지들이 건설되면서 송파구의 북부 지역은 오늘날과 같은 모습을 띠게 되었습니다.[24]

올림픽 개최를 구상한 것은 박정희 정부였고, 실현한 것은 전두환 정부였습니다. 당시 한국과 북한의 군사력 차이는 0.7 대 1 정도로, 한국이 열세였습니다. 이 때문에 박정희 정부는 사실상 서울 전체를 최전방으로 설정하며 수도를 지금의 세종시로 옮기는 계획을 수립했고, 1983년에는 수도 후보지 가운데 하나였던 지금의 충청남도 계룡시 지역으로 3군본부 등을 내려보내는 6·20계획이 이뤄졌습니다. 전두환 대통령은 이때 정부기관들까지 함께 옮기려 했다는 비화를 2004년 1월 집권 1년 차를 마무리하던 노무현 대통령에게 전한 바 있죠.[25]

연장선에서 정부가 북한과의 군사력 차이를 극복할 때까지 시간을 벌고자 올림픽 유치에 나섰으

광고판 속 아시안게임과 올림픽 엠블럼. 이제는 철거된 서초구 방배동의 어느 골목길에 있던 광고판입니다. 광고판 속 아시안게임 엠블럼은 사실 한국 개최 확정 당시인 1981년의 올림픽 엠블럼입니다. 삼태극을 활용한 공식 올림픽 엠블럼은 1984년에 확정됩니다. 따라서 이 광고판은 1981년에서 1984년 사이에 만들어진 것으로 보입니다. 2020년 2월

리라는 추측이 당시에 제기되기도 했습니다.[26] 북한을 향한 이런 경계심은 소련과 중국의 개혁·개방에 발맞춰 북방외교를 추진한 노태우 정부에 이르러서야 어느 정도 해소되었습니다. 그때까지 한국의 민관이 북한에 품었던 경계심은, 현재의 한국 시민들이 북한의 핵무기를 보며 느끼는 압박감에 비할 만합니다. 일상생활을 하지 못할 정도는 아니지만, 꽤 스트레스받는 상황이었다는 것이죠.

한편 올림픽 준비가 한창이던 1983년 서울시는 〈잠실지구 도시설계〉를 발표합니다. 한국종합전시관(지금의 코엑스), 잠실종합운동장, 석촌호수와 롯데백화점, 몽촌토성(지금의 올림픽공원), 풍납사거리를 하나의 권역으로 개발한다는 내용이었습니다. 다섯 개의 축을 하나로 묶는다는 뜻에서 '5핵 연환식' 개발로 불렸죠.[27] 최근 서울시가 강남구 삼성동의 코엑스와 송파구 잠실동의 잠실종합운동장 일대를 대상으로 추진 중인 국제교류복합지구 사업은, 5핵 연환식 개발이 '행정의 연속성'에 따라 부활한 것으로 볼 수 있습니다.

물론 차이도 있습니다. 원래 잠실지구는 서북쪽의 잠실종합운동장과 동남쪽의 올림픽공원을 양대 축으로 삼고, 한가운데에 복합위락단지를 두는 꼴로 구상되었습니다. 하지만 국제교류복합지구는 올림픽공원을 떼어내고 코엑스를 결합한 꼴입니다. 즉 서쪽의 코엑스와 동쪽의 롯데월드를 양대 축으로 삼고, 한가운데에 잠실종합운동장을 두는 꼴이죠. 이로써 잠실지구가 1980년대의 계획도시에 머물지 않고, 마이스 클러스터를 통해 새로운 미래로 나아가려 한다는 사실을 확인할 수 있습니다.

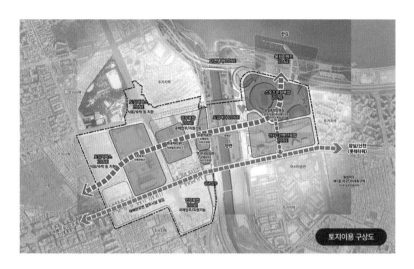

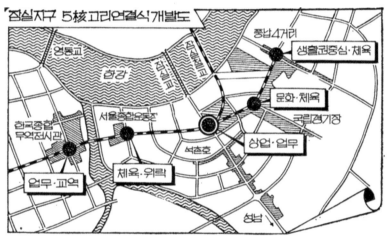

국제교류복합지구 구상도(▲)와 5핵 연환식 개발도(▼). 전자는 2025년 1월 서울균형발전포털에 공개되었고, 후자는 1983년 4월 6일 자 《경향신문》 기사 〈잠실 지구 5핵 연환식으로 개발〉에 실려 있습니다. 이 둘을 겹쳐보면 '행정의 연속성'이 뚜렷이 확인됩니다.

1977년 잠실지구 동부를 촬영한 항공사진(◀)과 40여 년이 지나 롯데월드타워에서 바라본 동일 지역(◀▼). 항공사진 속 잠실시영아파트는 2008년 잠실파크리오로 재건축되었습니다. 2019년 8월

롯데월드타워에서 바라본 올림픽공원 일대(▼). 올림픽공원은 올림픽 개최 2년 전인 1896년 준공되었습니다. 올림픽이 송파구와 강동구를 얼마나 바꿔놓았는지 확인할 수 있습니다. 2019년 2월

강북과 광주대단지의 연결 고리, 송파구

　강북과 광주대단지를 연결하고 국제 대회를 주최할 목적으로 잠실지구가 개발되던 1985년에 가락농수산물종합도매시장 남쪽, 즉 오늘날 송파구 문정동 일대의 문정지구가 강남구 남부의 세곡동 및 일원동과 아울러 개발된다는 보도가 나왔습니다.[28] 뒤이어 1989년 3월 21일에는 일원동과 그 바로 옆 수서동 일대에 수서택지개발지구가 지정되었죠.

　이런 흐름을 쫓다 보면, 송파구 지역이 개발됨에 따라 강남구의 몇몇 지역이 재발견되는 경향을 확인할 수 있습니다. 가령 송파구에서 아시안 게임과 올림픽을 개최하게 되면서 그 서쪽 강남구의 한국종합전시관 일대가 〈잠실지구 도시설계〉에 포함되었습니다. 또한 송파구를 개발함에 따라 그 남쪽의 문정지구 또한 개발되면서 탄천 너머 서쪽 강남구의 수서택지개발지구가 주목받게 되었죠. 당시 이 지역에 산업철도인 남부순환선을 부설한다는 계획이 끝내 취소되었는데, 이 일이 상업 및 주거지구로서의 개발을 이끈 경향이 있습니다. 이에 대해서는 뒤에서 자세히 살펴보겠습니다.

　1990년대 말이 되면 문정지구 개발이 본격화됩니다.[29] 송파구에서 가락동부터 문정동까지의 지역은 잠실지구와 광주대단지라는 양대 거점에 자극받아 1980년대 초부터 개발이 이뤄졌는데, 10년도 넘게 지나서야 오늘날과 같은 고층 빌딩이 가득한 경관을 띠게 되었던 것이죠.[30]

　2005년 8월 31일에는, 송파구와 경기도 성남시 및 하남시의 경계 지역

송파구 문정동 문정1동주민센터 옆의 느티나무. 그 수령이 500년 정도로 추정됩니다. 기록에 따라 600년 이상으로 보기도 합니다. 느티나무 특성상 암수 한 쌍으로 이뤄져 있습니다. 지역의 상징과도 같아 문정동 원주민들로 구성된 단체 '느티나무 지킴이'가 10년 넘게 활동 중입니다. 문정동의 옛 흔적은 이 정도만 남아 있습니다. 2025년 1월

에 자리한 군부대들을 다른 곳으로 보내고 '송파신도시', 즉 지금의 위례신도시를 개발한다는 '8·31 부동산 종합대책'이 발표되었습니다. 이때부터 추진된 송파구의 마지막 택지개발은, 군 당국의 저항을 극복하면서 추진되었고, 여전히 진행 중입니다.[31]

위례신도시가 구상될 당시, 이곳은 민간인이 거의 없는 군사 지역이었습니다. 따라서 신도시 전체를 하나의 행정구역으로 설정하기 쉬웠을 것이고, 실제로 그랬다면 시민들의 불편과 혼란이 줄어들었을 것입니다. 하지만 결국 송파구, 성남시 수정구, 하남시의 세 개 행정구역으로 쪼개지고 말았습니다. 그러다 보니 통일된 행정이 시행되기 어려울뿐더러, 위례신도시의 정체성에 혼란이 초래되고 있습니다.

어떤 분의 SNS 프로필에 이런 구절이 적혀 있더군요. "위례신도시는

서울임. 암튼 서울임." 이런 주장은 위례신도시 주민들의 어떤 속마음을 드러냅니다. 2023년과 2024년에 걸쳐 일각에서 위례신도시 전체를 서울에 편입하자고 목소리를 높이기도 했는데, 역시나 실현되지 못했습니다.[32] 택지개발을 시작하기 전에 일찌감치 행정구역을 하나로 정리하는 일은 쉬웠을 테지만, 택지개발이 끝나가는 지금에 와서는 늦은 감이 있습니다. 이와 비슷한 행정의 난맥상이 전국 곳곳의 혁신도시들에서도 노출되고 있습니다.

한편 송파구 남부가 이렇게 택지개발되던 1990년대 말, 송파구 북부의 잠실지구에서는 재건축 논의가 시작되었습니다. 잠실, 반포, 암사·명일, 화곡 그리고 삼성동과 역삼동 등 강남의 저밀도 지구들을 재건축한다는 소식이 1999년에 보도되었는데, 2년 전 터진 IMF 사태가 조금은 진정된 시점이었습니다.[33]

오늘날 잠실주공1~4단지는 재건축이 끝났고, 마지막 남은 잠실주공 5단지는 서초구 및 강남구의 몇몇 구축 대형 아파트단지들과 함께 그 귀추가 주목되고 있습니다. 송파구에서 아파트단지라는 삶의 양식을 처음으로 도입한[34] 잠실시영아파트(지금의 잠실파크리오)와 미성·크로바아파트(지금의 잠실르엘), 진주아파트(지금의 잠실래미안아이파크) 등도 재건축이 끝났거나 거의 마무리된 상태여서, 잠실지구의 1기 아파트단지로는 이제 장미아파트 정도만 남아 있습니다. 송파구 남부에서는 1980년대에 지어진 아파트단지들에서 재건축 움직임이 시작된 상태고요.

잠실지구 개발 때부터 강북과 광주대단지를 잇는 연결 고리 역할을

송파구 문정동의 올림픽훼밀리타운아파트에 내걸린 재건축 현수막. 2024년 1월

송파구 가락동의 가락프라자아파트에 내걸린 재건축 현수막. 2024년 5월

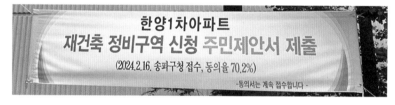

송파구 송파동의 송파한양아파트에 내걸린 재건축 현수막. 2024년 5월

송파구 문정동의 문정건영아파트에 내걸린 재건축 현수막. 이 아파트단지는 리모델링을 추진 중인데, '도시계획심의'는 준공까지 포함한 전체 아홉 단계 중 세 번째에 해당합니다. 이후 진척이 더뎌, 2025년 1월이 되어서야 그다음 단계인 '건축위원회 심의'에 돌입했습니다. 2022년 10월

아직 잠실지구 개발 때의 모습을 그대로 간직한 잠실주공5단지(▲)와 장미아파트의 머릿돌(◀). 장미아파트의 머릿돌에서 "충효사상을 고취코져 물려받은 슬기와 우리의 정성을 모아 안식처를 마련"했다는 글귀가 인상적입니다. 2024년 1월/2024년 5월

기대받아온 송파구는, 아직 개발 중인 위례신도시에 이르기까지 언제나 성남시와 깊이 관련된 상태로 모습을 갖춰왔습니다. 그리고 한강과 3호선 노선 사이에 자리한 송파구의 아파트단지들은 주거니 받거니 하며 택지개발과 재건축을 추진, 새로운 미래를 맞이하고 있습니다.

뱃사공 '숙이 아버지'의 파란만장한 삶

지금까지 영동지구 개발과 잠실지구 개발을 쭉 살펴보았습니다. 중간중간 언급했지만, 개발을 통해 큰돈을 번 사람은 소수에 불과했습니다. 그보다 많은 사람은 이리저리 떠도는 신세가 되었죠. 그 결과 강남에서는 군부대 같은 특수시설 주변으로 빈민촌이 형성되었습니다. 특수시설이 그린벨트에 들어서거나, 그 주변 지역의 개발이 제한되면서 가난한 사람들이 자리 잡을 여지가 생겼기 때문입니다. 서초구의 경우 서초동에는 정보사령부 옆으로 꽃마을이,[35] 관악구 수도방위사령부와 접한 방배동에는 성뒤마을과 전원마을이 형성되었습니다. 송파구의 경우 위례신도시가 생기기 전에 존재하던 군부대들을 따라 마천동과 거여동에 철거민촌이 자리 잡았고요. 가락동 근처 오금동에는 1960년대 중반부터 강북에서 온 500여 세대의 철거민이 살았습니다.[36] 모두 서초구와 송파구가 강남구에서 분구되기 전, 또는 아예 강남 개발 전의 일이죠.

강남의 빈민촌에는 두 가지 부류가 있습니다. 한 가지는 강북을 비롯한 타지에서 밀려난 사람들이 정착한 경우이고, 또 한 가지는 강남 개발이 시작되자 밀려난 사람들이 정착한 경우입니다. 마천동의 철거민촌과 동작구 사당동의 옛 철거민촌은 전자입니다. 서초구 잠원동의 나루마을, 강남구 개포동의 포이동 재건마을, 송파구 장지동의 화훼마을은 후자입니다.

마천동과 거여동의 철거민촌은 서울시의 '무허가건물 이주정착단지 조성시책'에 따라, 1967년부터 1971년까지 종로구 창신동과 숭인동, 동대문구 용두동에서 온 철거민들이 자리 잡았던 곳입니다.[37] 1965년에 1,567명이던 인구가 5년 뒤인 1970년에는 2만 6628명으로 거의 17배나 폭증할 정도로 대규모 정착이 이뤄졌습니다.[38] 현재 송파시그니처롯데캐슬로 재건축된 거여동의 개미마을이 특히 유명했죠. 아울러 가락동과 오금동에도 철거민들이 비슷한 규모로 정착했습니다.[39]

한편 포이동 재건마을은 정부 차원에서 강남 지역의 도시 부랑인들을 모아 1981년 12월 21일에 정착시켰던 곳입니다.[40] 이 밖에도 오늘날 '응봉마을'로 불리는 방배동의 철거민촌이나 두레마을 등이 있습니다. 그중 2호선 방배역 서남쪽의 산기슭에 자리한 철거민촌은 1977년 제작된 5,000분의 1 지도에도 표시되어 있을 정도로 오래되었습니다. 이 마을은 모 문중 땅에 자리하고 있는데, 정확한 유래는 알려지지 않았습니다. 2018년 9월 6일 서울상도유치원 붕괴 사고가 발생했던 동작구 상도동의 옛 달동네도 모 문중 땅에 있었습니다.[41]

한편 강남구에서는 영동지구 개발 초기까지 농촌 마을의 형태를 보존하고 있던 대치동 구마을에서 최근 재건축이 시작되었습니다. 그 뒤를 따라 강남 곳곳의 몇몇 빈민촌에서 재건축 움직임이 확인되고 있습니다. 서초동의 또 다른 빈민촌인 산청마을은 근처에 있던 정보사령부가 다른 곳으로 옮겨가고 서리풀터널이 개통되는 와중에 합의를 거쳐 철거되었습니다.[42] 산청마을은 철거 전에 큰 화재가 발생해 논란이 일기도 했습니다. 포이동 재건마을도 원인 불명의 화재가 발생하는 바람에 주민들이 외부인에게 경계심을 강하게 내비치고는 합니다. 꽃마을에서는 철거 전 10여 차례나 방화가 발생했는데, 빈민촌을 없애는 방법으로 화재를 이용하는 세력이 있다고 추측하는 사람도 있었습니다.

성뒤마을, 화훼마을, 개포동의 구룡마을은 재건축 방법을 둘러싸고 논란이 이어지고 있습니다. 개포주공1단지를 재건축한 디에이치퍼스티어아이파크 주변에는 구룡마을을 비롯해 네 곳의 빈민촌이 남아 있는데, 그중 포이동 재건마을을 뺀 나머지 빈민촌에서 모두 재건축이 추진 중입니다. 반면 방배동의 철거민촌이나 두레마을에서는 아직 이렇다 할 움직임이 보이지 않고 있습니다.

감춰진 강남 사람이라고 할 수 있는 빈민촌의 주민들 외에도 몇몇 소수자가 강남에 정착했습니다. 서초구 내곡동에 있는 한센병력자들의 정착촌인 헌인마을은 최근 재개발을 둘러싸고 갈등을 겪는 중입니다. 잠원동에 있던 고아원인 성심원은, 신반포한신아파트가 그곳에 들어서던 1984년까지 자리를 지키다가 경기도 용인시 수지구로 떠나갔습니다. 잠원동성당의 모태가 성심원이었다 보니, 그 둘은 아직도 교류를 이어가고

송파구 마천동 산동네의 경관(◀)과 서초구 방배동 두레마을의 경관(▶). 2022년 3월/2020년 3월

서초구 방배동 성뒤마을의 경관(◀)과 아래성뒤마을의 마을회관(▶). 2021년 4월/2021년 2월

강남구 개포동의 포이동 재건마을 너머로 보이는 타워팰리스(▲)와 철판으로 만든 마을 담벼락의 화재 경고문(▶). 2023년 5월

송파구 장지동 화훼마을의 경관(◀)과 서초구 서초동의 3호선 양재역 근처를 지나는 헌인마을(서초구 내곡동) 재개발 시위 차량(▶). 2021년 5월/2022년 12월

있습니다. 아울러 군이 구체적으로 언급하지는 않겠습니다만, 여성노숙인요양시설과 고아원도 강남의 땅끝에 남아 있습니다.

지금까지 살펴본 빈민과 소수자들은 강북이 개발되면서 당시 서울의 땅끝이던 강남 3구 지역으로 밀려갔거나, 강남 3구 지역이 개발되면서 그 외곽 지대에 재정착했던 사람들입니다. 한편 강남 3구 지역의 개발 과정 중에 소외되어, 끝내 이곳을 떠났던 사람들도 있습니다. 이런 일이 강남 3구 곳곳에서 수없이 발생했으나, 남은 사람들은 그들의 이름과 이후의 운명을 말하지 않습니다.

우선 강남 지역에 살며 한강 남북을 오가던 뱃사공들이 다리가 놓이면서 생계를 잃고 다른 곳으로 떠나갔습니다. 나룻배는 지금의 버스나

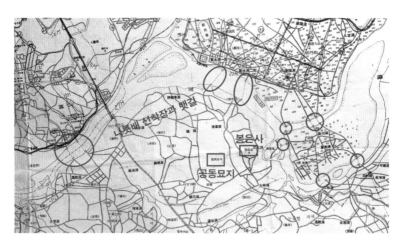

1963년 간행된 〈대서울20년도시계획 최신서울특별시전도〉. 나룻배 선착장과 강북 사람들이 한강을 건너 자주 찾은 봉은사 및 공동묘지가 표시되어 있습니다. 저자 소장

열차만큼이나 강남 지역에서 근간이 되는 교통수단이었습니다. 그래서인지 당시 방배동에는 뱃사공들이 모여 살던 사복촌이라는 마을이 있었습니다. 1장에서 3호선 잠원역 북쪽의 나루마을은 옛 마을의 형태를 일부 간직하고 있다고 설명했는데, 그 이름을 보면 뱃사공들이 이 마을에도 살았던 게 아닌가 짐작됩니다.

사회적으로 중요한 직업이었다 보니, 뱃사공들은 좋은 일 나쁜 일을 막론하고 신문 사회면에 자주 등장했습니다. 잠원동이 경기도 시흥군 신동면 잠실리였던 1957년부터 그곳과 용산구 동빙고동을 오가던 이영근 씨는 성실히 근로하고 봉사 활동에 매진한 공로로 1968년 2월 3일 용산구청에서 금룡상을 받기도 했습니다. 1962년의 나루터 전복 사고 때 30여 명을 구조했다는 그는, 《조선일보》와의 인터뷰에서 자신의 직업이 없어지더라도 제3한강교(지금의 한남대교)가 빨리 완공되어야 한다고 밝혔습니다.[43]

이영근 씨의 말처럼 한강 다리가 놓이면서 뱃사공들은 일자리를 잃었지만, 그 일자리를 빼앗을 중장비를 마지막까지 강북에서 강남으로 실어 나른 것도 그들이었습니다.[44] 이 시기에는 실직하고 다른 곳으로 떠나는 뱃사공들의 사연이 종종 보도되었습니다.

지금의 송파구 신천동에 살던 '숙이 아버지' 김용태 씨는 1972년 잠실대교가 준공되면서 뱃사공이라는 직업을 잃었습니다.[45] 그해 말에 기자가 김용태 씨를 다시 찾았는데, 한강 건너 성동구 성수동에서 막일하고 있었다고 합니다.[46] 김용태 씨의 동료 뱃사공이었던 송택술 씨는 살던 집

뱃사공 이영근 씨. 1968년 2월 3일 자 《조선일보》 기사 〈금룡상을 받은 나루터 아저씨〉에 실린 사진입니다. "노 저으며 봉사 10년", "구해낸 인명도 근 80명"이라는 문구가 눈에 띕니다. 주민들에게 "나루터 아저씨"로 불리며, 매일 같이 600여 명의 손님과 각종 짐을 실어 날랐다고 하네요. 그의 사연을 통해 평범했던 강남 사람들의 삶을 엿볼 수 있습니다.

뱃사공 송택술 씨와 그의 가족. 1972년 7월 1일 자 《조선일보》 기사 〈대교에 잃어버린 "잠실"〉에 실린 사진입니다. 잠실대교가 준공되자 그는 나룻배에 집을 통째로 얹은 채 일거리를 찾아 한강 하류로 떠났습니다.

蠶室橋준공 앞둔 「숙이아버지」

뱃사공 김용태 씨. 1972년 1월 11일 자《조선일보》기사 〈잠실교 준공 앞둔 '숙이 아버지'〉에 실린 사진입니다. 기사에 따르면, 김용태 씨는 1949년부터 나룻배를 몰기 시작했는데, 잠실대교가 준공되자 살림을 팔아 채소 장사라도 해야 할지 고민 중이었다네요. 참고로 그가 '숙이 아버지'로 불린 것은 큰딸 이름이 '김명숙'이었기 때문입니다.

막일꾼이 된 김용태 씨. 1972년 12월 29일 자《동아일보》기사 〈신천 마지막 뱃사공 김용태씨〉에 실린 사진입니다. "25년 생업(에) 종지부"를 찍은 김용태 씨는 결국 "삽(을) 쥔" 막일꾼이 되었습니다.

을 통째로 나룻배에 얹고는, 한강 하류에 남은 나루터를 찾아 가족들과 함께 떠났습니다.[47] 이들 뱃사공의 이후 행적은 잘 알려져 있지 않습니다. 강남 개발 과정에서 살아남아 재정착에 성공한 일부 시민 그리고 택지개발된 땅에 정착한 시민들만이 '강남 사람'으로서 발언권을 얻게 되었기 때문입니다.

사라진 고인돌과 헐린 백제 성곽

강남 3구를 개발할 때 사람들만 사라졌던 게 아닙니다. 이곳에 있던 고인돌과 백제 성곽, 조선시대 고분 등 수많은 유적과 유물도 사라졌습니다. 송파구 풍납동을 빙 둘러싸고 있는 풍납토성에 한창 현대리버빌아파트를 지어 올리던 1997년 1월 1일 건설 현장에서 왕궁 유적이 발굴되었지만, 결국 공사가 재개되었던 일은 유명하죠.[48] 그 바로 아래 있는 오류동의 몽촌토성은 올림픽을 개최하며 일대가 공원으로 조성되는 과정에서 원형이 크게 훼손되었고, 강남구 삼성동의 봉은사 주변에 있던 삼성리토성은 완전히 사라졌습니다.

특히 삼성리토성의 경우 처음에는 강변도로를 놓는다며 깎아버렸고, 잠실지구를 개발할 때는 그곳에서 공사용 흙을 채취했으며, 그 뒤에도 학교와 배수지 등을 지으며 철저히 파괴했습니다. 2016년에 이르러서야 처음으로 고고학적 발굴 조사가 이뤄졌는데, 그 결과에 따르면 한성백

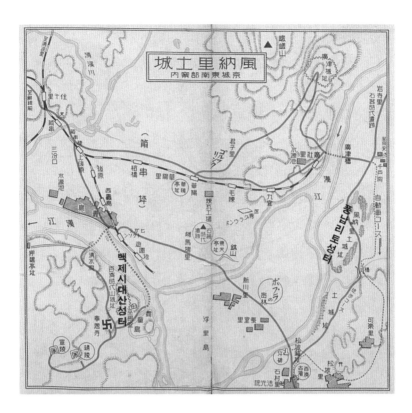

城土里納風
京城東南部崇仁面

百濟時代山城址

風納里土城터

百濟時代山城址
백제시대산성터

1937년 간행된 〈풍납리토성〉에 표시된 삼성리토성(▲)과 최근 풍경(▼). 지도 왼편에 '백제시대산성터'로
표시된 곳이 바로 삼성리토성입니다. 오늘날 삼성리토성 정상부는 삼성해맞이공원으로 정비되었는데, 그
역사에 대한 간단한 안내문이라도 하나 세워둔다면 좋겠습니다. 한편 지도 오른편에 '풍납리토성터'도 보입
니다. 2024년 5월

제시대의 유적이 거의 확실해 보입니다.[49]

다시 풍납토성 이야기로 돌아가, 이 성에 대해 조선시대 중기의 정치인인 김창흡은 "오래된 성엔 흰 돌이 훤하다"라는 기록을 남겼고,[50] 경성전기주식회사가 1937년 간행한 하이킹 지도인 〈풍납리토성〉에는 그 성터가 뚜렷하게 표시되어 있죠. 즉 강남 3구를 개발할 때 이 성이 있다는 사실을 모를 리 없었다는 말입니다.

풍납토성은 지금도 서쪽 성벽의 발굴과 복원 작업이 이뤄지고 있는데, 이곳에 예전부터 공장을 두고 있던 삼표레미콘의 소송 제기로 법정 싸움이 이어지다가 최근에야 법원이 화해권고결정을 내리며 논란에 종지부가 찍혔습니다.[51] 현재 풍납토성 내부는 증개축이 제한되어 있어서, 건물이 헐리면 공원이나 주차장으로 사용되고 있습니다. 재건축 이익을 생각하지 않는다면 쾌적한 거주환경이라 하겠네요.

풍납토성 북쪽의 씨티극동아파트는 경사형 외관으로 유명한데, 풍납토성이 문화재다 보니 경관 보전 지역에 해당되어 이런 모양을 띠게 되었습니다.[52] 이 아파트단지는 풍납토성 안에 있어서 국가유산청의 허가 없이는

송파구 풍납동의 씨티극동아파트. 해당 아파트는 경관 보존 규정에 따라 미끄럼틀 같은 독특한 외관을 띠게 되었습니다. 2021년 6월

재건축이 쉽지 않다고 하죠.

다만 최근 풍납토성 한가운데 있는 미성아파트가 국가유산청에 조건부로 재건축을 허가받아 화제가 되었습니다. 해당 아파트의 재건축 추진 준비위원장은 "문화재가 나오면 사업이 지연될 수는 있지만 최근엔 이전 보존을 많이 하는 추세여서 큰 차질은 없을 것"이라고 말했습니다. 아파트단지를 철거했을 때 정말 땅속에서 유적과 유물이 나올지 두고 봐야 재건축이 어떤 형태로 진행될지 예측할 수 있겠습니다.[53] 비슷한 경우로, 어떤 시민 한 분이 《우리는 어디서 살아야 하는가》를 읽고는 유네스코 세계유산으로 지정된 수원화성 안의 꼬마빌딩 투자를 좀 더 신중히 생각하게 되었다며 SNS에 올린 글을 본 적이 있습니다.

지금의 서초구 석촌동과 가락동 지역에 있던 것으로 조사된 300여 기의 백제 고분들은 잠실지구 개발 때 대거 파괴되었습니다.[54] 석촌동 쪽의 고분은 약간 남았지만, 가락동 고분군은 흔적도 없이 사라졌습니다. 당시 석촌동 일대에는 개발 수요에 맞춰 돌을 다듬어 파는 석재상이 많은데, 이들은 백제 고분의 돌을 5,000원에 트럭 한 대 분량만큼 깎아 팔았습니다. 석촌동에 살던 한유성 씨는 기자의 질문에 "우리야 돌덩이가 문화재인 줄 어떻게 압니까. 알려주는 사람도 없고 말리는 사람도 없으니 좋은 벌이인 줄만 알고 있지요"라고 답했습니다.[55] 지역 토박이들은 백제 고분의 돌이 병자호란 때 청나라 군대가 진터를 쌓은 흔적이라고 믿었다고 하니, 한성백제가 얼마나 철저히 잊혔는지를 짐작할 수 있습니다.[56]

백제 고분의 파괴 현장. 1972년 5월 1일 자 《동
아일보》 기사 〈쇠망치에 박살나는 이 백제 초기
의 유적지〉에 실린 사진입니다. 파괴당한 백제
고분은 공사 자재로 헐값에 팔려나갔습니다.
강남 개발 과정에서 이렇게 파괴된 유적과 유
물의 수가 헤아릴 수 없을 정도입니다.

    백제시대보다 앞선 시대에 만들어진 유적지나 고인돌은 강남 3구 지
역을 개발하는 과정에서 거의 모두 사라졌습니다. 그중 대부분은 보고
서나 사진조차 남아 있지 않습니다. 가령 지금의 강남구 역삼동 언덕 어
딘가에서 발굴되었다는 유적지는 정확한 위치도 알 수 없고, 출토된 토
기의 사진만 남아 있습니다.[57] 1947년 7월 고고학자 이병도가 확인하고
〈광주 언주면 반포리 지석을 탐사하고〉라는 글까지 남긴, 지금의 강남구
개포동 어딘가에 있었을 고인돌 네 기 또한 그 위치를 알 수 없습니다.[58]
이 밖에도 1947년 지금의 서초구 반포동에서 발견된 고인돌,[59] 1958년에
서 1959년 사이에 지금의 서초구 양재동 양재2동주민센터 근처에서 조

사된 고인돌,[60] 지금의 강동구 명일동에서 우연히 발견된 선사시대 주거지 등도 실물이 사라진 것은 물론이고, 그 위치까지 잊혔습니다.

서초구 원지동에서는 1983년에 이어[61] 2002년에도 고인돌과 석기가 발굴되었습니다. 강북에 있는 국립중앙의료원을 이곳으로 이전하기 전에 지표를 조사하는 과정에서 발견되었죠.[62] 유적 발굴이라는 예상 밖의 일까지 겹친 끝에 국립중앙의료원은 강남이 아닌 중구의 옛 미군 기지인 극동공병단 부지로 이전되었습니다. 반세기 전이었다면 석기시대 유적 따위는 아무 고민 없이 밀어버렸겠죠. 이런 대목에서 시대가 바뀌었음을 느낍니다. 2013년에는 서초구 잠원동의 대림아파트 재건축 예정지에서 농업 유적이 발굴되는 등, 비슷한 사례가 계속해서 이어질 것으로 예상됩니다.[63]

고려시대와 조선시대 유적도 강남 개발을 피하지는 못했습니다. 우선 1970년대에 지금의 서초구 모처에서 천체도가 그려진 분묘가 발굴되었습니다.[64] 특히 서초구 방배동의 어느 고분에서는 나무로 만든 사람 모양의 인형 다섯 점과 동물 모양의 인형 한 점이 출토되었습니다. 고려시대 후기에서 조선시대 초기로 이어지는 시기의 의복 양식이 묘사되어 있는지라 귀중한 사료로 평가받습니다.

방배동 고분에서 발굴된 유물들은 택지 공사 현장을 지키던 경비원이 밀반출했다가 고미술품 수집가인 이원기 씨에게로 흘러 들어갔다고 합니다.[65] 이곳은 예전부터 상습 침수지여서 고려시대나 조선시대에 평민과 천민들이 주로 살았고, 한양 주민들의 무덤도 많습니다.[66] 그리하여 여러 기의 고분이 남아 있었던 것일 텐데, 현재는 유물들이 출토된 고분이 어디에 있었는지조차 알 수 없습니다.

강남 3구의 동쪽에 자리한 강동구 암사동은 신라시대에 절 아홉 개가 바위 위에 모여 있었다는 데서 비롯된 지명입니다. 절들은 조선시대 전기까지 자리를 지켰던 것 같지만, 그 후 절터에 구암서원이라는 성리학 시설이 들어섰고, 이마저도 1871년에 철거되었습니다.[67] 군부대가 이곳에 참호를 설치할 때 고려시대 이전의 유적과 유물이 확인되었지만, 결국 크게 파괴되었기 때문에 그 이상의 정보는 알 수 없게 되어버렸습니다.[68] 강남 3구의 서쪽에 자리한 관악구 신림동에서는 서울대학교를 지을 때 고려시대와 조선시대 가마들이 발굴되었으나, 파괴되어 흔적조차 사라졌다고 합니다.[69]

강남 3구뿐 아니라 전국적으로도 현대 한국 시기에 수많은 유적이 파괴되었습니다. 충청남도 홍성군의 결성읍성은 염전을 만든다고 헐었고, 경상남도 거제시의 옥포성과 창원시의 마산합포성은 택지개발 과정 중에 사라졌습니다. 특히 옥포성은 임진왜란 초기인 1592년 이순신 장군이 일본 해군에 승리한 옥포대첩의 무대인데도 파괴되었죠. 마산합포성은 마산수출자유구역을 만들고자 바다를 매립할 때 그 성벽의 돌이 사용되었습니다.[70] 심지어 이미 파괴되어 가치가 사라진 만큼 문화재 지정을 해제해 주민들의 재산권을 보장해야 한다는 주장이 나오기도 했죠.[71] 풍납토성과 관련해서도 이와 비슷한 논의가 이어지고 있습니다.[72]

한국 시민들은 수천 년의 역사를 자랑하고는 하지만, 막상 한국의 도시들에서 유적을 찾아보기는 어렵습니다. 그 이유에 대해 시민들은, 외부 세력들이 침략해서 파괴했기 때문이라고 말합니다. 하지만 지금까지 살펴본 것처럼 현대 한국 시민들은 스스로의 손으로 강남 지역의 유적을 무수히 파괴했습니다.

저는 과거의 유적을 무조건 보존하자고 주장하는 사람은 아닙니다. 오히려 도시는 쉼 없이 재개발됨으로써 활력을 유지할 수 있다고 믿는 쪽이죠. 재개발할 것은 하되 기록은 철저히 하자는 것이, 도시 개발과 유적 보존에 대한 저의 입장입니다.

현대 한국 시민들이 스스로 자기 나라의 유적을 파괴해놓고, 중국, 일본, 미국 등 외국 탓을 하는 것은 성숙한 태도가 아닙니다. 남 탓만 하는 대신 자아비판과 자아성찰을 할 수 있는 용기를 갖춰야 진정한 어른입니다. 다행히 최근 원지동에서 발굴된 유적지의 처리 과정을 들여다보면서, 강남 개발 초기에 비하면 한국 사회가 한 단계 나아갔다는 사실을 확인해 희망을 품을 수 있었습니다.

침수되고 끊어지고 무너지다

강남 개발 과정에서는 유적과 유물뿐 아니라, 그 과정 자체도 소홀히 취급되기 일쑤였습니다. 강남 3구는 탄생부터 어수선했던 데다가, 도중에 정부의 관심이 급작스레 다른 곳으로 옮겨갔습니다. 그러다 보니 개발 과정에서 여러 가지 문제가 끊이지 않았습니다. 우선 지형적으로 언덕과 골짜기로 이뤄졌거나 상습 침수 지역이었던 곳을 급하게 택지개발하는 바람에 지금껏 재해가 빈발하고 있습니다. 택지개발을 추진할 때마다 사기 사건이 터졌고, 건물과 인프라를 지을 때면 부실시공이 자행되었습니다.

1925년의 을축년 대홍수 때 강남 3구 지역이 괴멸적 타격을 입었다는 사실을 1장에서 살펴보았습니다. 영동지구에서는 언덕과 골짜기 지형에서 비롯된 홍수가 빈발했습니다. 잠실지구에서는 여름에 폭우가 쏟아질 때마다 지역 전체가 침수되는 일이 잦았습니다. 그래서 "메기가 하품을 하거나 개미가 침만 뱉어도 물에 잠기는 곳"이라고들 했습니다.[73]

만약 한국 정부가 강남 3구 지역의 이런 특성을 꼼꼼히 파악한 다음 차분하게 택지개발을 추진했다면, 도시를 건설하기에 앞서 언덕을 깎거나 배수지를 촘촘히 만드는 등의 작업을 선행했겠죠. 하지만 이런 작업이 거의 이뤄지지 않았다는 점에서, 강남 개발이 얼마나 성급하게 추진되었는지를 알 수 있습니다.

강남 개발 당시에 홍수 조절이 가능할 정도로 곳곳에 숲을 남겨놓는 것도 방법이었겠습니다. 1982년에 강동구의 고덕지구를 개발하며 200여만 그루의 나무를 베는 문제로 논쟁이 벌어졌습니다.[74] 그나마 1980년대여서 문제 제기라도 된 것이지, 이보다 10여 년 앞선 강남 개발 때는 이런 문제가 논의조차 되지 못했습니다. 안보 차원에서 강남 개발이 이어지다 보니 환경 보전 같은 문제를 고려할 여유가 없었던 것이죠.

한국에서는 산을 공원으로 간주하고, 평지에서 숲을 밀어내는 개발이 줄곧 이뤄졌습니다. 하지만 홍수 조절을 위해서는 산뿐 아니라 평지에도 숲이 있어야 합니다. 강남 3구의 현재 모습은 정확히 이와 반대됩니다. 영동지구에서는 지나치게 넓은 땅을 한꺼번에 택지개발하다 보니, 언덕을 피해 골짜기에 도로를 놓았습니다. 그 결과 언덕 위의 농촌 마을이나 옛길 일부가 개발을 피해 남겨졌습니다. 서초구 서초동의 3호선 양재역 동쪽에 있는 영남대로가 좋은 예죠. 이처럼 골짜기에 도로를 놓고, 또 그 아래 지하철을 놓다 보니, 폭우가 쏟아지면 도로가 침수되고 지하철 운행이 중단되는 일이 빈번한 것입니다. 지하시설도 당연히 침수되므로, 안전 문제와 더불어 재산상의 손실도 피할 수 없습니다.

대형 폭우는 수년에서 수십 년 주기로 강남 3구 지역을 휩쓸었습니다. 그럴 때마다 홍수 피해를 기억하자는 뜻에서 세웠던 기념물이 강남 3구를 포함한 서울 곳곳에 남아 있습니다. 을축년 대홍수 때의 피해자를 기리는 '한강수사자조혼비'가 동작구 흑석동에, 1990년 9월 9일의 집중호우로 발생한 피해 규모를 알려주는 '홍수흔적기념비'가 강동구 성내동에 그리고 같은 달 11일의 집중호우 때 한강 수위가 얼마나 높아졌는지 알려주는 표식이 서초구 반포동의 잠수교에 남아 있습니다.

폭우에 취약하다는 강남 지역의 지형적인 문제도 여전하고, 이에 대한 사람들의 안일한 인식도 여전합니다. 1987년 7월 26일의 폭우로 강남고속버스터미널 지하가 침수되고 지상에서도 제 무릎까지 물이 차올랐던 기억이 여전히 생생합니다. 2023년 1월에는 감사원이 영동대로 지

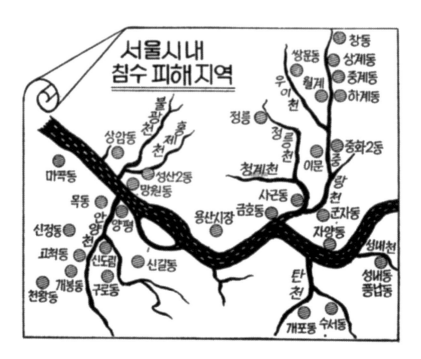

1984년 9월의 침수 피해 지역(▲). 1984년 9월 3일 자
《동아일보》 기사 〈한강변 상습침수지역 문제점〉에 실린
그림입니다. 강남 3구 지역에서는 탄천과 성내천 인근
에서 피해가 컸음을 알 수 있습니다.

잠수교 북단의 최고 수위 표시(◀). 1990년 9월 11일의
기록입니다. 2021년 7월

하공간 복합개발 사업과 관련해 폭우 대책이 부족하다고 지적하기도 했습니다. "기본설계대로 환승센터를 실시설계하여 시공하거나 인근 건물 출입구에 예상 침수 높이 이상의 침수방지시설을 설치하지 아니할 경우 홍수 시 우수가 환승센터로 유입되어 침수될 우려가 있다"라고 결론 내렸죠.[75] GTX-A·C 역사에 버스 정류장까지 들어설 영동대로 지하공간이 지난 2022년 8월 8일의 2호선 강남역이나 4·7호선 이수역처럼 침수될 경우, 그 피해는 훨씬 클 터입니다.

감사원이 제안한 "예상 침수 높이 이상의 침수방지시설"에는 여러 가지가 있겠습니다만, 빌딩들의 지하주차장 입구에 차수벽을 설치하는 것

1987년 7월 26일의 폭우로 침수된 강남고속버스터미널 내 상점. 1987년 8월 2일 자 《조선일보》 기사 〈침수 상품 "야시장 세일"〉에 실린 사진입니다. 상인들은 한 푼이라도 건지고자 울며 겨자 먹는 심정으로 물에 젖은 옷을 싼값에 팔았습니다.

청남빌딩 지하주차장 입구의 차수벽. 바닥에 깔린 철판이 기계의 힘으로 세워지며 철제 기둥에 고정되는 원리입니다. 이 단순한 구조물 덕분에 청남빌딩은 2011년 7월과 2022년 8월의 폭우에서 모두 무사할 수 있었습니다. 처음 설치한 차수벽의 높이는 1.6미터였는데, 2013년 보강할 때 2미터까지 높였다고 합니다. 2022년 9월

만으로도 큰 효과를 볼 수 있습니다. 2022년 8월 8일의 폭우 때, 서초동의 청남빌딩에 설치된 차수벽이 위력을 발휘해 '노아의 방주'라 불렸던 일이 유명하죠. 1994년에 빌딩을 지으면서 당시 3000만 원을 들여 차수벽을 설치하고, 그 후 보강공사를 한 덕분에, 강남 3구 지역의 수많은 지하주차장이 침수되어 큰 재산 손실이 발생했던 2022년 8월 8일에도 이곳만은 별다른 피해를 보지 않았습니다.

　상황이 이러한데도, 2024년 22대 총선에서 올림픽대로를 지하화하자는 공약이 나왔습니다. 하지만 올림픽대로를 함부로 지하화했다가는 폭우가 쏟아질 때 서울의 한강 남쪽 지역이 어마어마한 피해를 볼 터입니다. 또 올림픽대로 지하공간은 폭우로 넘치는 물을 받아줄 저장시설을

강남구 대치동의 개포우성2차에 걸린 현수막. 아파트단지 바로 옆의 공원 지하에 빗물펌프장을 설치하지 말라는 내용입니다. 해당 아파트는 2011년 7월 물난리가 났던 3호선 대치역 근처로, 양재천과도 매우 가깝습니다. 2024년 9월

설치할 최적의 입지 조건을 갖추고 있습니다. 강남 3구의 개발 과정은 발전된 토목 기술로 자연에 맞서온 과정이었음을 잊으면 안 됩니다.

한편 강남 3구에서는 자연재해 못지않게 부실시공도 많이 발생했습니다. 급하게 택지개발을 하고 건물을 올리다 보니, 염분 농도가 높은 콘크리트로 아파트를 지어 논란이 된 1기 신도시 건설 때와 마찬가지로 부실시공이 많이 이뤄졌던 것이죠. 1995년 6월 29일의 삼풍백화점 붕괴 사고와 1994년 10월 21일의 성수대교 붕괴 사고는 부실시공에서 비롯된 대표적인 비극이었습니다. 이 두 사건 모두 저의 생활권과 가까운 곳에서 발생했다 보니, 지금껏 큰 충격으로 남아 있습니다.

특히 502명의 사망자가 발생한 삼풍백화점 붕괴 사고의 경우, 추모시설

祈 願

우리들 눈과 눈에는
잃어버린 사랑들이 아직도 생생하다.
부실과 모순과 부정의 분출로 희생된
이제는 가족사진 속의 미소로만 남은
잃어버린 사랑들이 생생하다,
우리들 눈과 눈에.

우리들 귀와 귀에는
허공에 흩어진 목소리들로 가득하다.
매장과 진열장, 에스컬레이터를 오르내리던
이제는 떠나보낸 이들의 가슴 속에만 아스라한
먼먼 목소리들만이 가득하다,
우리들 귀와 귀에.

우리들 가슴과 가슴에는
찢기고 뜯긴 살과 피로 충만하다.
그 원혼들을 달랠길 없는 분노와 허망
이제는 악몽의 흙더미를 뚫고 풀꽃은 되고
종곡을 멈추고 걸어갈 새길이 난다,
우리들 가슴과 가슴에.

우리들 손과 손으로
갓 일군 화전의 잿가루와도 같이
죽음으로 갈라 놓은 암흑의 공백을 새기름으로 불사뤄
이제는 쓰린 어제와 오늘이 맑은 내일이기를
경건한 기원으로 합장한다,
우리들 손과 손으로.

성수대교 사고 희생자

강용남 김광수 김동의 (무학여중고 학생)
김원석 김정진 김중식 배지현 백민정
류진휘 문옥연 백정화 이소윤 이연수
성봉석 송근중 유상해 이지연 장세미
유성열 윤현자 이기동 주수연 최양희
이덕영 이승영 이정수 황선정
이흥균 장영오 지수영
최정환 이델 아이다

삼풍백화점 사고 추모비(▲)와 성수대교 사고 추모비(▼). 2017년 10월/2021년 7월을 사고 현장과 무관한 곳에 설치한 것은 두 번째 비극이었습니다. 같은 서초구이긴 하나, 서초동의 삼풍백화점 자리가 아닌 양재동의 양재꽃시장 근처에 추모시설을 놓았죠. 사고 현장에 지어진 고급 아파트단지의 주민이 2024년 12월 3일에 비상계엄 선포라는 정치적 사건을 일으킨 것은 세 번째 비극이었고요. 저는 종교도 없고 미신도 믿지 않지만, 500여 명이 사망한 사고를 제대로 마무리 짓지 못한 후과가 지금껏 한국 사회에 이어지고 있는 것은 아닌가 하는 생각을 떨칠 수 없습니다.

비리와 추문은 어떻게 호재가 되었을까

마지막으로 이렇게 서둘러 택지개발을 하고 건물을 지어 판매하는 과정에서 수많은 사기 사건이 횡행했습니다. 이는 그 후 전국 곳곳에서 벌어진 크고 작은 소란들의 원형이 되었습니다.

말죽거리 신화가 유행하던 시절에는 투자자들이 임장하지 않고 복덕방에 걸린 지적도 지번만 보며 땅을 구입했습니다. "열 사람이면 여덟 명은 현지답사를 하지 않고 지적도의 지번으로 위치를 보고는 계약을 체결"했기에,[76] "사는 사람이나 파는 사람도 땅이 어떻게 생겼는지는 보지도 않"았다고 하네요.[77] 임장하지 않고 부동산업자 말만 믿었으니, 수많은 사기 사건이 발생한 것은 두말할 나위가 없었습니다. 1975년 3월 발각되어 연일 보도된 잠실지구에서의 대규모 국유지 사기 사건은, 강남

잠실지구에서 대규모 국유지 사기 사건이 벌어졌던 곳. 1975년 3월 17일 자 《경향신문》 기사 〈잠실 땅 10여만평 사취〉에 실린 사진입니다. 주범 10명, 연루자 200여 명에 달하는 초대형 사기 사건으로, 당시 금액으로 24억 원을 사취하려 했다고 합니다.

개발 당시 발생한 각종 사기 사건의 "빙산의 일각"일 뿐이었습니다.[78]

이런 우여곡절 끝에 마련된 택지에 지어진 아파트단지를 특권층에 특혜 분양하기도 했으니, 논란의 중심에 강남구 압구정동의 압구정현대아파트가 있었습니다. 구성원 중에 15명의 연루자가 있다고 소문이 돌던 검찰에서 이 사건의 수사를 맡자, "고양이에게 생선가게 맡기는 격"이라고 지적한 당시 야당 대표의 발언은, 이 사건과 당국의 수사를 시민들이 어떻게 생각했는지 잘 보여줍니다.[79]

물론 어떤 일을 제대로 판단하기 위해서는 관련자들의 말을 다 들어봐야겠죠. 이명박 대통령의 증언에 따르면, 정주영 회장은 아파트 사업에 참여하자는 본인의 제안을 처음에는 부정적으로 받아들였다고 합니다. "현대건설이라면 경부고속도로니 비료공장이니 소양댐이니 하는 대역사는 물론이고, 건물을 지어도 대형 빌딩을 지어야지 성냥갑 같은 콘크리트 집이나 짓고 있을 수는 없다는 자부심" 때문인 것 같았다죠.[80] 압구정현대아파트 특혜 분양 사건도 처음부터 비리였던 게 아니라 "갑자기 아파트 붐이 일어나"다 보니 결과적으로 "특혜로 돌변"했다는 겁니다.[81]

이 사건의 진상은 해석하는 쪽에 따라 다르게 인식될 것 같습니다만, 이명박 대통령이 땅의 가치 그리고 고급 아파트단지의 미래에 민감하게 반응하는 사람이었음은 틀림없어 보입니다. 그런 안목과 가치관이 서초동의 법조단지 땅을 헐값에 팔았다는 의혹 그리고 강남구 도곡동의 땅을 차명으로 소유했다는 의혹 등으로 이어졌던 게 아닌가 싶습니다.

또 한 가지 흥미로운 사실은 특혜 분양 사건이 벌어진 뒤로 압구정현대아파트가 시민들에게 선망의 대상이 되었다는 겁니다. 특권층이 사는 곳이라고 인식되었기 때문입니다. "정치인은 '무플'보다 '악플'이 낫다"라는 말이 있는데, 강남의 아파트단지에 해당되는 말인 듯하네요.

여담입니다만 사실 강남 3구 지역의 원래 이미지는 고급 아파트단지와 거리가 멀었습니다. 당시 사람들의 인식 속에 서울의 고급 아파트단지라고 하면, 1964년에 준공된 마포구 도화동의 마포주공아파트나 1971년에 준공된 영등포구 여의도동의 시범아파트 등이 자리 잡고 있었죠. 실제로 시범아파트가 한창 올라가고 있던 1971년, 서울시가 서부 강남인 여의도에 호화 아파트단지를 짓는 데 역량을 집중하는 바람에 영동2지구에서 영동공무원아파트 공사가 늦어지고 있다고 비판하는 보도가 나오기도 했습니다.[82] 오늘날 강남구 논현동의 신동아아파트가 바로 이 영동공무원아파트를 재건축한 것입니다.

이후 1972년에 영동시영주택단지가 지금의 강남구 북부에 건설되고,

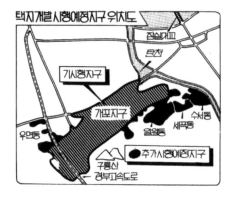

개포지구 및 추가 택지지구. 1988년 5월 2일 자 《경향신문》 기사 〈자연녹지 73만 평 택지로〉에 실린 지도입니다. 추가 지정된 택지지구에 수서동과 일원동이 포함되어 있습니다. 바로 이곳에서 수서 비리 사건이 벌어졌습니다.

1974년에 구반포주공아파트가 지금의 서초구 반포동에 건설되고 나서야 비로소 고급 주택단지와 아파트단지가 들어선 강남 3구의 이미지가 생겨났습니다. 참고로 반포주공아파트는 구반포주공아파트와 신반포주공아파트로 나뉩니다. 전자는 반포동에서도 행정동 기준 반포본동에 지어졌던, 또 시기상으로도 가장 빨리 지어졌던 아파트단지를 가리킵니다. 이 구반포주공아파트는 1~4주구로 나뉘는데, 1973년 준공된 고급 아파트단지인 1, 2, 4주구가 바로 '반포주공1단지'입니다. 9호선 구반포역 위쪽이죠. 그 아래쪽의 1974년 준공된 3주구는 'AID차관아파트'로 불렸으니, 미국의 국제개발법Act for International Development에 의해 건설 자금을 지원받았기 때문입니다. 신반포주공아파트는 1978년 구반포주공아파트의 오른편에 지어졌던 '반포주공2단지'와 '반포주공3단지'로, 9호선 신반포역 근처입니다.

강남 3구의 개발 초기에 일어났던 수많은 투기와 사기 사건을 말죽거리 신화로 뭉뚱그리는 경우가 많습니다. 이에 반해 강남구의 양재천 주변과 그 너머 남쪽의 수서동과 일원동 지역은 '수서 비리 사건'이라는 말로 특별히 기억되고 있습니다. 앞서 짧게 설명했듯, 정태수 한보그룹 회장은 양재천 북쪽 대치동의 상습 침수 지역에 은마아파트를 세우고, 그 아래 있는 대모산 북쪽 기슭인 개포동의 택지를 개발하고자 노태우 대통령에게까지 정치자금을 제공했습니다. 당시 서울시는 개포동 일대의 개포지구를 개발한 뒤, 그 주변 지역도 이어서 개발할 계획을 세우고 있었습니다.[83] 여기에 한보그룹이 끼어들었던 것이죠.

도시사학자 손정목의 《서울 도시계획 이야기》에서 이 사건을 아주 자세히 다루고 있기 때문에, 제가 그 내용을 되풀이할 필요는 없을 터입니다. 제가 수서 비리 사건에 주목하는 이유는 두 가지입니다. 첫째, 북쪽인 압구정부터 남쪽인 수서동과 일원동까지, 강남구에서 진행된 굵직한 개발 사건 중에는 거의 매번 비리 사건이 불거졌습니다. 당시 시민들은 지배 집단을 비판했지만, 장기적으로는 강남구를 부유층이 사는 지역으로 인식하게 되었습니다.

둘째, 수서 비리 사건이 벌어지고 몇 년 뒤인 1997년 한보철강 부도에 따른 한보그룹 해체를 시작으로 IMF 사태가 터졌는데, 이때 현대그룹이 한보철강을 인수했습니다. 정주영 회장은 1970년대부터 철강 회사를 갖고 싶어 했는데, 한보그룹이 무너진 덕분에 꿈을 이뤘습니다. 이렇게 해서 강남구의 북쪽 끝과 남쪽 끝에 자리한 압구정과 수서동 모두 현대그룹과 직간접적으로 관계를 맺게 되었다는 것은 흥미로운 일입니다.

3부

현대 강남의 세 가지 차원

: 아파트, 산업, 교통의 상호작용

강남의 아파트단지는
'집값'으로만 수식될 수 없습니다.

그곳에서 현대 한국인의 삶을 정의하는
생활양식과 문화가 탄생했습니다.

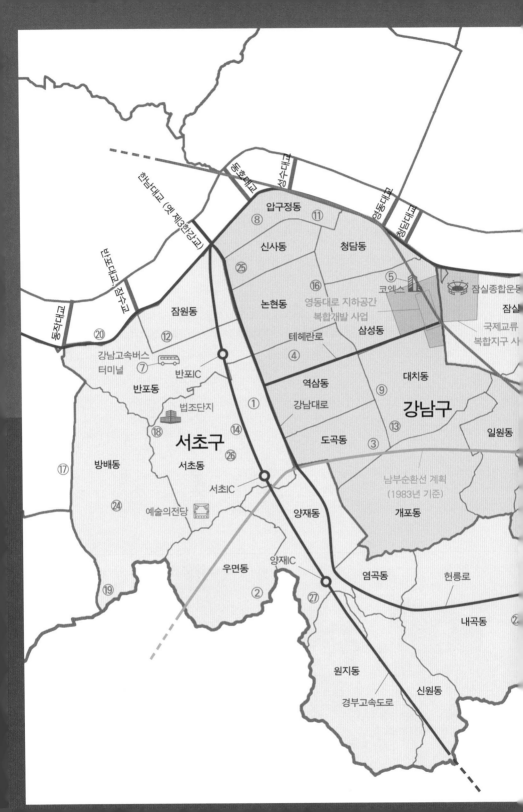

올림픽대로

광진교

천호대교

올림픽대로

풍납동
㉒

ㅌ데월드타워

올림픽공원

ㅣ동 ⑥

방이동

㉑

송파구

송파동

오금동

⑩

마천동

촌동

가락동

거여동

⑮

문정동

GTX-A

장지동

율현동

동

기업

1 삼성타운(삼성전자 일부와 삼성생명 본사)

2 삼성전자 우면 서울R&D캠퍼스

3 옛 삼성타워 예정지(타워팰리스)

　3 우미건설 본사

4 현대자동차그룹 본사

5 현대자동차그룹 글로벌비즈니스센터

6 롯데그룹 본사

7 (주)신세계(신세계그룹 지주사)

상업 시설

8 현대백화점 압구정본점

　5 현대백화점 무역센터점

9 롯데백화점 강남점

10 롯데백화점 잠실점(옛 한양쇼핑센터)

　7 신세계백화점 강남점

11 갤러리아백화점

12 뉴코아아울렛

13 그랑프리엔(옛 그랑프리백화점)

14 무지개쇼핑센터(옛 무지개백화점)

15 가락농수산물종합도매시장

16 옛 영동백화점

17 옛 태평백화점

산업 시설

18 옛 텅스텐광맥

19 옛 채석장

20 옛 골재 채취장

21 옛 금광(광주금광과 백년금광)

22 삼표레미콘 공장

23 헌인마을 가구단지

24 이수동산 가구단지

25 신사동 봉제 공장

　7 옛 섬유단지 예정지

교통망

26 남부터미널(옛 한국화물터미널)

27 양재화물터미널(옛 한국화물터미널)

　10 잠실광역환승센터

　1 옛 강남시외버스터미널(가칭) 예정지

송파구 신천동의 롯데월드타워 서울스카이에서 남산
타워 방향을 바라보았을 때의 풍경. 한강을 따라 잠
실주공5단지, 잠실주공2단지를 재건축한 리센츠, 잠
실주공1단지를 재건축한 엘스, 잠실종합운동장이 들
어서 있습니다. 모두 송파구 잠실동에 해당합니다.
강남, 특히 잠실지구에서 탄생한 아파트단지 문화는
새로운 삶의 양식으로서 곧 전국으로 퍼져나갔습니
다. 2019년 8월

서초구 반포동의 강남고속버스터미널 일대. 강남 개
발 당시 도시 기능을 활성화하고자 터미널과 공업단
지가 계획되었습니다. 그 결과 강남고속버스터미널
에 더해 서초구 서초동에 남부터미널이, 양재동에 양
재화물터미널이 자리 잡았습니다. 강남구 역삼동에
도 가칭 강남시외버스터미널을 놓으려 했으나, 토지
주들의 반대로 무산되었고, 대신 삼성타운이 들어섰
습니다. 한편 공업단지는 산업철도인 남부순환선이
흐지부지되며 실현되지 못했습니다. 2014년 3월

4장

성냥갑에서 선망의 대상으로

: 아파트가 지나온 궤적

시대마다 수많은 시민이 공통적으로 경험하고 기억하는 풍경이 존재합니다. 어떤 사람들에게는 6·25전쟁으로 폐허가 된 도시와 읍내의 풍경이 가장 강렬한 기억일 겁니다. 시골을 떠나 도시로 온 사람들이 품은 기억의 원형은 〈전원일기〉나 〈대추나무 사랑 걸렸네〉 같은 드라마에서 재현되었죠. 그러나 이들 드라마에 담긴 시골 풍경은, 이제 시골에서조차 사라져가고 있습니다.

〈달동네〉나 〈서울의 달〉 같은 드라마는 농산어촌에서 도시로 모여든 가난한 사람들의 집단 기억을 담아냈습니다. 단독주택과 빌라가 가득한 대도시의 원도심을 경험한 사람들은 〈한지붕 세가족〉 같은 드라마를 보며 동질감을 느끼고는 했죠.

그렇다면 강남 3구의 개발이 시작된 이래로 오늘날에 이르는 과정을 겪은 사람들은 어떤 기억을 공통적으로 지니고 있을까요?

'아파트 옆 논밭뷰'라는 집단 기억

강남 3구 개발뿐 아니라 1960년대부터 시작된 서울의 확장과 외곽 개발 과정에 참여했던 많은 시민은, 황무지 한복판에 덩그러니 조성된 주택단지에서 거주한 경험을 공통적으로 지니고 있습니다.

농업지대를 밀어버리거나 저습지를 매립해 마련한 황무지 곳곳에 도로를 놓고 주거단지를 지으면 사람들이 입주하는 일이 수십 년간 이어졌습니다. 어떤 사람들은 편의시설이 없고 교통망 미비로 출퇴근이나 통학이 불편한 신규 택지지구에서의 생활을 견디지 못하고 구도심으로 되돌아갔습니다. 한편 어떤 사람들은 구도심으로 되돌아갈 상황이 되지 않거나, 또는 미래의 가능성을 생각하며 남았고요.

시민들이 입주하고 나서 몇 년이 지난 뒤에야 교통망이 확충되고 각종 편의시설이 갖춰지는 일이 되풀이되었습니다. 여의도, 화곡, 개봉, 영동, 잠실, 신림, 가락, 암사, 면목, 역촌, 불광, 목동, 노원 등 주로 1963년 서울로 편입된 지역들에서 이런 패턴이 반복되었습니다. 이후 똑같은 일이 1기 신도시, 2기 신도시, 3기 신도시, 혁신도시, 기업도시, 세종시 등에서 계속되며, 전국 규모로 확대 재생산되고 있습니다.

이런 택지지구에 입주한 사람들에게 가장 강렬하게 남은 기억을 한마디로 요약하자면, '아파트 옆 논밭뷰'일 겁니다. 편의상 '아파트'라는 단어를 넣었습니다만, 당연히 단독주택이나 빌라도 포함됩니다. 그러니 좀 더 정확히는 '신축 택지지구 옆 논밭뷰'라고 할 수 있겠네요.

잠시 제 경험을 돌이켜보겠습니다. 부모님의 기억에 따르면, 제가 태어나서 처음 살았던 마포구 합정동의 단독주택 옆에는 채소밭이 펼쳐져 있었다고 합니다. 그 뒤에 잠깐 서초구 반포동의 신반포주공아파트에 살다가, 이어서 송파구 잠실동의 잠실주공1단지와 잠실주공4단지에 살았습니다. 당시 석촌호수는 정비가 끝나지 않았고, 지금의 롯데월드 자리는 5층짜리 백화점인 한양쇼핑센터를 제외하고는 텅 비어 있었습니다. 석촌호수와 그 아래 가락동 사이도 전체적으로 황량하기는 마찬가지였습니다. 같은 반 친구들에게 '고덕'이나 '둔촌'이라는 곳으로 이사한다는 이야기를 듣고는, 그런 땅끝에 대체 뭐가 있길래 가는 걸까 하고 궁금해 했던 기억이 있습니다.

잠실주공아파트 옆의 황무지에는, 현재 개발 중인 택지지구들도 그렇듯이, 물웅덩이와 텃밭이 뒤엉켜 있었습니다. 그 물웅덩이와 텃밭은 겨울이 되면 스케이트장으로 바뀌었습니다. 고수부지 정비가 끝나지 않은 한강, 여름이면 물이 넘치는 탄천과 더불어, 잠실주공아파트 너머 펼쳐진 이런 풍경들은 저에게 '아파트 옆 논밭뷰'의 원형적 기억으로 남았습니다. 김기찬이나 전민조 같은 사진가들은 논밭이 파헤쳐져 생긴 황무지 저 멀리에서 쉬지 않고 올라가는 아파트단지를 많이 촬영했습니다. 그들이 벌판에서 아파트단지를 촬영할 때, 저는 그 아파트단지에서 벌판을 바라보고 있었던 것이죠.

'아파트 옆 논밭뷰', 또는 '단독주택 옆 논밭뷰'는 서울이 확장되는 중에 그 외곽에서 집을 마련한 수많은 시민과 그들의 자녀가 공유하는 기억입니다. 이 기억이 없는 서울 시민은 종로구와 중구 시민들뿐이더군요. 이들과 이야기를 나눠보면, 어릴 적부터 이미 정비되어 있는 도시를 보고 자랐다고 말합니다. 그러면서 '아파트 옆 논밭뷰'라는 제 기억을 대단히 신기하게 여깁니다. 원도심과 택지지구에 사는 사람들 사이의 이러한 경험 차이는, 서울뿐 아니라 한국의 주요 도시들에서 살아온 시민이라면 누구나 겪어봤을 것입니다.

첫 강남인 영등포와 천호 지역은 경기도에 속해 있던 1930년대부터 오늘날의 형태를 갖추었고, 강남 3구 지역은 빨라야 1970년대부터 지금과 같은 모습을 띠게 되었습니다. 강남 3구의 도심지에서 가장 오래된 공간 구조와 건물들은 1970년대의 산물이죠. 대로변에는 고층 빌딩들이 서 있고, 그 뒤편에는 단독주택과 이를 재건축한 빌라나 꼬마빌딩들이 서 있습니다.

강남 개발이 시작되고 반세기가 지난 오늘날, 그 최초의 공간 구조와 건물들이 사라지고 있습니다. 이 장에서는 1970년대부터 단독주택단지와 아파트단지, 빌딩들이 탄생했다가 재개발, 재건축으로 사라져가는 상황을 살펴봄으로써, 강남이 지나온 궤적을 되짚어보고 그 미래를 예측해보려 합니다.

주택단지로 가득했던 '서울 시골'

서울의 한강 남쪽 지역에 주택단지가 들어서기 시작한 것은 1940년대부터입니다. 1930년대에 강북에 문화주택단지들이 건설되었고, 1940년대부터는 강남 지역인 대방, 신길, 문래, 상도 등에 주택단지가 건설되다가 광복을 맞이했습니다. 특히 대한주택공사의 전신에 해당하는 조선주택영단이 지금의 영등포구 문래동과 동작구 상도동에 조성한 주택단지는 '영단주택단지'라 불렸습니다. 바로 이 단지들이 광복 후에 대한주택공사가 건설한 단독주택단지 및 주공아파트들의 원형입니다.

동작구 상도동 영단주택의 변신 전(◀)과 후(▶). 대대적인 리모델링을 통해 가게로 바뀌었습니다. 2021년 1월/2022년 8월

　한국 북부에 조성된 영단주택단지 가운데 문래동 영단주택단지는 공간 구조 및 건물들의 원형이 비교적 잘 남아 있습니다. 공장으로 활용되던 대로변의 건물들에는 얼마 전부터 예술가들의 공방이나 카페 등이 입점하고 있죠. '문래창작촌'이라 불리는 공간이 바로 이곳입니다. 상도동 영단주택단지의 경우 공간 구조는 잘 남아 있지만 건물은 딱 한 채만 남아 있는데, 이 건물의 용도도 주택에서 가게로 바뀌었습니다. 인천시 부평구 산곡동에 남아 있던 영단주택단지는 문래동 영단주택단지와 달리 주택으로서의 성격을 유지했습니다. 다만 GM대우와 가까운 곳은 직원들이 월급날마다 즐겨 찾던 유흥지로 바뀌었습니다. 그러다가 2024년에 최종적으로 모두 철거되었습니다.

　영단주택단지의 분위기를 전하는 문헌으로, 1956년 소설가 김광식

인천시 부평구 산곡동의 영단주택. 가게로 용도를 변경하지 않고, 계속해서 주택으로 사용해 원형을 가장 잘 보존한 영단주택 중 하나였습니다. 다른 영단주택들과 함께 2024년 철거되었고, 현재 이 자리에는 아파트단지가 건설 중입니다. 2021년 12월

이 《문학예술》 6호에 공개한 단편소설 〈213호 주택〉을 들 수 있습니다. 〈213호 주택〉은 주인공이 한강인도교(지금의 한강대교)를 건너 노량진 장터로 들어가며 시작됩니다. 이후 주인공이 왼쪽으로 난 오르막길을 따라가자, "주택이 좌우로 줄지어 아득히 보이는 산허리"가 나타납니다. 바로 상도동 영단주택단지죠. 그 산허리에 "똑같은 형의 특호 주택, 똑같은 형의 갑호 주택, 똑같은 형의 을호 주택이, 줄줄이 좌우로 마치 전차 기갑사단이 푸른 기를 꽂고 관병식장에 정렬하여 서 있는 것 같은" 경관이 펼쳐집니다.

김광식은 이곳의 주민들을 "대개가 서울 장안에 직장이 있는 공무원이나 회사원인 양복을 입은 한국의 지식인들"로 묘사했습니다. 이 대목에서 식민지 시기 말기, 지금의 동작구 흑석동 지역에 이어 마지막으로

개발된 강남의 신흥 택지지구를 채운 주민들이 어떤 사람들이었는지 짐작할 수 있죠. 이후 영동지구, 잠실지구, 광주대단지, 1기 신도시가 모두 상도동 영단주택단지의 전철을 밟아나갈 터였습니다.[1]

시민들의 집은 한강 건너 신흥 택지지구에 있지만 직장은 강북 구도심에 있다 보니, 두 지역을 잇는 교통망을 건설하는 것이 정부와 서울시 및 경기도의 가장 큰일이었습니다. 일본의 경우 민간업체가 외곽에 택지지구를 개발하면서 교통망과 쇼핑센터 등을 함께 건설합니다. 그러다 보니 입주할 시민들에게 서비스를 제공해야 한다는 태도를 건설 주체가 이미 갖추고 있죠. 이에 반해 한국은 공공기관이 사업을 주도해온 탓에 시민 편의라는 측면에서 비교적 미흡합니다. 택지지구에 살았거나 지금 살고 있거나 조만간 입주할 계획인 분들은 공감하리라 생각합니다.

광복 후 "한국인의 손으로 이루어진 최초의 집단주택은 1961년에 건립한 구로동주택"이었습니다.[2] 이 주택단지는 '공영주택', '간이주택', '공익주택', '난민촌' 등으로 불렸는데, 오늘날 구로구 구로동의 7호선 남구로역 동쪽에서 그 흔적을 찾아볼 수 있습니다.[3] 아직 남아 있는 주택은 길쭉한 창고 형태의 단층 건물을 4평 정도씩 구획해 쪼갠 형태입니다.

1960년대부터 1970년대까지 강남 지역에 본격적으로 단독주택단지가 조성되었습니다. 우선 대한주택공사가 1966년에서 1968년 사이에 지금의 강서구 화곡동에 화곡 40만 단지를, 1970년에서 1971년 사이에 지금의 구로구 개봉동과 경기도 광명시 광명동 및 철산동에 걸쳐 개봉 60만 단지를 조성했습니다. 이어서 서울시가 1972년에 지금의 강남구 북부에

1970년에 촬영한 화곡 40만 단지. 멀리 한강이 보입니다. 직선으로 쭉 뻗은 도로와 바둑판처럼 가지런히 배열된 주택단지 및 아파트단지가 눈에 띕니다.

영동시영주택단지를 조성했죠. 그 밖에 1975년 전후로 지금의 서초구 방배동 일대를 민간이 산발적으로 개발한 이수단지도 있습니다. 이들 지역은 앞선 식민지 시기에 개발되었던 첫 강남의 외곽, 또는 강북에서 한강을 건너면 바로 나오는 곳들이었습니다.

영등포 구도심과 김포국제공항 사이의 봉제산 서쪽 산기슭에 조성된
화곡 40만 단지는, 김포국제공항에 착륙하며 창밖으로 서울을 바라보
는, 또 김포가도(지금의 공항대로)와 양화교를 지나 강북으로 진입하는 외
국인들에게 서울의 깔끔한 이미지를 심어주고자 조성되었습니다.[4]

훗날 목동신시가지(지금의 양천구 목동과 신정동)와 마곡지구(지금의 강서구
마곡동)로 탈바꿈할 지역은 주택단지가 개발될 당시에는 상습 침수 지역
이거나 저습지여서 택지개발에서 제외되었습니다. 1960년대 말에도 목
동주택단지라는 곳이 있었는데, 목동신시가지가 아닌 봉제산 동쪽 산기
슭, 즉 행정동 기준 지금의 목2·3동 일대에 자리했습니다. 영동시영주택
단지와 마찬가지로 저지대를 피해 언덕바지에 조성되었던 것이죠.

한편 1960년대 들어 지금의 구로동, 특히 영등포역 남쪽에 간이·공영
주택단지가 건설되었습니다. 하지만 곧 구로공단이 조성되면서 주거지역
으로서의 성격이 약해졌습니다. 그리하여 안양천을 기준으로 구로공단
을 마주 보는 서쪽 강변에 새로운 주택단지가 마련되었습니다. 이곳은
목감천 서북쪽으로 지금의 개봉동까지, 동남쪽으로 지금의 광명시 광명
동과 철산동까지 아울렀는데, 그 규모가 60만 평에 달해 '개봉 60만 단
지'라 불렸습니다. 구로공단이 착공된 1967년의 이듬해부터 주택공사가
토지를 구입했고, 다시 1년 뒤에 1차 단지 건설이 끝났습니다.[5]

당시 이 지역은 '서울 시골'이라 불릴 정도로 영등포의 외곽으로 여겨
졌습니다. 관할 행정관청인 영등포구청이 지금도 영등포구에 속하는 당
산동, 훗날 동작구에 포함될 사당동과 관악구에 포함될 봉천동 같은

개봉 60만 단지 조성 전에 지어진 단독주택(◀)과 조성 중인 1972년에 지어진 단독주택(▶). 시멘트에 흰색 페인트를 칠해 마감한 외벽과 붉은색 벽돌을 쌓아 마감한 외벽, 기와지붕과 방수 처리된 지붕 등 한눈에 보기에도 차이가 확연합니다. 2021년 9월

'강남 지역'만 챙기느라 이 지역을 홀대한다는 비판이 나올 정도였죠.[6] 그래도 2차 단지 건설까지 조성이 완료되자, 영동지구의 부동산 붐을 소개하는 1971년의 보도에서 제일 먼저 개봉 60만 단지를 언급할 정도로 한강 남쪽 지역의 인기 주택단지로 떠올랐습니다.[7]

하지만 그 소식이 신속하게 퍼져나가지는 않은 듯합니다. 제가 소장한 지도 가운데 1972년 간행된 〈서울약도〉를 보면, 화곡 40만 단지는 표기되어 있지만, 개봉 60만 단지가 표기되어 있어야 할 곳은 농촌을 의미하는 기호들로 채워져 있습니다.

이 지도에는 '서울 편입 예정지', '그린벨트', '풍치지구' 등이 표기되어 있는 만큼, 부동산 투자를 생각하는 사람들에게 판매할 목적으로 제작되었던 것 같습니다. 지도 아랫부분에는 출판사 주소가 적혀 있는데,

'서울 영등포구 화곡동 361 주택공사 8동 201호'입니다. 대한주택공사의 정보를 왠지 빠르게 입수했을 듯한 느낌을 주죠. 또《부동산 시가표》《부동산 정보》 등의 책도 판매한다고 광고하고 있어서, 정말 발 빠르게 부동산 정보를 전달했을 것 같습니다.

그런데 이런 출판사가 1972년 1월 16일에 간행한 지도에 이미 1년 전부터 인기 주택단지로 떠오른 곳을 표기하지 않았던 것입니다. 부동산 정보를 다루는 업체나 사람들의 신빙성을 늘 의심하고, 답사와 임장을 통해 자기 눈으로 현장을 확인하는 습관을 들여야 한다는 건 강남 개발 과정을 들여다볼 때 얻게 되는 가장 큰 교훈입니다.

"버스 노선은 제자리걸음"

대한주택공사가 강남 서부에 건설한 개봉 60만 단지가 인기를 끌던 1970년대 초, 영동2지구에서는 서울시가 대규모 단독주택단지 건설에 나섰습니다. 오늘날의 강남구 북부 지역 곳곳에 1단지부터 15단지까지 조성했는데, 지금도 공간 구조를 찾아볼 수 있는 영동시영주택단지가 바로 그것입니다. 참고로 13단지는 만들어지지 않았던 것 같습니다.[8] 강남구 압구정동의 갤러리아백화점 서관 건너편 자리에 1단지가 있었는데, 가장 고급이었다고 하고요.[9] 그 지역 아파트단지들의 거래 가격이 비싼 것은 이런 전통 때문인 듯하네요.

영동시영주택단지는 1972년 5월 3일 주택 모형도가 공개되었고,[10] 5월 22일 1차분 분양이 마감되었으며,[11] 12월 12일 준공식이 열리는 등 매우 빠르게 추진되었습니다.[12] 해당 사업이 강북 인구를 강남으로 분산하기 위한 국가 주요 정책의 일환이었기 때문입니다. 1차분 분양이 마감된 직후인 5월 26일 박정희 대통령이 직접 서울시청에 들러 더 많은 주택 건설을 당부했고,[13] 준공식에 육영수 여사가 참석했을 정도죠. 연장선에서 당시 만들어진 영동시영주택단지 홍보물에는 상공부단지, 총무처단지, 영동공무원아파트 등 인구 분산 정책과 관련된 온갖 시설이 함께 소개되었습니다.[14]

인구 분산이라는 목표를 쫓아 급히 건설된 결과, 영동시영주택단지에

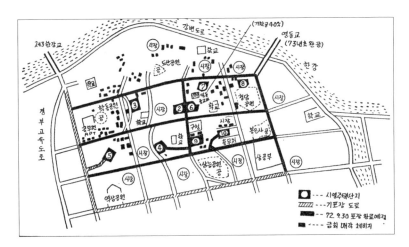

영동2지구 예상도. 1972년 8월 31일 자 《조선일보》에 실린 서울시 공고 속 지도입니다. 각종 관청과 영동시영주택단지가 섞여 있습니다.

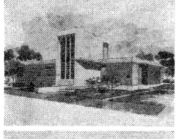

1972년 지어진 영동시영주택8단지 주택의 철거 전(▲)과 후(▼).
2022년 3월/2024년 4월

영동시영주택단지의 다양한 주택 모형도(◀). 1972년 5월 20일 자
《경향신문》 기사 〈영동 시영주택〉에 실린 그림입니다.

1973년 촬영한 영동시영주택8단지의 항공사진. 2022년까지 남아 있던 주택은 한 집 차이로 촬영되지 못했습니다.

1975년에 지어진 영동시영주택15단지의 파출소. 2024년 4월

1981년 시점의 137번 버스 노선. 1981년 간행된 〈서울특별시 특수교통망〉입니다. 저자 소장

영동시영주택7단지와 8단지의 교통난을 소개하는 신문 기사. 1976년 7월 27일 자 《경향신문》에 실린 〈영동 청담동 시영주택8단지-인구 10배 불어났는데 버스노선 제자리걸음〉입니다. "5년전 '단일' 그대로"라는 구절이 눈에 띕니다.

입주한 시민들은 인프라 미비에 시달렸습니다. 1976년에는 강남구 청담동의 영동시영주택8단지 인구가 열 배나 늘어났지만, 버스 노선은 137번 하나밖에 없어 주민들이 곤란을 겪고 있다는 보도가 나오기도 했습니다.[15] 1981년 간행된 〈서울특별시 특별교통망〉을 보면, 137번 버스는 잠실주공4단지 근처 차고지에서 출발해 삼성교를 건너 우회전했다가, 한국종합전시관(지금의 코엑스), 봉은사, 경기고등학교를 지나 좌회전한 다음, 영동시영주택8단지와 7단지 등을 거쳐 강북으로 건너갔습니다.

이때의 경험을 참고해 택지지구 개발 시 인프라를 제때 갖추는 정치적·사회적 시스템을 마련했다면 좋았을 겁니다. 하지만 한국 사회는 교훈을 얻지 못했습니다. 영동시영주택단지에서 나타난 인프라 미비 문제는, 1년 앞선 1971년 지금의 강남구 논현동에 준공된 영동공무원아파트에서 이미 징후를 보였고, 1975년부터 1977년까지 순차적으로 아파트단지가 준공된 잠실지구에서도 되풀이되었으며, 지금도 택지지구를 개발할 때마다 계속되고 있습니다. 이런 의미에서 영동시영주택단지는 택지지구 사업의 고질적인 문제를 일찍이 보여준 사례였다고 하겠습니다.

아파트단지의 원조는 강남이 아니다

하지만 영동시영주택단지의 가장 중요한 시사점은 따로 있습니다. 강남 3구에서 최초로 조성된 대규모 공영 주거지역이 아파트단지가 아니라 단독주택단지였다는 것입니다. 일반적인 생각과 달리, 강남 3구의 상당 부분을 차지하는 것은 아파트단지가 아니라, 단독주택과 빌라와 꼬마빌딩들입니다. 처음부터 순수한 아파트단지로 계획된 잠실지구가 있는 송파구에서도 그 밖의 지역은 아파트단지가 많지 않습니다.

저는 강남 3구의 아파트단지들이 비싼 이유 중 하나가, 이곳에 아파트단지가 부족하기 때문이라고 생각합니다. 한국의 중상층 시민들은 강남 3구에 살고 싶어 하고, 또 가급적 신축 아파트단지에 살고 싶어 하는데, 그런 주거 형태의 공급량이 부족하기 때문에 가격이 오르는 것이죠.

한국 최초의 고급 아파트단지인 마포주공아파트가 마포구 도화동에 건설된 것이 1964년의 일이었습니다. 그 뒤에도 강북에는 1969년부터 1971년까지 공무원아파트, 맨션아파트, 외인아파트, 민영아파트가 한강지구에, 1972년 외인아파트가 남산에 잇따라 지어졌습니다. 여의도에도 1970년에서 1971년 사이에 시범아파트가 지어졌고요. 그런데 같은 시기 한강의 남쪽에는 화곡 40만 단지, 개봉 60만 단지, 영동시영주택단지가 지어지고 있었던 겁니다. 강남 3구 최초의 고급 아파트단지인 구반포주공아파트와 영동AID차관아파트가 준공된 것은 영동시영주택단지 준공으로부터 2년이 지난 1974년의 일이었습니다. 각각 지금의 서초구 반포동과 강남구 삼성동에 들어섰죠.

이런 흐름을 살펴보면, 강남 3구의 주거 형태를 아파트단지가 대표하게 된 것은 비싼 가격 때문이었지, 결코 시작이 빠르거나 물량이 풍부하기 때문은 아니었음을 알게 됩니다. 게다가 정부나 서울시는 영동지구를 아파트단지로 건설할 계획도 아니었음을 알 수 있죠.

1972년 11월 20일 자《경향신문》기사는 영동시영주택단지 소식을 전하고 있는데, 그 제목이 〈서울다와지는 서울〉입니다. 영동2지구의 언덕마다 아파트단지가 아닌 단독주택단지들이 조성되어 있는 모습은, 당시 서울 시민들이 자연스럽다고 여기는 한강 남쪽의 풍경이었습니다. 아파트단지가 가득한 강북과 단독주택단지가 가득한 강남은, 강남이 그리고 서울이 가지 않은 또 하나의 미래입니다.

지금까지 살펴본 단독주택단지들은 건설 주체가 정부나 서울시였습니다. 반면 오늘날 서초구 서쪽 끝에 자리한 방배동의 이수단지는, 아직 동작구 사당동이던 시절 민간에서 개발한 단독주택단지였습니다.

1972년 3월 6일 남서울지구 토지구획정리조합이 해당 지역의 택지개발 기공식을 열었습니다.[16] 이들은 같은 해 단행된 10월 유신을 지지한다고 선언하는 등 친정부적 행보를 보이기도 했는데,[17] 아마도 원활한 사업 추진을 위해 관계 당국에 잘 보이려 했던 것 같습니다. 아무튼 조합 이름에 '남서울'이 들어 있었다 보니, 방배동에서는 아직도 그 단어가 들어간 지명이나 상호를 종종 보게 됩니다. 물론 범강남 지역에서 널리 사용되는 단어이기도 하죠.

한편 해당 지역은 언제부터인가 '이수단지'로 불리게 되었습니다. '이수'는 '배나무가 무성한 골짜기' 정도로 해석할 수 있습니다. 아직도 '이수'나 '배나무골' 같은 지명이 사당동과 국립서울현충원이 자리한 서달산의 동쪽 산기슭에 남아 있습니다. 서초구, 동작구, 관악구가 경계를 접

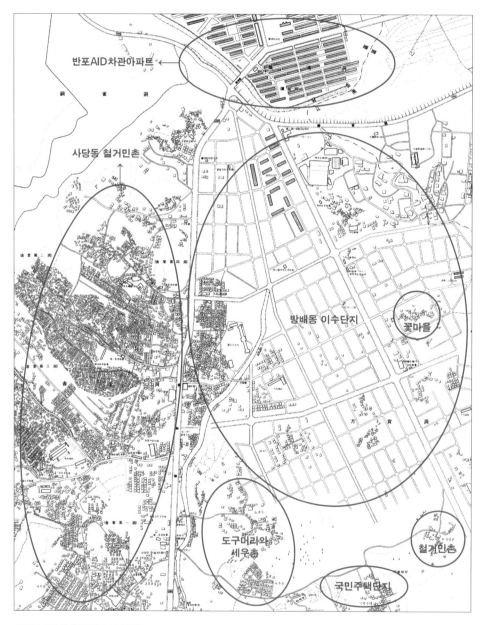

반포AID차관아파트

사당동 철거민촌

방배동 이수단지

꽃마을

도구머리와
세운촌

철거민촌

국민주택단지

1977년 시점의 이수단지와 주변 지역.

이수단지의 단독주택(◀)과 그 바로 아래 있던 국민주택단지의 단독주택(▶). 담벼락과 도로가 사선을 이루고 있다는 데서 언덕바지에 지어졌음이 잘 드러납니다. 국민주택단지의 단독주택은 방배13구역 개발로 철거되었습니다. 2020년 2월/2019년 12월

하는 지역은 분지 같은 지형이다 보니 하나의 생활권을 이룹니다. 그래서 사당동의 배나무골이라는 지명을 방배동의 이수단지나 이수초등학교가 따라 쓰고, 한때 관악경찰서는 방배동에, 반포주공아파트는 관악구에, 예술인마을은 동작구와 관악구에 있었던 것이죠.

구반포주공아파트가 준공된 1974년 시점에, "사당동과 방배동 간에 걸쳐 있는 총규모 75만 5천여 평에 달하는 이수지역 개발사업"은 "75년 4월까지의 완료를 목표로 급피치를 올리고 있"었습니다.[18] 하지만 1975년 10월이 되어서도 이수단지는 "아직 개발이 본격화되지 않은" 상태였다고 합니다.[19] 실제로 해당 지역의 오래된 단독주택과 상가건물의 사용승인일을 확인해보면, 1975년부터 이후 몇 년에 걸쳐 준공되었음을 알 수 있습니다. 이수단지 곳곳에 그런 건물들이 섞여 있었던 것이죠.

구반포주공아파트의 전경. 1975년 대통령비서실이 출간한 《새마을》에 실린 사진입니다. 저자 소장

    참고로 방배동에서 1975년 이전에 사용승인을 받은 단독주택들은, 도구머리나 세우촌 같은 농촌 시절의 언덕바지 마을이었던 곳에서 확인됩니다. 주변 지역이 개발되는 모습을 지켜본 주민들이 1972년부터 자체적으로 그리고 순차적으로 개발을 진행했다고 합니다.[20]

    강남 3구 지역이 가지 않은 미래의 모습을 품은 영동시영주택단지와 이수단지. 이 두 단지는 서울시와 민간이 개발했다는 차이, 언덕 위와 평지에 개발했다는 차이 등으로 뚜렷이 구분됩니다. 특히 지형적 차이는 이 두 지역의 미래가 달라지는 데 결정적인 영향을 미쳤습니다. 영동시영주택단지는 주변 지역들에 아파트단지가 들어차는 오늘날에도 단

독주택지구라는 형태를 대체로 유지하고 있는 반면, 이수단지는 '방배○구역'이라는 이름으로 곳곳에서 재건축 사업이 추진되고 있습니다.

구반포주공아파트가 들어선 이수단지 북쪽의 평평한 매립지처럼, 또 강남구 북쪽의 매립지나 남쪽의 양재천 주변처럼, 이수단지에도 처음부터 아파트단지를 건설하는 게 자연스러웠을 듯합니다. 하지만 민간 차원에서 택지개발을 추진하다 보니 자금 문제 등으로 아파트단지를 건설하는 게 쉽지 않았고, 또 당시 강북의 중상층 시민들이 원하던 주거 형태가 단독주택이다 보니, 그 위주로 건설했던 것 같습니다.

저는 개인적인 인연으로 어릴 적부터 방배동을 드나들었습니다. 카페골목으로 들어가는 초입의 함지박사거리에 오랫동안 세차장과 주유소가 있었는데, 제 친척 소유였죠. 친척의 일을 도왔던 부모님을 따라 저도 초등학생 때부터 방배동을 드나들었고, 그 덕분에 카페골목의 탄생과정을 먼발치에서 지켜보았습니다.

2017년부터는 답사가의 눈으로 방배동을 드나들고 있는데, 그때나 지금이나 느끼는 건 지형이 참 평평하다는 겁니다. 택지개발 전에는 비가 조금만 와도 함지박사거리까지 물이 찼다고 하니, 사당천(방배천)과 반포천이 만나는 이수단지가 원래 얼마나 평평한 저습지였는지 짐작할 수 있죠.[21] 현재 진행 중인 '방배○구역' 재건축 사업들이 대체로 마무리되어 고층 아파트단지들이 들어서고 나면, 방배동의 스카이라인은 제가 기억하던 모습과 아주 달라질 겁니다. 도시는 이렇게 태어났다가 소멸해 그 모습을 바꾸는 과정을 거듭하면서 생명력을 이어갑니다.

한반도 북부에서 탄압을 피해 월남한 기독교인들이 세운 재건후암교회와 그 머릿돌(◀) 그리고 새로 자리 잡은 곳(▲). '재건교회'란 식민지 시기 신사참배에 반대했던 기독교인들이 세운 교회를 가리킵니다. 1946년 첫 예배를 시작한 재건후암교회는 6·25전쟁 와중에 성도들이 납북되는 등 고초를 겪기도 했으나, 굴하지 않고 교회를 지켜낸 끝에 1956년 용산구 후암동에 자리 잡고 공식적으로 사역을 시작했습니다. 이후 머릿돌에 새겨져 있듯, 1977년 이수단지에 예배당을 지어 정착했습니다. 지금은 방배5구역 재건축 때문에 이수단지 안에서 위치를 옮긴 상태입니다. 현재 예배당 너머로 한창 공사 중인 디에이치방배가 보입니다.

방배5구역 재건축 당시 저항이 가장 격렬했던 구역. 2020년 2월

방배6구역 재건축 당시 철거를 앞둔 상가건물. 지금 이곳에는 래미안원페를라가 건설 중입니다. 2020년 9월

다시 맨땅을 드러낸 방배6구역. 왼쪽이 카페골목, 오른쪽이 함지박사거리입니다. 2020년 9월

도구머리의 단독주택과 이수단지의 단독주택. 저 너머로 재건축이 한창입니다. 2025년 1월

차관으로 지은 고급 아파트

이수단지가 개발되던 시절의 사진들을 보면, 북쪽 황무지에 건설 중
인 아파트단지가 보입니다. 바로 구반포주공아파트입니다. 3장에서 설명
한 것처럼 그중 일부는 미국의 국제개발법AID에 의해 건설 자금을 지원
받았기 때문에 'AID차관아파트'라 불렸습니다. AID차관아파트라고 하
면, 성동구에서 분구되기 1년 전인 1974년의 강남구 삼성동에 들어선
영동AID차관아파트가 유명하지만, 이처럼 구반포주공아파트도 빼놓을
수 없습니다.[22] 인천, 부산 등 주요 도시에도 AID에 의해 지원받은 아파

1972년 지금의 서초구와 동작구의 경계 지역을 촬영한 항공사진. 이수단지가 건설되던 와중에 그 북쪽(사
진에서는 아래쪽)에서도 아파트단지가 조성되고 있었습니다.

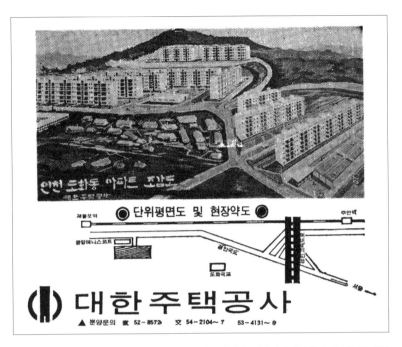

AID에 의해 지원받은 인천의 아파트단지. 1974년 9월 21일 자《동아일보》에 실린 분양 광고입니다. 해당 광고는 "대한주택공사가 드리는 AID차관 아파트"임을 내세우고 있습니다.

트단지들이 지어지는 등,[23] 'AID차관아파트'는 결코 영동AID차관아파트만을 가리키는 고유명사가 아니었습니다.

구반포주공아파트에서도 서민주택을 짓는다는 명목으로 차관을 받아 지은 아파트단지는, 처음부터 중상층 시민들의 투기 대상이 되었습니다. 심지어 1973년 7월 10일 분양권을 추첨하는 자리에서 이미 주택을 보유한 사람들이 거듭 당첨된 사실이 밝혀져 다시 추첨하는 소동이 벌어지기도 했죠.[24] 부산의 AID차관아파트는 부유층이 대거 당첨된 다음 평소에는 비워놓다가 휴가철 등에만 별장처럼 사용해 사회문제로 떠올랐습니다.[25]

차관을 제공한 외국의 원조기관들은 서민주택인 만큼 7평짜리 소형 평수로 지으라고 권고했습니다.[26] 하지만 대한주택공사는 이 권고를 무시하고 구반포주공아파트의 평수를 22평과 32평으로 정하는 등,[27] 이곳을 처음부터 중상층 이상이 사는 고급 아파트단지로 설계했습니다. 말로는 서민주택을 짓는다면서 실제로는 중상층 대상의 아파트단지를 짓는 전통이 이때부터 시작되었던 것이죠.

그 결과 특히 영동AID차관아파트가 입주 초기의 부실시공 논란을 딛고,[28] 강남 3구의 고급 아파트단지 유행을 선도하게 되었습니다.[29] 이로써 시작된 고급 아파트단지 건설 열풍은 압구정현대아파트를 거쳐 잠실주공5단지로 이어졌습니다. 참고로 압구정현대아파트는 1976년부터 1987년까지 강남구 압구정동에, 잠실주공5단지는 1978년 강동구 시절의 송파구 잠실동에 지어졌습니다. 정리하면, 1970년대 전기에 오늘날 서초구의 서쪽 끝인 방배동(이수단지)과 반포동(구반포주공아파트)에서 단독주택단지와 아파트단지라는 두 가지 선택지 중에 이후 강남 3구가 갈 길이 결정되었던 것입니다.

강남 3구에서 최초로 고급 아파트단지가 탄생한 지역이다 보니, '반포'라는 지명은 그 자체로 브랜드가 되었습니다. 이와 관련해 흥미로운 흔적이 하나 남아 있는데, 바로 압구정현대아파트에 내걸린 '현대반포공인

압구정현대아파트에 내걸린 '현대반포공인중개사' 광고판. '반포'라는 지명의 브랜드 가치를 짐작할 수 있습니다. 이 부동산은 현재 '반포부동산'이란 상호로 영업 중인데, "제일 오래된 부동산", "현대아파트 전문"이라는 홍보 문구를 여전히 사용하고 있습니다. 2018년 12월

중개사'의 광고판입니다. 압구정현대아파트는 오늘날 그 자체로 고유한 브랜드가 되었지만, 한때는 이곳에서조차 '반포'라는 지명을 내세우는 전략이 필요했던 것으로 보입니다.

또 경기도 수원시 중부의 팔달구 인계동에는 한신공영이 1983년 지은 신반포수원아파트가 있습니다. 당시 광고를 보면, "서울 신반포 아파트 입주자의 성원과 지도편달로 이루어"졌다는 문구가 눈에 띕니다.[30] 물론 서울의 신반포한신아파트 입주민들이 신반포수원아파트의 존재를 알았을 리는 없을 듯합니다. 반대로 신반포수원아파트의 입주민들이 과연 이 말을 믿었을지 궁금하군요. 한신공영이 '반포'라는 지명의 브랜드 가치를 수원시에서 활용한 것으로 보아야 하겠습니다.

구반포주공아파트에서 시작된 고급 아파트단지 유행은 강남 3구를 휩쓸고 전국으로 퍼져나갔습니다. 오늘날 이 유행이 다시 강남 3구로 되돌아와, 기존 아파트단지들을 더 고급스럽고, 더 높게 재건축하는 일이 곳

경기도 수원시 팔달구 인계동의 신반포수원아파트(▲)와 분양 당시 광고(▼). 해당 광고는 1980년 1월 19일자 《매일경제》에 실려 있습니다. 당시 '반포'라는 지명이 지금 못지않게 선망의 대상이었음을 직관적으로 보여주는 자료입니다. 아울러 소개글의 시작이 "서울 생활권"이란 점도 눈에 띕니다. 뒤이어 "서울과 수원 그리고 주위의 모든 이웃들을 신반포 가족으로 모셔서 생활을 같이하고자 합니다"라는 글귀가 쓰여 있습니다. 2021년 1월

신반포한신2차   래미안원베일리   아크로리버파크   구반포주공
                (산반포한신3차)   (신반포한신1차)   아파트

재건축되는 서초구 반포동의 아파트단지들. 2021년 기준 오른쪽부터 철거를 앞둔 구반포주공아파트, 신반포한신1차를 재건축한 아크로리버파크, 재건축 중인 신반포한신3차(지금의 래미안원베일리), 재건축 추진 중인 신반포한신2차입니다. 2021년 4월

곳에서 진행 중입니다. 2004년 모든 동이 준공된 강남구 도곡동의 타워팰리스를 비롯해, 현재 지어지고 있는 고급·고층 아파트단지들을 또다시 재건축하는 일이 경제적·인구학적으로 가능한지에 대해서는 의문이 있습니다. 따라서 현재 강남 3구에 있는 아파트단지들은 이번 재건축 열풍을 통해 진화의 최종 단계에 도달하게 될지 모릅니다. 물론 지금의 단독주택 및 빌라 밀집 지역은 다음 시대의 고급·고층 아파트단지로 재건축될 것입니다.

주택정책의 핵심이 단독주택에서 아파트단지로 전환되는 징후는

1960년대 후반부터 확인됩니다.[31] 1964년 준공된 마포구 도화동의 마포주공아파트가 그러한 움직임을 보여주는 대표적인 곳이죠. 그 후 한국, 특히 서울에서는 마포구 창전동의 와우시민아파트로 상징되는 중하층 대상의 아파트단지와 용산구 동부이촌동의 한강지구 아파트단지들로 상징되는 중상층 대상의 아파트단지가 동시에 건설되었습니다.

북한에 대한 체제 우월성을 드러내고 한국의 주거 문화를 선도하라는 박정희 대통령의 의지를 받든 대한주택공사는, 민간업체와 경쟁하면서 마포주공아파트 같은 고급 아파트단지들을 지었습니다.[32] 7평 정도의 소형 주택을 많이 지어서 주택난을 해결하라는 외국 원조기관들의 제안은 그 과정에서 외면당했습니다.[33] 1970년 4월 8일의 와우시민아파트 붕괴 사고는 그 당시 정부와 서울시가 중하층 대상의 아파트단지들을 얼마나 대충 지었는지 여실히 보여줍니다.

또 마포주공아파트를 공공임대에서 분양으로 바꾸는 데 대한 일각의 비판도 정책에 반영되지 않았습니다.[34] 그 후로는 형식적인 기간만 공공임대를 유지하다가 분양으로 전환하는 시스템이 정착되었고, 따라서 공공임대아파트는 상대적으로 저렴한 가격에 아파트를 구입할 수 있는 일종의 복권으로 여겨졌습니다. 정부가 공공임대아파트 건설에 진지하게 임하게 된 것은, 주택난을 겪지 않는다고 알려진 북한과의 체제 경쟁을 염두에 둔 노태우 정부에 이르러서였습니다.

이렇게 서민 아파트단지 건설을 소홀히 한 정부는, 반대로 고급 아파트단지 건설에는 열과 성을 다했습니다. 한강지구 아파트단지, 여의도 시범아파트, 구반포·신반포주공아파트, 압구정현대아파트, 잠실지구 아파트단지 등 다섯 개 고급 아파트단지는 "전국에 파급 효과를 미"쳐 "아파트단지 사회의 형성에서 가장 뿌리가 되었"습니다.[35]

이들 아파트단지는 주변 지역으로부터 중상층 입주민을 보호했습니다. 실제로 한국 최초의 고급 아파트단지에 거주했던 어떤 사람은, 아파트단지 안에 조성된 놀이터에 주변 지역의 못사는 아이들이 놀러 오는 것을 막았더니 돌팔매질하더라며 "반달리즘"이라고 분개했습니다.[36] 불과 몇 년 전에도 누군가가 자신이 사는 아파트단지 안의 놀이터에 다른 동네 아이들이 놀러 오자 경찰에 신고해 물의를 빚었죠.[37]

이처럼 중상층 대상의 고급 아파트단지는, 마치 중세 유럽의 성곽처럼 황무지에 세워져 주변 원주민들과 성안의 정복민들을 구분하고, 아파트단지 문화의 선봉대 역할을 해왔습니다. 최근 디에이치퍼스티어아이파크로 재건축된 강남구 개포동의 개포주공1단지는, 이런 성곽도시의 이념을 시각적으로 보여주는 대표적인 사례였습니다.

정부는 왜 집값을 잡지 못할까

아파트단지가 한국의 주거 형태에서 주류를 이루게 된 계기로 아파트지구 제도 도입을 꼽을 수 있습니다. 정부와 서울시는 1975년부터 한강의 남쪽과 북쪽 지역 그리고 경부고속도로 주변 지역을 잇따라 아파트

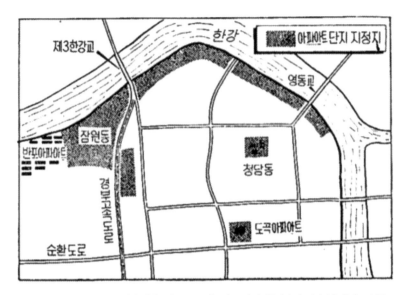

영동지구 북쪽의 한강변을 독점한 아파트지구. 1975년 9월 16일 자《동아일보》기사〈제3한강교~영동교 일대 50만평 아파아트단지 지정〉에 실린 지도입니다. 지금의 강남구 압구정동 일대가 아파트지구로 지정되 어 있는데, '한강뷰 아파트'의 역사가 오래되었음을 알 수 있습니다.

지구로 지정했습니다. 이른바 '한강뷰'를 고급 아파트단지의 주민들이 독 점한다는 비판은 이 제도에서 비롯되었죠. 아파트지구 제도는 1975년에 강남 3구를 대상으로 먼저 시행되었고,[38] 이듬해에는 강북의 한강변에도 적용되었습니다.[39]

　당시 정부와 서울시는 소규모 투기를 억제함으로써 대형 개발업자들 이 대규모 사업 부지를 얻기 용이하도록 아파트지구 제도를 도입한다 고 밝혔습니다.[40] 그리하여 신속하게, 또 대규모로 고층 아파트단지를 조 성해 강북 인구를 강남으로 유인한다는 것이었죠.[41] "서민들의 주택난을 덜어주"기 위해서라는 보도가 나오기도 했지만,[42] 그 후의 과정을 보면 이는 아파트단지의 고급화를 촉진했을 뿐, 서민들의 주택난과는 관련이 없었습니다.

또한 아파트지구 제도에 따라 소규모 택지는 공공지구 용도로 강제수용이 가능하게 되었습니다.[43] 그 결과 소규모 지주들이 건설사에 억지로 토지를 판매하는 일도 벌어졌습니다.[44] 이 와중에 지금의 서초구 잠원동에서는 한신공영이 순차적으로 토지를 매입해 아파트단지를 하나씩 건설하기도 했죠. 이 일대의 신반포한신아파트는 단지마다 크기도 제각각이고 번호도 규칙적이지 않은데, 토지를 매입한 순서대로 짓다 보니 이렇게 되었습니다.

아파트지구 제도에 대해서는 도입 초기부터 사유재산을 침해한다는 지적이 있었습니다.[45] 다만 강남고속버스터미널 예정지 주변의 토지를 구입해둔 덕분에 큰 이익을 볼 뻔하다가, 이 제도가 도입되며 그러지 못하게 된 어떤 사람의 이야기가 당시 보도되기도 했으니, 실제로 투기 세력을 억제하는 데 얼마간 이바지했던 것도 사실입니다.[46] 하지만 강남 지역의 원주민이든 외부 투자자든, 본인 소유의 토지에 대한 재산권을 행사하지 못하고 개발 주체에 수용당한 뒤, 해당 토지의 가격이 급상승하는 모습을 지켜본 사람이라면 원한을 품지 않을 수 없었을 겁니다.

1971년의 그린벨트 지정, 1975년의 아파트지구 지정, 1980년의 택지개발촉진법 제정 등 한국 정부는 공익을 내세워 사유재산을 침해하는 제도를 도입해온 유구한 전통을 갖고 있습니다. 사유재산인 토지의 용도를 제약하고, 심지어 강제수용하는 과정에서 정부나 개발 주체는 언제나 '공익'과 '서민 주거 안정'을 내세웁니다. 하지만 분양받자마자 몇억 원의 이익을 얻게 될 아파트단지를 지으면서 서민 주거 안정을 주장하거나, 중상층이 주로 찾는 골프장을 지을 때조차 토지수용 제도를 적용하는 것은 자본주의 원리에 위배됩니다.[47]

1975년 강남 지역에 아파트지구를 지정할 때도 정부는 "지나치게 비싼 강남 개발 지역의 땅값을 현실화한다"라는 목표를 내세웠습니다. 하지만 그렇게 지어진 아파트단지들은 오늘날 한국에서 가장 비싼 아파트단지들이 되었습니다. 그러니 아파트지구 제도는 결국 목표 달성에 실패한 것입니다.[48] 강남에 아파트단지를 많이 지어 주택 가격을 내림으로써 강북 인구를 유인한다는 목표는, 강남의 아파트단지 가격이 너무 비싸지는 바람에 달성할 수 없게 되었습니다.

아파트지구 제도의 전모

한국에서 무주택자들에게 주택을 준다는 명목으로 특정 지역에 대규모 아파트단지를 짓게 한 정책 가운데 두 가지를 자세히 살펴볼 만합니다.

1972년 시행된 주택촉진법의 목표는 주택 250만 호를 짓는 것이었습니다. 그 일환으로 시행된 아파트지구 제도는, 강남에 아파트단지를 많

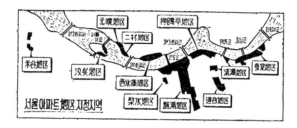

강남구 북쪽 끝 압구정동의 아파트단지들(▲)과 1976년 지정된 강·남북의 아파트지구(▶). 지도는 1976년 8월 24일 자 《경향신문》 기사 〈잠실·반포 등 한강변 11개 지역 아파트 지구로 지정〉에 실려 있습니다. 2025년 1월

이 지어 가격을 낮춤으로써, 강북 인구를 유인한다는 것이 원래 목표였죠. 하지만 아파트지구로 지정된 지역에 들어선 아파트단지들의 가격이 치솟다 보니, 목표 달성이 어려워졌습니다.

1989년에는 주택 200만 호 건설을 주요 골자로 한 '긴급부동산투기억제대책'이 시행되었습니다. 이 대책에 따라 1기 신도시 다섯 곳이 건설되었죠. 그런데 다섯 곳의 택지지구 가운데 분당신도시의 가격이 너무 올라 결국 100만 명 유입이라는 목표를 달성하는 데 실패했습니다. 2기 신도시인 판교신도시도 마찬가지 문제를 보이고 있습니다.

지금까지 살펴본 것처럼, 1975년에 지금의 서초구와 강남구 지역에서 아파트지구 제도가 시행된 것은 강북 인구를 강남으로 분산하기 위해서였습니다. "1975년에 인도차이나반도를 구성하는 3개 국가, 베트남·캄보디아·라오스가 차례로 공산화되어버린, 이른바 공산화의 도미노현상"이 일어났습니다. 이에 따라 강북 인구를 강남으로 그리고 서울의 인구를 그 남쪽으로 내려보내는 것이 시급한 국정 과제가 되었습니다. 이런 분위기 속에서 당시 서울 시민들 사이에 "아직도 강북에 사십니까"라는 말이 유행했다고 도시사학자 손정목은 증언했습니다.[49] 하지만 저는 이 설명만으로는 아파트지구 제도의 전모를 이해할 수 없다고 생각합니다.

강북을 바라보는 한강변 그리고 경부고속도로 양측을 집중적으로 아파트지구로 지정한 배경에는 좀 더 직접적인 안보적 요인이 있었으리라고 추정됩니다. 2장에서 설명한 것처럼 강남구 압구정동의 압구정현대아파트나 송파구 잠실동의 잠실주공아파트 같은 한강변의 몇몇 아파트단지는 북쪽을 향한 면에 군사시설을 설치했습니다. 이런 설계가 일산신도시에도 적용되었다는 사실이 드러났고, 그 앞뒤로 조성되어온 택지지구들 또한 마찬가지였을 것으로 추정됩니다.

아울러 군사적 목적을 가진 경부고속도로를 양옆에서 내려다볼 수 있게 아파트단지들을 배치한 것도 눈여겨볼 만합니다. 저는 서초구 잠원동의 올림픽대로 바로 옆 신반포한신2차에 살 때 시끄럽다는 느낌을 자주 받았습니다. 쾌적한 거주환경을 생각한다면, 간선도로 옆에 고층 아파트단지를 배치하면 안 된다는 게 상식입니다.

경부고속도로 같은 간선도로 인근에 아파트지구를 지정한 군사적 이

강북을 향해 방벽처럼 서 있는 아파트단지들. 구반포주공아파트부터 압구정현대아파트까지 줄 지어 있습니다. 동작대교가 지나는 곳은 비어 보이는데, 반포주공1단지를 반포디에이치클래스트로 재건축 중입니다. 그 아래는 국립서울현충원입니다. 2025년 1월

경부고속도로 바로 옆의 아파트단지들. 서초구 서초동의 신동아아파트입니다. 현재 아크로드서초로 재건축 중입니다. 저 멀리 무지개아파트를 재건축한 서초그랑자이가 보입니다. 교통량이 많아 시끄럽고 매캐한 간선도로 바로 옆에 아파트단지를 지었다는 데서 안보적 요인을 떠올리게 됩니다. 2025년 3월

유를 직접적으로 거론한 문헌을 보지는 못했습니다. 따라서 어디까지나 저의 추측입니다만, 만약 북한군이 강북을 점령하고 경부고속도로에 진입할 경우 주변 아파트단지들을 저격용 초소, 또는 대전차 방호벽으로 활용하려던 것이 아니었을까 합니다.

아파트지구는 1976년 박정희 대통령이 직접 그림까지 그려가면서 구자춘 서울시장에게 지시해 탄생한 제도입니다.[50] 박정희 정부 시기에, 아니 오늘날에 이르기까지 한국의 모든 도시계획은 안보적 요인을 대전제로 삼아 추진되었습니다. 그렇기 때문에 아파트지구 제도의 탄생 배경에

이승만 정부 때 들어선 관문빌딩과 그 일대. 중구 회현동의 1호선 서울역 3번 출구 근처로, '농협홍삼' 간판이 걸린 건물이 관문빌딩입니다. 1950년대 후반에 지어졌는데, 원래 상가주택이었습니다. 물론 지금은 내·외관 모두 원형을 찾아보기 어려울 정도로 변형되었고, 주거 기능도 거의 사라졌습니다. 2018년 8월

서 안보적 요인을 제외한다면 도리어 그것은 틀린 해석이 됩니다. 강남의 아파트지구에 세워진 아파트단지들은 비유적으로는 인구 방벽이자, 실제로는 대전차 방호벽이었습니다.

마지막으로 한강 남쪽과 경부고속도로 주변을 병풍처럼 둘러친 아파트단지들은 그 자체로 국가의 위상을 과시하는 위신재威信材로서도 기능했을 것입니다. 역대 정부는 자신들을 상징하는 고층 빌딩을 지어왔습니다. 이승만 정부 때는 핵심 지역에 이른바 '관문빌딩'을 세웠습니다. 대

표적인 예가 서울역입니다. 박정희 정부 때는 강남에서 강북으로 건너가는 길목에 자리한 용산구 동부이촌동 일대에 높은 건물을 지으라는 지시에 따라, 대한주택공사가 한강맨션에 급수탑을 세웠습니다. 건물을 지을 돈이 부족해 굴뚝으로 대신했다고 하죠.[51]

강남을 개발할 때는 아파트지구 제도를 통해 건설사들에 일종의 특혜를 제공함으로써, 정부의 자금을 투입하지 않고도 민간에서 스스로 높은 건물을 세우도록 유도해 과시 효과를 극대화했습니다. 박정희 대통령이 서울 이남 지역에서 경부고속도로를 따라 강남에 진입했을 때 그리고 강북에서 강남을 바라보았을 때, 병풍처럼 늘어선 아파트단지들은 그가 그토록 바랐던 강렬한 시각적 효과를 발휘했을 터입니다.

아파트단지는 두 가지 효과를 발휘합니다. 아파트단지의 내부적 효과는 국가가 시민들에게 제공해야 하는 각종 인프라를 민간이 알아서 마련하게 한다는 것입니다. 정부로서는 '손 안 대고 코 풀기'가 가능한 것이죠. 이는 아파트단지가 폐쇄적 성격을 띠는 이유이기도 합니다. 그 내부의 각종 인프라가 입주민들의 돈으로 지어진 것이기 때문입니다.

아파트단지의 외부적 효과는 이승만 정부나 박정희 정부가 원했던 관문빌딩을 재정 지출 없이, 민간이 알아서 조성하게 한다는 것입니다. 대신 정부는 각종 정책으로 아파트단지를 짓는 건설사와 입주민들의 편의를 봐주죠. 정부와 건설사와 중상층 입주민이 이루는 강남 개발의 삼각 구도는 바로 이렇게 탄생했습니다.

재건축의 미래

현재 신반포주공아파트는 재건축이 끝났고, 구반포주공아파트도 철거되었습니다. 구반포주공아파트의 경우 입주자대표회의가 1984년부터 《반포 아파트 소식》이라는 월간지를 배포했다고 합니다. 최소한 2011년까지 계속 나왔던 것 같은데, 서초구청이든 서울기록원이든 어딘가에서 수집, 보관해두었기를 바랍니다.[52] 강남의 고급 아파트단지 문화를 탄생시킨 구반포주공아파트의 생생한 기록이기 때문입니다.

1970년대 후반, 지금의 서초구 잠원동에 집중적으로 건설된 신반포한신아파트들도 차례로 재건축이 진행되는 중입니다. 그중 강남고속버스터미널 북쪽의 신반포한신4차는 특이하게도 한복판에 'Y'자 형태의 두 개 동(206동, 207동)이 있습니다. 강남구 압구정동의 압구정현대8차 91동도 'Y'자 형태죠. 한국에서 이들 'Y'자 아파트의 원형은 1964년 마포구 도화동에 지어진 마포주공아파트에서 확인됩니다. 1962년 12월 작성된 〈마포지구아파트 신축공사 배치도〉에 'Y'자 아파트가 보입니다.[53]

그런데 같은 해 일본 도쿄 기타구北区에서 입주가 시작된 아카바네다이단지赤羽台団地의 42~44동도 'Y'자 형태입니다. 한국의 대한주택공사에 해당하던 일본주택공단(지금의 UR)이 지었습니다. 일본에서는 'Y'자 아파트를 '스타 하우스star house, スターハウス'라 부르는데, 아카바네다이단지의 스타 하우스는 등록유형문화재로 지정되어 있습니다.

일본주택공단은 스타 하우스와 함께 '박스형 건물ボックス型'도 지었습니

구반포주공아파트의 철거 전(▲)과 후(▼). 2018년 7월/2025년 1월

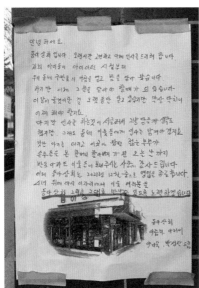

철거를 앞둔 상가동(▲)과 그곳에서 영업하던 어느 슈퍼마켓 사장님 부부의 인사말(▼◀) 그리고 한때 존재했던 아케이드(▼▶). 사장님 부부의 "4년 뒤에 다시 이 자리에서 이웃 여러분을 동아상회 그 이름 그대로 만날 수 있도록 노력하겠습니다"라는 작별 인사는 이뤄질까요? 2021년 12월

신반포한신아파트의 재건축 전(▲)과 후(▼). 2017년 10월/2024년 1월

신반포주공아파트의 재건축 전(▲)과 후(▼). 2017년 10월/2024년 1월

신반포한신4차의 스타 하우스(▲)와 1962년 지어진 도쿄 아카바네다이단지의 스타 하우스(▼). 아카바네다이단지는 2000년부터 전면 재건축되었는데, 스타 하우스 세 개 동을 포함한 네 개 동이 등록유형문화재로 지정되었습니다. 여기서 소개하는 사진은 구글 지도 스트리트 뷰로 기록된 2018년 3월의 풍경입니다. 2024년 5월

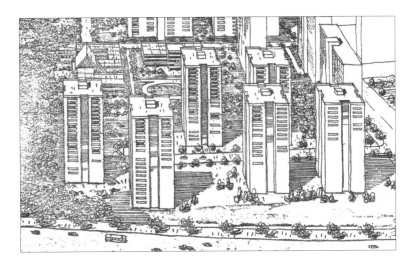

1974년 서울시가 발표한 〈잠실지구종합개발기본계획〉 속 잠실주공아파트 조감도에 보이는 박스형 건물(▲)과 삼부아파트의 박스형 건물(▶). 도시의 풍경을 다채롭게 하는 포인트 하우스입니다. 2017년 8월

다. 1975년 준공된 영등포구 여의도동의 삼부아파트 8~11동이 이 박스형 건물에 해당합니다. 1974년 서울시가 작성한 〈잠실지구종합개발기본계획〉을 보면, 잠실주공아파트에도 이 박스형 건물이 포함될 예정이었음을 알 수 있습니다. 정말 계획대로 되었다면, 송파구 잠실동 일대의 풍경이 약간은 달라졌을 겁니다. 하지만 결국 가장 짓기 편하고 수용도가 높다는 이유에서 판상형 건물로 통일된 듯합니다.

일본주택공단은 독특한 형태의 이 두 가지 건물을 아파트단지에서 포인트가 되는 존재라는 뜻으로 '포인트 하우스point house, ポイントハウス'라 불렀습니다. "아파트단지의 꽃" 같은 존재가 되길 의도했다고 합니다.[54] 이 시기 한국의 도시계획은 일본의 각종 뉴타운 계획을 많이 참조했으므로,[55] 일본주택공단의 새로운 실험 소식은 구체적인 도면 등과 함께 한국에 전해졌을 터입니다.

신반포한신4차와 압구정현대8차의 스타 하우스 그리고 삼부아파트의 박스형 건물은 모두 1960년대에 일본주택공사가 지은 스타 하우스와 박스형 건물을 대형화해 아파트단지의 중심에 배치한 것으로 추정됩니다. 신반포한신4차와 삼부아파트는 머지않아 재건축으로 사라지겠지만, 이런 실험적인 형태의 아파트들이 한때 한국에 있었다는 사실은 기억되어도 좋겠죠.

현재 강남 3구에서 1970년대에 지어진 아파트단지들은 대체로 재건축이 끝났습니다. 이 시기에 지어진 대형 아파트단지 가운데 아직 재건축되지 않은 곳은 압구정현대아파트와 잠실주공5단지를 비롯해, 강남구

함께 만드는 대치 선경의 가치
빠른 동의서 1장으로 삶의질 향상
동의서제출 주선재 010-6394-7214

8. 31. 총회는 불법 / 부정투표 / 최대 재건축 비리!
조작으로 대우건설 선정한 / 조합장 구속하라!
5단지 공정한 시공사 선정 모임 | 개포5단지 명품추진위원회

◆ 참석인원 부풀리기로 과반수 조작
◆ 가족/동반자 불법 참석 과반수 조작
◆ 투표권 없는 비조합원 부정투표
◆ 총회 성원 발표 후 참석인원 허위 조작

강남구 대치동의 선경아파트에 내걸린 재건축 동의 독려 현수막(▲)과 강남구 개포동의 개포주공5단지에서 재건축을 둘러싸고 벌어진 갈등(▼). 2024년 9월/2025년 1월

강남구 일원동의 수인분당선 대모산입구역에 내걸린 주변 지역 안내도. 재건축된 아파트단지는 스티커를 붙여 이름을 바꿔놓았습니다. 즉 이 안내도를 보면 주변 지역의 재건축 상황을 파악할 수 있습니다. 2024년 9월

대치동의 은마아파트 정도죠. 그리고 잘 알려져 있다시피 이들 아파트단지의 재건축을 둘러싸고 행정 당국과 주민 간에 그리고 주민과 주민 간에 갈등이 이어지고 있습니다.

한편 1980년대 초에 강남구 대치지구와 개포지구에 조성된 아파트단지들을 살펴보면, 개포동의 디에이치퍼스티어아이파크와 개포래미안포레스트로 각각 재건축된 개포주공1단지와 개포시영아파트, 일원동의 디에이치자이개포로 재건축된 개포상록8단지(공무원아파트) 등의 경우처럼 재건축이 끝난 곳도 있지만, 상당수는 여전히 논의 중입니다.[56] 이는 비슷한 시기에 지어진 양천구의 목동신시가지 및 노원구의 노원신시가지 아파트단지들과 비슷한 속도죠. 한편 여의도에서는 1970년대 초·중반에 지어진 아파트단지들의 재건축이 아직 진행 중이어서, 강남 3구에 비해 속도가 느린 편입니다.

이렇게 강남 3구 및 서울 내 몇몇 지역 아파트단지들의 재건축 상황을 참고하면, 이들 지역보다 상업적 가치가 부족하다고 평가받는 지역의 아파트단지들이 어떤 속도로 재건축될지 예측해볼 수 있습니다. 공사비와 분담금이 상승하는 문제로 재건축 사업의 미래가 점점 어두워지는 마당에,[57] 시장 논리를 무시하고 정치적으로 밀어붙이는 지역들이 있습니다. 그 지역들에서 재건축과 재개발은 앞으로 정치적 상황이 바뀔 때마다 풍파에 시달리며 기약 없이 늘어지다가, 결국 자본주의 논리에 따라 순리대로 진행될 것입니다.

5장

길 위에 서면 경제가 보인다

: 강남을 먹여 살리는 교통과 산업

지금까지 주거에 해당하는 강남의 아파트단지를 살펴보았으니, 이제 먹고사는 일과 관련된 강남의 산업과 교통에 대해 알아보겠습니다. 도시 개발이 시작되기 전의 농촌 강남에서는 농업과 축산업이 성행했다고 1장에서 설명했습니다. 그런데 광업도 곳곳에서 행해졌습니다.

우선 식민지 시기에 훗날 송파구가 되는 경기도 광주군 중대면 지역에서 광주금광(지금의 오금동)과[1] 백년금광(지금의 방이동)이[2] 운영되었습니다. 또한 지금의 용산구 서빙고동과 동작구 동작동, 서초구 반포동에 걸친 백사장에서는 사금이 채취되었습니다. 한강인도교(지금의 한강대교)를 놓다가 사금이 발견되었는데, 이는 2000년 마포구 마포동에 마포쌍용 황금아파트를 건설할 때 확인된 금광맥과도 관련 있어 보입니다.

1962년에는 금광업자가 사금이 채취된 적 있는 이 백사장에서 골재를 채취하려는 업체를 상대로 소송을 걸어 화제가 되었습니다.[3] 결국 금광업자가 소송에서 승리해 골재 채취가 중단되었지만,[4] 이후 한강 개발이 이뤄지고 한강 남북에 아파트단지들이 잇따라 건설되면서 금광 이야기는 자연스레 사라졌습니다.

사금부터 텅스텐까지, '농촌 강남'의 광산들

한강 백사장에서 사금을 채취할지 골재를 채취할지를 놓고 법적 분쟁이 일었던 데서 알 수 있듯, 강남 지역은 강북 지역과 영동을 개발하는

데 필요한 골재를 채취하는 곳이기도 했습니다. 자연스레 강남 쪽의 한강 백사장 곳곳에서 채취된 골재를 활용하는 공업단지가 지금의 송파구와 강동구의 경계 지대에 형성되었습니다. 현재도 송파구 풍납동, 즉 풍납토성 서남쪽의 삼표레미콘 공장과 강동구 성내동의 몇몇 공장이 그 흐름을 잇고 있습니다. 삼표레미콘 공장은 서울 곳곳의 공사 현장과 가깝다는 게 장점이었는데, 이 때문에 공장을 이전하면 업계 순위가 달라질지 모른다는 예측이 나오고 있습니다.[5]

오늘날 서초구 방배동과 관악구 남현동이 남태령고개를 사이에 두고 만나는 지점에서는 과거 열 곳 정도의 채석장이 운영되었습니다. 지금도 동작구 사당동에서 경기도 과천시로 넘어가는 과천대로를 지나다 보면 양옆으로 절벽이 나타나는데, 채석장들의 흔적입니다. 특히 방배동 쪽에는 국회단지라는 작은 공업지대가 있었고, 남현동 쪽에는 아직 몇몇 공장이 운영 중입니다. 강남이 공업지대였던 시절의 흔적은 이처럼 끈질기게 이어지고 있습니다.

한편 지금의 반포동 일대, 특히 서래마을이 있는 언덕에서 한반도 전역을 뒤흔든 광구 발견 소식이 들려오기도 했습니다. 1935년 여러 신문이 경기도 시흥군 신동면 방배리(지금의 방배동)와 사당리(지금의 사당동과 관악구 남현동)에서 100만 평 규모의 중석광, 즉 텅스텐광맥이 발견되었다는 소식을 전했습니다. 해당 소식을 전하는 1935년 1월 16일 자 《조선신문》 기사는 다음과 같은 희망찬 문장으로 끝납니다. "채굴 공사가 착수되기만 하면 시흥군 일대에 때아닌 황금비가 내릴 것은 물론, 조선 산업 역

한강 백사장의 쇄석 공장. 1963년 1월 12일 자 《조선일보》 기사 〈한강 백사장에 "노다지"의 꿈〉에 실린 사진입니다. 기사에 따르면, 이곳에서 하루 평균 1,500톤의 모래를 퍼냈다고 합니다. 그렇게 퍼낸 모래를 서울시와 교통부, 심지어 미군에까지 팔아 수익을 올렸으니, '노다지'라 불릴 만했습니다.

서초구 방배동에 남은 채석장의 흔적. 인공적으로 반듯하게 깎아낸 모습이 인상적입니다. 민둥산처럼 남겨져 있습니다. 지난 10여 년간 채석장을 공원 등으로 개발한다는 계획이 꾸준히 발표되었지만, 아직 큰 변화는 없습니다. 2018년 3월

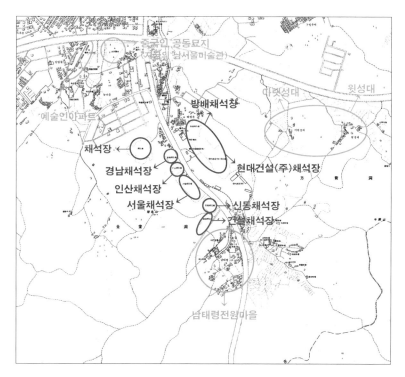

지금의 서초구 방배동과 관악구 남현동에 있던 채석장들. 1977년 제작된 5,000분의 1 지도입니다.

사에서 한 줄기 빛이 될 것이 기대된다."[6]

이때 발견된 텅스텐광맥은 대략 지금의 서초구 서초동과 방배동, 반포동이 만나는 지점, 정확하게는 7호선 내방역과 2호선 서초역 사이에 자리한 언덕에 있었던 것 같습니다. 이 광맥이 초기 예측대로 정말 거대한 규모였다면,《조선신문》의 기사처럼 신동면이 강원도 영월군 상동면처럼 경기 호황을 누렸을지 모릅니다. 하지만 그런 소식이 전해지지 않은 것

黄海道谷山に亞ぐ
百萬坪の大重石鑛
始興郡新東面で發見
試掘に成功近々着手

시흥군 신동면에서 텅스텐광맥이 발견되었다는 신문 기사. 1935년 1월 16일자 《조선신문》에 실린 〈황해도 계곡 산에 묻혀 있는 100만 평 규모의 대석광, 시흥군 신동면에서 발견, 시추에 성공, 조만간 착수(黃海道谷山に亞ぐ, 百萬坪の大重石鑛, 始興郡新東面で發見, 試掘に成功近々着手)〉입니다.

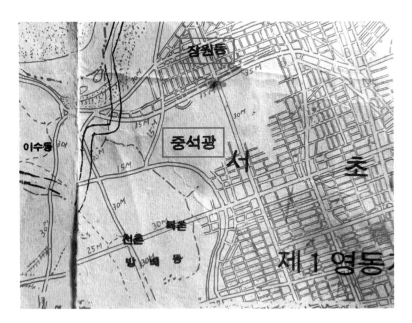

1972년 간행된 〈서울약도〉 속 '중석광'(텅스텐광산) 위치. 오늘날 이곳엔 서래마을이 들어서 있습니다. 지도에 표시된 잠원동은 현재 반포동입니다. 저자 소장

으로 보아, 채굴량이 기대했던 만큼은 아니었나 봅니다.

　1987년 출판된 《동명연혁고 강남구편》은 "서래마을에 있는 방배중학교 앞의 산은 청룡산"이고 "청룡산 줄기의 산을 앞산이라고 하는데" 이곳에서 "일제 때 중석을 캐냈으므로 산의 내부는 마치 개미굴같이 뚫려 있다"라고 설명합니다.[7] 이때 앞산이 반포동과 방배동의 경계가 된다고 하니, 대략 서래마을이 자리한 언덕을 가리키는 것으로 보입니다. 신동면에 황금비를 내릴 것으로 기대되었던 이곳 광산촌에 서래마을이 들어서고, 그 아래쪽 평지에 카페골목이 생겼으니, 결과적으로 황금비가 내렸다고 할 수 있겠네요. 이것은 서래마을뿐 아니라 강남 3구의 옛 광산촌에 모두 해당하는 말이겠습니다.

소멸한 산업철도 계획

　서울의 한강 남쪽 지역을 개발하던 초기에는, 강북 인구를 강남으로 내려보내기 위한 한 가지 방법으로 공업화가 제안되었습니다. 강남에 구로공단 같은 곳을 많이 만들어 인구를 분산하자는 것이었죠. 산업화 시기의 한국으로서는 당연한 정책이었다고 할 수 있습니다. 1963년 간행된 〈대서울20년도시계획 최신서울특별시전도〉를 보면, 지금의 강남구와 송파구에 걸쳐 준공업지대 예정지가 표시되어 있다는 것을 2장에서 설명했습니다.

광진교 남쪽 지역, 즉 지금의 송파구 풍납동과 강동구 암사동 및 성내동에는 충적토를 이용해 옹기와 벽돌을 만드는 공장들이 오래전부터 공업지대를 형성하고 있었습니다.[8] 1925년의 을축년 대홍수 때 그 일대의 옹기가게 200여 채가 깡그리 쓸려 내려갔다고 할 정도로 꽤 유서가 깊습니다. 광복과 6·25전쟁 이후에는 월남민들을 대규모로 고용해 노동자 수요를 확보했고, 인근의 송파변전소에서 전기를 공급받았다고 합니다. 서울의 한강 남쪽 지역에서 영등포와 함께 양대 공업단지였던 이 지역의 마지막 흔적이 풍납토성 서남쪽의 삼표레미콘 공장입니다.

1979년 국토개발연구원은 강북 인구를 강남으로 그리고 더 남쪽으로 내려보내는 방안을 담은 〈수도권정비기본계획(안)〉에서 강남과 강북의 산업 재배치를 다음과 같이 제안했습니다. 여기서 말하는 '강남'은 물론 한강 남쪽의 서울 전체를 가리킵니다. "수도권 내 강남지구에는 서울로부터 이출되는 공업의 재배치 및 신종 산업을 배치시킨다. 수도권 내 강북 지역에는 농산물가공 및 토산물생산을 위한 새마을공장 건설 정도에 그친다."[9]

이때 언급된 "신종 산업"이 반도체산업을 가리키는 건 아니었을 겁니다. 한국의 반도체산업을 견인한 이병철 삼성그룹 회장이 일본의 경제평론가 이나바 히데조稲葉秀三에게 반도체산업에 대한 힌트를 얻은 건 그 이듬해인 1980년의 일이었으니까요.[10] 하지만 이후 수십 년이 흐르는 동안 반도체산업이 서울에서 경기도를 거쳐 충청남도 천안시와 아산시 그리고 충청북도 청주시까지 뻗어나갔으니, 어떤 의미에서는 국토개발연구

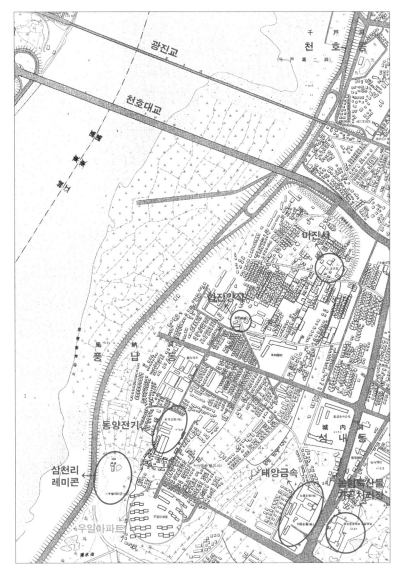

1986년의 송파구 풍납동과 강동구 성내동을 묘사한 5,000분의 1 지도. 여러 공장과 축산물 가공 시설, 단독주택과 아파트단지, 학교 등이 뒤엉켜 있는 모습을 확인할 수 있습니다.

원의 제안이 결국 실현되었다고 할 수 있겠습니다. 정책을 한번 제대로 만들어놓으면 시간이 오래 걸리더라도 반드시 실현된다는 '행정의 연속성'의 또 다른 사례입니다.

서울의 한강 남쪽 지역 가운데 특히 강남 3구 지역을 공업화하기 위해 중요시된 계획이 남부순환선 부설이었습니다. 하지만 착공조차 되지 않았기 때문에 정확한 목적이나 노선을 알기는 어렵습니다. 다만 간헐적으로 확인되는 관련 문헌들을 살펴보면, 지금의 경기도 안양시에서 출발해 강남 3구를 관통한 다음 한강을 건너 올라가는 게 기본 구상이었음을 알 수 있습니다.

1963년 발표된 '경인지구 종합건설 계획'을 살펴보면, "안양-뚝섬-청량리 사이의 29킬로미터 구간을 전철화하기 위해 조사를 실시한다"라는 내용이 담겨 있습니다.[11] 해당 구상은 줄곧 계승된 것으로 보입니다. 1967년 건설부가 작성한 〈서울·인천 특정지역 건설계획 조사보고서: 제6차 한강 다목적댐 능곡도시계획〉에는 시흥군 안양읍과 과천면에서 출발해 지금의 강남구를 관통한 뒤 한강을 건너, 다시 뚝섬을 관통해 성동구의 왕십리역에서 경원선과 합류하는 27킬로미터짜리 철도 예정선에 관한 내용이 담겨 있습니다. 현재 계획 중인 위례과천선 및 수인분당선의 강남 지역 구간과 청량리역 구간을 합친 것과 같은 형태입니다.

1970년대 들어서도 남부순환선에 대한 구상은 이어집니다. 1975년 서울시가 발표한 〈서울시 인구소산계획 시안〉에는 "서울 외곽 화물철도"를 건설해 "도심권 인구 집중 방지"를 꾀한다고 명시되어 있습니다. 이 구상의 핵심은 경부선, 경의선, 경원선을 북쪽에서는 교외선과 그리고 남쪽에서는 남부순환선과 연결하는 것입니다. 이렇게 하면 화물이 도심에 들어오지 않고 외곽으로 돌아 목적지에 빠르게 도달할 수 있죠. 훗날 건설된 수도권제1순환고속도로 같은 교통망도 그 목적은 기본적으로 똑같습니다.

이 남부순환선은 화물과 여객을 모두 운송할 예정이었습니다. 특히 1978년에는 화물을 효율적으로 다루기 위해 부곡역, 즉 지금의 1호선 의왕역 근처에 "부곡 화물기지"를 건설한다고 발표했습니다.[12] 오늘날 경기도 의왕시 삼동에 해당하는데, 해당 기지는 계속해서 확장하며 의왕시 이동의 의왕ICD제1터미널과 오봉역, 군포시 부곡동의 군포복합물류터미널을 아우르는 거대한 복합 단지가 되었습니다. 한편 여객과 관련해 남부순환선은 수도권에 건설되는 1~5호선 및 교외선과 하나의 시스템을 이루도록 설계되었습니다.[13]

이즈음부터 남부순환선은 강남구를 관통하는 대신, 지금의 송파구 잠실동과 강동구 천호동의 남쪽을 가로질러 한강을 건넌 다음 경기도 남양주시 도농동의 도농역에서 중앙선과 합류하는 것으로 조정되었습니다. 영동지구, 천호지구, 잠실지구 개발이 한창이던 시점이었기 때문에, 새로 형성된 시가지를 비껴가도록 계획을 변경했던 것 같습니다.

1980년대 초가 되면 구체적인 역의 위치와 이름이 보도되기 시작했습니다. 특히 1983년 9월 15일 자《조선일보》기사에서 18개 역의 위치와 이름이 모두 공개되었습니다. 이후 많은 역의 주소가 바뀌긴 했지만, 남부순환선 계획이 얼마나 구체적으로 추진되었는지 알 수 있게 해주는 자료입니다.[14] 해당 기사에서 공개된 역은 '고천', '오전', '모락', '포일', '문원', '대공원', '구룡', '양재', '개포', '수서', '가락', '오금', '둔촌', '천호', '고덕', '한강', '가운', '이패'입니다.

이 중 강남구 남부의 수서역에 대해서는 3호선을 이곳까지 연장해 환승할 수 있게 한다는 계획이 세워졌습니다.[15] 이걸 보면, 남부순환선이

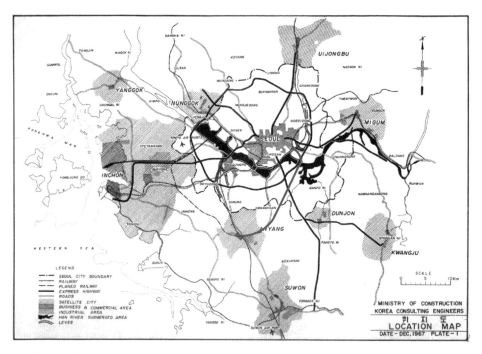

1967년 시점의 남부순환선 구상(붉은색). 건설부가 작성한 〈서울·인천 특정지역 건설계획 조사보고서: 제6차 한강 다목적댐 능곡 도시계획〉에 실린 지도입니다.

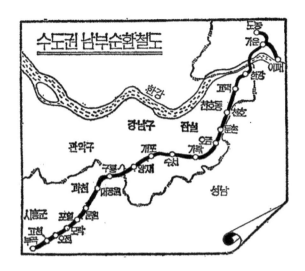

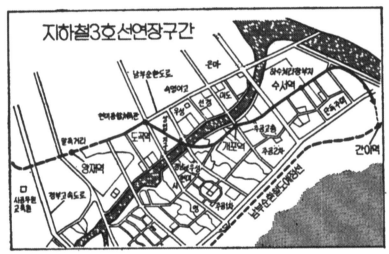

1983년 시점의 남부순환선 구상(▲)과 3호선 환승 계획안(▼). 각각 1983년 9월 15일 자 《조선일보》 기사 〈수도권 남부순환 철도 18개 역 확정〉과 1983년 10월 4일 자 《동아일보》 기사 〈지하철 3호선 연장 구간 도시계획 변경안을 공고〉에 실린 지도입니다. 구체적인 역의 위치와 이름은 물론이고, 환승 계획안까지 나올 정도로, 남부순환선 구상이 꽤 심화했음을 알 수 있습니다.

들어선다는 전제하에 3호선을 지금과 같은 꼴로 놓았다는 걸 알 수 있습니다. 오늘날 수서역에서 여러 노선이 교차하는 것을 보면, 과거의 계획이 형태만 조금 바뀌어 실현된 것이라고 볼 만합니다.

그 후 남부순환선 계획은 1984년 작성된 〈경기지역종합교통망체계조사: 최종보고서. 부록3 철도부문〉 등에서도 언급되다가 어느 순간 없던 일처럼 되어버렸습니다. 그 확실한 이유는 알려지지 않았습니다만, 일설에 따르면 이 일대에 군부대가 많아 국방부가 난색을 보였다고 합니다. 하지만 아마도 강남 3구 개발이 너무 진행되다 보니, 이곳에 산업철도를 놓으면 곤란하다고 판단했던 게 아닐까 싶습니다. 요즘 같으면 서해선처럼 여객용 고속철도와 산업철도가 지하와 지상을 오가며 운행하는 노선을 놓으면 되겠습니다만, 1980년대에 이런 구상을 실현하기에는 기술적 한계가 분명했습니다. 한편 현재 추진 중인 위례과천선은 남부순환선 노선을 일부 계승하고 있습니다. 비록 전 구간은 아니지만, 남부순환선 계획이 형태를 바꿔 반세기 만에 부활하는 셈입니다.

이렇게 해서 강남 3구에 산업단지가 들어서고 산업철도가 다니는 미래는 사라졌습니다. 자기 지역에 위례과천선 정차역을 세워달라고 주장하는 현수막을 몇 년 전 강남구 개포동에서 보았는데, "수많은 산업 근로자들의 염원"이라는 문구가 적혀 있더군요. 이 현수막을 내건 사람들은 개포동에 산업철도가 다닐 예정이었다는 사실을 과연 알고 있었을까요?

남부순환선 계획은 소멸했지만, 그 흔적은 뜻밖의 장소에 남아 있습니다. 송파구 남쪽 문정지구에 자리한 문정근린공원은 크고 길쭉한 곡

문정근린공원에 재현된 철로. 문정근린공원은 남부순환선 부지를 활용해 조성되었습니다. 그래서인지 공원의 형태가 길쭉한 곡선입니다. 공원을 산책하는 사람들은 한때 이곳에 산업철도인 남부순환선을 놓으려 했다는 사실을 알고 있을까요? 한 번도 쓰인 적 없는 철로만이 완전히 소멸한 남부순환선 계획을 기억하는 듯합니다. 2024년 5월

선 형태를 띠고 있습니다. 위성사진으로 보면 단박에 철도가 연상될 정도죠. 이곳은 현재도 지적도상으로 철도 지목을 유지하고 있는 만큼, 남부순환선을 놓으려고 확보한 부지였음이 확실합니다. 그래서인지 이 공원 중간에 철로가 놓여 있습니다. 물론 열차가 다녔던 적은 없습니다. 공사를 시작도 하지 않고 끝내버린 철도 계획을 이런 형태로 시민들에게 알려주는 모습이 참 신기해 보였습니다. 누구나 자연스럽게 자신이 생활하는 지역의 역사를, 또 도시계획의 역사를 알게 해주는 기획이라 평가할 만합니다. 어떤 분이 제안했는지 모르지만, 아마 철도 애호가인 공무원이 아니었을까 싶네요.

소멸한 섬유단지 계획

처음에는 산업철도로 구상되어, 나중에는 여객 운송까지 겸하게 되었던 남부순환선은 끝내 착공되지 못했습니다. 이것은 전통적인 산업 인프라가 강남 3구에 들어서지 않을 것임을 보여주는 상징적인 사건이었습니다. 물론 서초구 방배동의 채석장이나 송파구 풍납동의 삼표레미콘 공장처럼 전통적인 산업이 아예 없는 것은 아니지만, 이들 시설은 강남 3구의 끄트머리에 자리한 '예외적인' 존재들입니다.

공업단지라고 할 순 없지만, 서초구 내곡동의 헌인마을과 방배동의 이수동산, 강남구 논현동에는 가구단지가 들어서 있습니다. 이수동산과 논현동의 가구단지는 영동1지구와 영동2지구에 대규모 거주지가 형성되면서 가구 수요가 발생하자, 이에 대응해 생겨났습니다. 따라서 본격적인 가구 공장이라기보다는 판매장에 가까운 성격을 띠고 있죠.

헌인마을의 가구단지는 한센병력자들이 가축을 기르던 축사가 이후 가구 공장으로 활용되면서 형성되었습니다. 따라서 일종의 공업지역으로 볼 수 있겠습니다. 이곳은 현재 대부분 철거가 끝나고 개발이 시작되었습니다. 참고로 헌인마을의 탄생 과정을 증언하는 동시에 민주화 운동의 한 국면을 장식한 '대왕국민학교 미감아未感兒 사건'을 상징하는 '에 틴져 마을 기념비'가 얼마 전 철거된 헌인교회 앞에 있었습니다. '미감아'란 말 그대로 '아직 감염되지 않은 아이', 즉 한센병력자들의 자녀를 가리킵니다. 1969년 그 아이들이 지역의 대왕국민학교에 갈 나이가 되

서초구 내곡동의 헌인마을 가구단지(▲). 가게들 사이로 이제는 철거된 헌인교회가 보입니다. 2018년 7월

헌인마을 한복판에 있던 '에틴져 마을 기념비'(▶). 새겨진 날짜로 보아, 헌인교회가 세워지고 2년 뒤인 "1967년 9월 15일"에 설치된 것 같습니다. 헌인교회와 함께 철거된 듯한데, 지금은 어디에 있는지 알 수 없습니다. 2018년 7월

서초구청 앞에 걸려 있던 헌인마을 재개발 반대 현수막(▲). 붉은 글씨가 절규처럼 느껴집니다. 2022년 7월

도시 개발 사업이 진행 중인 헌인마을에 아직 남아 있는 옛 주택(◀). 1980년의 취락구조개선사업에 따라 지어진 주택입니다. 2025년 1월

가로수길 근처 골목길에 자리 잡은 소규모 봉제 공장들. 사진으로 보아도 알 수 있듯, 굉장히 영세한 규모이기 때문에, 산업단지라 부르기에는 무리가 있습니다. 2019년 12월

었는데, 기존 학부모들이 막아 결국 등교에 실패했죠. 이처럼 아픈 기억을 새긴 저 비석은 과연 어디로 갔을지요.

한편 강남구 신사동의 3호선 신사역과 압구정역 사이에는 소규모 봉제 공장이 여럿 있는데, 가로수길 등에서 옷이나 기타 패션 소품을 판매하는 가게들의 긴급한 주문에 대응하고자 그곳에 자리 잡은 것입니다. 이런 봉제 공장들은 가로수길 근처뿐 아니라 강남 3구 곳곳에 존재합니다. 하지만 산업단지라 부를 만큼 집적되어 있지도 않고 각각의 규모도 크지 않아, 산업도시로 인식하게 할 만큼의 특징을 강남에 부여하지는 못합니다.

강남 3구 개발이 시작되고 얼마 안 되어 지금의 강남구와 송파구 사이에 준공업지대를 조성하려는 계획이 무산되었지만, 사실 그럴 기회가 한 번 더 있었습니다. 강북 인구의 강남 분산 정책에 따라, 종로구와 중구에 걸쳐 있는 청계4~6가의 섬유업체 5530여 개를 옮기려는 움직임이 1978년부터 나타났습니다.[16]

지금의 서초구 반포동에 조성될 뻔했던 섬유단지. 1979년 4월 3일 자 《경향신문》 기사 〈서초동에 섬유 단지 조성〉에 실린 지도입니다. 터미널 세 곳과 모두 가깝습니다.

섬유단지는 강남고속버스터미널 남쪽에 조성될 예정이었습니다. 오늘날 서초구 반포동의 서리풀공원과 반포미도아파트가 있는 곳이죠. 이곳에서는 강남고속버스터미널뿐 아니라, 서초구 서초동의 남부터미널 자리에 있었던 한국화물터미널, 강남구 역삼동의 삼성타운 자리에 들어설 예정이었던 가칭 강남시외버스터미널을 모두 활용할 수 있었습니다. 즉 터미널 세 곳 사이에 섬유단지를 놓으려 했던 것이죠.

이 계획은 1979년까지 추진되었던 것으로 보입니다. 실제로 1979년 4월 3일 자 《경향신문》 기사에는 구체적인 위치를 표시한 지도가 실려 있습니다.[17] 하지만 이듬해 들어 이 계획이 취소되었다는 보도가 나옵니다. 관련 기사는 서울시가 일괄적으로 계획을 추진하다 보니, 섬유업체들이 소극적으로 반응했고, 예정지 남쪽에 법조단지가 조성되면서 법원이 해당 계획에 반대했다고 설명합니다.[18] 청계천을 복원하면서 상인들을 송파구 문정동의 가든파이브로 보내려다가 실패한 것을 생각하면, 섬유단지를 조성하려 했을 때도 상인들의 저항이 컸을 듯합니다.

반포리체 반포래미안 아이파크 반포미도 아파트

섬유단지 예정지였던 강남고속버스터미널 뒤편. 반포미도아파트 너머 삼풍백화점 자리에 반포래미안아이파크가 들어서 있습니다. 2024년 4월

반대로 1985년과 1986년에 걸쳐 강동구 시절의 송파구 가락동에 가락농수산물종합도매시장이 개장했을 때 용산청과시장과 중부건어물시장의 상인들이 처음에는 입주를 거부했지만, 시간이 흐르며 결국 안착한 사례도 있습니다.[19] 참고로 용산구 한강로동의 용산청과시장 자리에는 이후 용산전자상가가 들어섰고, 중구 오장동의 중부건어물시장은 지금도 여전히 영업 중입니다.

만약 섬유단지가 계획대로 건설되었다면, 강남고속버스터미널과 시너지를 일으켰을 가능성이 있습니다. 섬유단지를 반포동에 건설하려 했던 이유도 예정지 근처에 세 곳의 터미널이 있었기 때문입니다. 그중 강

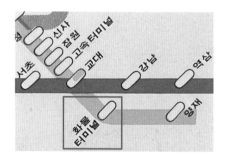

한때 화물터미널역으로 불린 3호선 남부터미널역. 남부터미널이 근처에 들어서며 이름이 바뀌게 되었습니다. 1986년 9월 10일 발행된 한강종합개발준공기념 승차권의 뒷면입니다. 저자 소장

남고속버스터미널을 제외한 나머지 두 곳은 낯설 것입니다. 한국화물터미널은 지금의 남부터미널 자리에 있었습니다. 그러다가 1990년 한강로동에 있던 용산시외버스터미널이 해당 자리로 이전해 남부터미널로 탈바꿈하게 되었고, 그 와중에 한국화물터미널은 서초구 양재동의 양재IC 서남쪽으로 옮겨갔습니다. 이후 이름도 양재화물터미널로 바뀌었죠. 한국화물터미널 시절 한때 진로그룹의 소유였다 보니, 아직도 남부터미널 맞은편에 하이트진로 본사가 있기도 하고요.

한편 경부고속도로와 인접한 지금의 삼성타운 자리에는 가칭 강남시외버스터미널이 들어설 예정이었습니다. 하지만 예정지의 토지주들이 "아직 주변 지역이 개발되지 않았는데도 영동의 요지이기 때문에 교통량이 폭주하고 있다"라며 계획 철회를 요구했습니다.[20]

가칭 강남시외버스터미널이 들어설 뻔했던 곳은 지금도 2호선 강남역과 바로 붙어 있고, 테헤란로와 강남대로가 교차하는 교통의 요지이자, 강남구를 동서로 가로지르는 테헤란로의 서쪽 시작점에 해당합니다. 당

테헤란로의 서쪽 시작점. 강남구 역삼동의 2호선 강남역 1번 출구 근처로, 서초구가 보입니다. 2022년 9월

테헤란로의 동쪽 시작점. 강남구 삼성동의 2호선 삼성역 8번 출구 근처로, 송파구가 보입니다. 2025년 1월

롯데칠성 서초물류센터. 2호선 강남역 근처로, 가칭 강남시외버스터미널 대신 들어선 삼성타운과 경부고속도로 사이에 있습니다. 반포IC나 서초IC를 통해 경부 고속도로에 진입하기 좋은 위치입니다. 2024년 8월

시 보도대로 서초구 반포동의 반포IC에 인접한 곳이다 보니, 지금도 서울과 경기도를 잇는 광역버스들이 강남구 역삼동의 9호선 신논현역부터 2호선 강남역을 지나 서초구 서초동의 3호선 양재역으로 이어지는 구간에 다수 정차하고 있습니다. 삼성타운 서쪽에 롯데칠성 서초물류센터가 자리한 것도 이런 이유 때문입니다.[21]

터미널에 왜 명품관이 들어설까

이처럼 강남 3구 지역의 터미널들은 우여곡절 끝에 지금의 위치에 자리 잡게 되었습니다. 1975년 서울시는 〈대도시 인구분산책(안)〉에서 "고

속 및 시외뻐스 터미널 한수 이남 이전"을 제안했습니다. 이에 대해 교통부는 "한수 이남에 분산하되 강북에도 터미널 존치(현존 터미널 정비)"라는 의견을 덧붙였습니다. 그 결과 강남에는 세 곳의 터미널이 자리 잡게 되었고, 강북에도 은평구 대조동의 서부터미널과 동대문구 용두동의 동마장터미널 등이 얼마간 잔존했습니다.

이해에 유신고속(훗날의 코오롱고속)이 오늘날 강남구 신사동의 3호선 신사역 오거리에 영동정류소를 개설합니다. 여기서 내린 승객은 1년 전 1호선이 개통한 영등포구 영등포동의 영등포역 앞까지, 또 경기도 성남시 구도심까지 무료로 버스를 태워줬다고 합니다. 이렇게 해서 한강 이

지금의 신사역 오거리에 있었던 유신고속 영동정류소. 1975년 8월 5일 자 《경향신문》에 실린 광고입니다. 영동정류소에서 내린 손님은 1호선 영등포역이나 성남시 수정약국(지금의 성남시 수정구 신흥동)까지 "항상 무료로 모셔"드렸다고 하네요.

남의 범강남 지역을 아울렀던 것이죠.[22] 신사역 오거리가 제3한강교(지금의 한남대교)에서 경부고속도로로 진입하는 어귀에 있다 보니, 이곳에 정류장을 개설했던 것 같습니다. 이곳에서 곧장 서초구 양재동의 말죽거리를 향해 나아가면 강남구 역삼동의 2호선 강남역을 거치게 되는데, 그 서북쪽의 삼성타운 자리가 가칭 강남시외버스터미널 예정지였기도 하고요.

삼성타운 자리에 가칭 강남시외버스터미널을 짓는 계획이 무산되고, 한편 1990년 서초구 서초동의 서초IC 근처에 남부터미널이 들어서게 되자, 그보다 앞선 1988년 원래 그곳에 있던 한국화물터미널은 양재동의 양재IC 서남쪽으로 옮겨가 양재화물터미널이 되었습니다. 1978년 강남고속버스터미널과 2호선 강남역이 막 착공되었을 때의 그 주변처럼, 1988년의 양재IC 주변 또한 거주 인구가 많지 않은 서울의 땅끝이었습니다. 물론 황량한 느낌은 지금도 여전하죠.

이렇게 터미널이 옮겨가면서, 서초IC와 그 아래 양재IC 사이 지역에서 정비 사업이 진행되었습니다. 서초IC 주변에는 예술의전당과 서울시 공무원교육원을, 양재IC 주변에는 유통업무지구와 연구단지를 놓고, 두 지역을 가로막고 있는 우면산에는 터널을 뚫기로 했죠. 그 결과 유통업무지구에는 양재꽃시장과 곡물도매시장이 조성되었고, 연구단지 및 그 주변에는 현재 현대자동차그룹 본사, 삼성전자 우면 서울R&D캠퍼스, KT우면연구센터, LG전자 서초R&D캠퍼스 등이 들어섰습니다.

이상의 과정을 돌이켜보면, 오늘날 양재동의 매헌시민의숲 자리에 고

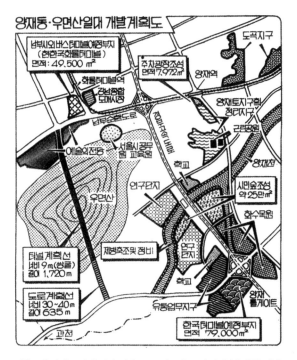

양재동·우면산일대 개발계획도

서초IC와 양재IC 사이 지역 정비. 1985년 6월 10일 자《경향신문》기사
〈반포·우면로 일대 관청·문화 거리로 꾸민다〉에 실린 지도입니다. 좌상단
화물터미널역 옆에 남부터미널 예정지가, 우하단 양재IC 옆에 한국화물터미
널 예정지가 표시되어 있습니다.

속버스터미널과 시외버스터미널을 통합한 종합버스터미널을 조성하는
것이 가능했으리라고 상상하게 됩니다. 하지만 이런 구상이 실현되지 않
은 결과, 서초구 한복판인 반포동에 강남고속버스터미널이 자리하게 되
어 전국에서 시민들을 불러 모으게 되었습니다.

강남고속버스터미널에 입점한 신세계백화점 강남점은 2021년 전 세계

강남고속버스터미널과 신세계백화점 강남점. 교통과 유통의 결합입니다. 2024년 10월

센트럴시티 1층에 조성된 신세계백화점 명품관. 센트럴시티는 강남고속버스터미널 바로 옆에 붙어 있는 호남선 터미널입니다. 1975년 법인이 만들어진 후 서울 강북 곳곳에서 영업하다가 1978년 지금 자리에 건물을 마련했고, 이후 주인이 몇 번 바뀌다가 2000년 지금의 모습으로 완성되었습니다. 2012년 신세계그룹이 인수해 대대적으로 리모델링한 것이 바로 지금의 신세계백화점 강남점입니다. 2024년 8월

2호선 삼성역 바로 앞의 현대백화점 무역센터점과 파르나스호텔. 2025년 1월

이른바 압구정 상권의 동쪽 지역을 책임지는 갤러리아백화점. 2024년 5월

백화점 가운데 매출 1위를 기록했습니다.[23] 강남 3구에는 현대백화점 압구정본점(강남구 압구정동)과 무역센터점(강남구 삼성동), 롯데백화점 강남점(강남구 대치동)과 잠실점(송파구 잠실동), 갤러리아백화점(강남구 압구정동)이 있습니다. 신세계백화점 강남점이 이들 업체보다 높은 매출을 기록한 것은, 터미널과 결합해 전국적인 수요를 확보한 덕분입니다.

비슷한 이유로 강남구 수서동에 SRT 수서역이 개통하자, 그 일대 병원들이 전국적으로 환자를 받게 된 데 반해, SRT가 지나는 지역의 병원들은 영업난을 겪게 되었습니다. 2029년 그 바로 앞에 신세계백화점 수서역점이 문을 열 예정인데, 이곳도 큰 매출을 기록할 것으로 예측됩니다.

교통과 유통을 결합하는 방식은 역사가 깊죠. 요즘은 백화점과 지하철을 연결하는 것이 당연하게 여겨지지만, 처음에는 백화점에서 이를 거부했다고 합니다. "흙발로 다니는 (…) 사람들이 무슨 구매력이 있겠느냐" 하는 생각에서였다죠. 그런데 한발 앞서 일본에서 지하철의 가능성을 확인한 롯데그룹이 한국에서도 지하철 건설 초기부터 적극적으로 교통과 유통의 결합을 추진했고, 오늘날에는 이런 방식이 기본으로 자리 잡게 되었습니다.[24] 송파구 잠실동의 2호선 잠실역과 롯데월드의 결합, 용산구 한강로동의 용산역과 용산전자상가의 결합, 광진구 구의동의 동서울종합터미널과 테크노마트의 결합, 서초구 서초동의 남부터미널과 옛 아크리스백화점(지금의 하이트진로 본사) 및 국제전자센터의 결합이 좋은 예입니다. 따라서 신세계백화점 강남점의 성공은, 롯데그룹이 시작한 교통과 유통의 결합을 한 단계 진화시킨 사례로 주목할 만합니다.

신세계백화점, 현대백화점, 롯데백화점, 갤러리아백화점 같은 대형 업체들이 강남 3구의 백화점 시장을 장악하면서, 강남 곳곳에 있던 중소 백화점들은 폐업하거나 고급 상가로 바뀌었습니다. 대표적인 사례로 개성상인 김형목이 강남 지역 땅에 투자해 번 돈으로 지금의 강남구 논현동에 개업해 짧은 기간 영업하다가 폐업한 강남 최초의 백화점 영동백화점, 한때 그랑프리백화점으로 불렸던 강남구 대치동의 그랑프리엔, 무지개백화점에서 시작한 서초구 서초동의 무지개쇼핑센터, 강남 지역의 독립 백화점 형태를 아직도 유지하고 있는 서초구 잠원동의 뉴코아아울렛, 송파구 잠실동의 롯데월드 자리에 있었던 한양건설의 한양쇼핑센터 그리고 서초구 방배동의 이수단지 상권인 동작구 사당동에서 2021년까지 영업한 태평백화점을 꼽을 만합니다. 전국을 다니다 보면 전국구 백화점에 밀린 끝에 지역의 향토 백화점이 폐업해 안타깝다는 이야기를 자주 듣습니다만, 그것은 강남에서도 예외가 아닙니다. 논현동의 어느 골목에 영동시장이라는 이름을 남긴 영동시장아파트 그리고 아직도 강남구 신사동 가로수길에 남아 있는 강남상가아파트 같은 주상복합건물들도 잊으면 안 되겠습니다.

다시 터미널 이야기로 돌아가, 1988년 한국화물터미널이 양재화물터미널이 되고 시간이 흘러 IMF 사태의 여파로 진로그룹이 파산하자, 2004년 파이시티가 양재화물터미널을 낙찰받았습니다.[25] 파이시티는 해당 부지를 물류센터로 개발하려다가 끝내 실패했죠. 2004년부터 무려 10년간 이어진 일련의 과정이 바로 '파이시티 인허가 비리 사건'입니다.[26]

3호석 도곡역 동남쪽의 그랑프리엔. 한때 그랑프리백화점이었던 곳입니다. 2024년 9월

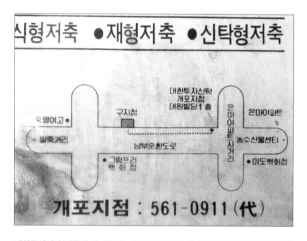

대한투자신탁(지금의 하나증권) 개포 지점 약도. 이 약도를 보면 강남구 도곡동 주변의 옛 상권을 짐작할 수 있습니다. 2024년 9월

강남고속버스터미널과 신반포한신아파트 사이에 자리한 뉴코아아울렛. 2024년 10월

1980년 개점을 앞둔 뉴코아쇼핑센터 시절의 뉴코아아울렛. 1980년 9월 17일 자 《매일경제》에 실린 광고입니다. "6,000평 건물에 3,000평의 거대한 주차장", "'진짜 장사꾼'만으로 구성" 등의 문구가 눈에 띕니다.

이수단지 상권을 책임지던 태평백화점. 2021년까지 영업하고 2022년에 철거되었습니다. 2022년 5월

강남고속버스터미널과 신반포한신아파트 사이의 반포쇼핑타운 4동. 1983년 준공 당시의 모습을 거의 그대로 유지하고 있습니다. 2024년 10월

그 뒤로는 하림이 다시 이 부지를 매입해 물류단지로 개발하려는 계획을 여러 차례 발표했습니다만, 제가 2025년 1월 이곳을 방문했을 때까지도 개발은 시작되지 않은 상태였습니다.[27]

한편 강남고속버스터미널은 강북 곳곳에 있던 각종 터미널을 1977년에 반강제로 옮겨와 만든 곳입니다. 1975년 강남고속버스터미널 건설 계획이 발표되자 투기 열풍이 불었고, 이것은 영동지구 일부를 아파트지구로 지정하게 된 배경이 되었습니다.[28]

1977년 11월 2일 사진가 전민조가 강남고속버스터미널 공사 현장에서 촬영한 사진을 보면, 묘기를 부리는 차력사 너머로 율산건설이 터미널을 짓고 있습니다.[29] 1981년 완공된 이 독특한 형태의 터미널은 강남 3구의 개발사를 상징하는 존재입니다.

현재는 강남고속버스터미널 내부가 아닌 외부에서 버스를 타지만, 제가 초등학교 6학년 때인 1987년, 5층에서 충청도행 버스를 탔던 기억이 있습니다. 당시에는 각 층에서 전국 각지로 가는 버스가 출발했다 보니, 이에 맞춰 층마다 이런저런 상가들이 입점해 있었습니다.

마침 제가 강남고속버스터미널 5층에서 버스를 탔던 1987년에 마산행 한진고속버스를 탔던 누군가가 보관해온 표를 온라인 옥션에서 입수했습니다. "서울고속버스터미날"이라는 표기가 눈에 띄죠. 그해 출간된 《시각표》를 보면, 마산행 버스는 오전 6시부터 오후 6시 30분까지 운행한다고 적혀 있습니다. 참고로 마산시는 진해시와 함께 2010년 창원시에 흡수되듯 통합되었습니다. 이후 쇠락 일로를 걷고 있죠. 그런데 《시각

전국 고속버스 시각표

No.	운행구간	운행시각		배차〈분〉	운임거리		소요시간	운행회사	시발터미널
		첫차	막차		〈원〉	〈km〉			
	〈경 부 선〉								경부터미날
2	서 울↔평 택	630	2110	15	1,000	68.7	0:55	동양·코오롱	5층
3	서 울↔안 성	630	2130	15	1,080	74.0	1:00	코오롱·동양	5층
4	서 울↔천 안	630	2100	15	1,250	85.8	1:00	한진·동양	5층
5	서 울↔온 양	630	2040	20	1,460	100.0	1:30	동양·천일	5층
6	서 울↔청 주	550	2200	5~10	1,870	128.3	1:40	속리산·중앙	3층
7	서 울↔공 주	700	1930	40	2,240	153.1	2:20	광주	3층
8	서 울↔대 전	600	2030	5~10	2,240	153.2	1:50	코오롱·광주·천일·한진·한일·동양·중앙	1층
9	서 울↔영 동	700	1840	1:30	3,020	207.3	2:50	광주·천일	5층
10	서 울↔보 은	730	1830	1:30	2,860	196.0	2:30	속리산·삼화	5층
	(옥천 경유)	...	...	...	...	...	...		
11	서 울↔금 산	700	1840	50	2,770	189.8	2:40	코오롱·삼화	5층
12	서 울↔김 천	700	1850	1:10	3,290	227.6	3:00	천일·광주·한일	5층
13	서 울↔상 주	700	1930	1:10	3,820	260.8	3:40	천일·광주·한일	5층
14	서 울↔구 미	700	1900	1:10	3,650	254.5	3:10	한진·중앙	5층
15	서 울↔대 구	600	2000	5~10	4,220	297.0	3:50	광주·천일·한일·동양·한진·중앙·코오롱·삼화	1층
16	서 울↔경 주	700	1810	35	5,090	362.7	4:15	천일·광주·한일	3층
17	서울↔보문단지	900	1100	3회	5,280	377.0	4:30	천일·광주·한일	3층
18	서 울↔포 항	630	1800	20	5,570	399.0	5:00	천일·한진	3층
19	서 울↔울 산	630	1800	15	5,660	406.0	5:00	광주·천일·한일·코오롱·삼화	3층
20	서 울↔부 산	600	1840	5~10	5,970	431.9	5:20	삼화·광주·천일·한일·동양·한진·중앙·코오롱	1층
	〈구 마 선〉								경부터미날
23	서 울↔부 곡	700	1800	2:00	4,960	352.6	4:50	한진·동양·광주·천일·코오롱	1층 / 5층
24	서 울↔창 원	700	1800	1:00	5,370	383.9	5:30	한진·동양·중앙	3층
25	서 울↔마 산	600	1830	10	5,340	381.4	5:30	한진·동양·중앙	3층
26	서 울↔진 주	630	1800	25	5,820	419.1	5:30	중앙·동양	
...	...	...	...	...	...	...	...		...
	〈호 남 선〉								호남영동선터미날
31	서 울↔유 성	700	2000	30	2,270	155.7	2:00	광주	〃
32	서 울↔연무대	700	1940	1:00	2,870	196.2	2:30	광주	〃
33	서 울↔논 산	630	1950	1:10	2,990	205.1	2:30	광주	〃
34	서 울↔전 주	600	2030	5~10	3,350	232.1	2:50	광주·천일·한진·동양·중앙	〃
35	서 울↔이 리	600	2040	20	3,300	228.1	2:50	광주·중앙	〃
36	서 울↔김 제	600	1930	40	3,510	244.0	3:10	광주	〃
37	서 울↔군 산	600	1930	25	3,590	249.7	3:20	광주·천일·중앙	〃
38	서 울↔정 주	630	2000	20	3,800	265.7	3:20	중앙·광주	〃
39	서 울↔남 원	630	1800	50	4,170	293.5	4:10	삼화·광주	〃
40	서 울↔광 주	530	1940	5	4,530	320.3	3:55	중앙·광주	〃
41	서 울↔나 주	730	1600	2:00	4,880	346.7	4:30	광주·중앙	〃
42	서 울↔영산포	830	1730	2:00	4,960	352.8	4:40	광주·중앙	〃
					395.2		5:20	광주·천일	〃
					405.3		5:20	광주·천일	〃
					443.6		5:50	광주·천일	〃
		...	...	...	...		...		
	〈 선〉								호남영동선터미날
					41.4		0:40	동부	〃
					73.1		1:05	동부	〃
					87.1		1:15	동부	〃
					118.1		1:45	동부	〃
					167.9		2:50	중앙·동부	〃
					232.4		3:40	중앙·동부	〃
					269.1		4:40	동부	〃
					283.6		5:00	동부	〃
					302.6		5:15	동부	〃
					...		...		

1987년 8월 출간된 《시각표》 속 '전국 고속버스 시각표'와 그해 사용된 서울발 마산행 고속버스 승차권. 승차권은 저자 소장

표》에 따르면, '서울 ↔ 마산'의 버스 운행 간격은 10분인 데 비해, '서울 ↔ 창원'의 버스 운행 간격은 한 시간에 달합니다. 마산시가 창원시보다 훨씬 번성하던 시절이 있었음을 알게 해주는 기록인 셈입니다.

새로운 교통망과 새로운 산업

지금까지 가칭 강남시외버스터미널, 남부터미널, 양재화물터미널, 강남고속버스터미널에 대해 살펴보았습니다. 그 과정에서 저는 '터미널 개발은 과연 강남 지역에 특혜를 주는 사업이었는가' 하는 생각을 하게 되었습니다.

도시사학자 손정목은 강남이 성공한 배경으로 끊임없는 인센티브와 개발 촉진 정책을 꼽았습니다. "제3한강교·경부고속도로·상공부 종합청사·개발촉진지구 지정·삼핵도시 개발구상·지하철 2호선 건설·대규모 아파트지구 지정·시청 강남 이전안·고속버스터미널 입지·남부터미널 입지·법원 및 검찰청 이전·지하철 3~4호선 통과·고등학교 제8학군·압구정동 유행의 첨단지역화 등 이루 헤아릴 수 없다"라고 말이죠.[30]

이 요인들에 대해 모두 동의합니다. 하지만 터미널을 유치한 것이 강남 개발을 이끌었다는 데는 절반만 동의합니다. 강남고속버스터미널이 들어서면서 강남구 시절의 서초구 서부 지역 땅값이 크게 오른 것은 사실입니다. 하지만 가칭 강남시외버스터미널은 강남구 역삼동 토지주들

여전히 가건물 상태인 남부터미널. 2017년 10월

남부터미널 옆 국제전자센터에서 바라본 2호선 강남역 근처의 삼성타운. 현재 삼성타운이 있는 곳은 원래 가칭 강남시외버스터미널이 들어설 부지였습니다. 2024년 6월

의 반대로 끝내 건설되지 못했습니다. 남부터미널은 주변 서초구 서초동 지역과 잘 어우러지지 못하면서 여전히 가건물 상태로 남아 있고,[31] 서초구 양재동의 양재화물터미널은 계속 주인이 바뀌며 황량하게 방치되어 있습니다. 이렇게 보면 터미널이 강남 개발을 촉진했다는 주장은 결과론이라고 생각하게 됩니다.

강남구에는 1970년대에 가칭 강남시외버스터미널이 들어서지 못한데 이어, 코엑스가 운영하던 삼성동의 도심공항터미널도 2022년에 폐쇄되었습니다. 현재는 코엑스와 인천공항 간에만 공항리무진이 운행될 뿐이죠. 역삼동의 9호선 신논현역과 2호선 강남역, 서초동의 3호선 양재역 주변에는 환승센터가 없다 보니 야외에서 광역버스를 기다릴 수밖에 없습니다. 반포동의 강남고속버스터미널과 서초동의 남부터미널을 통해 전

황량하게 방치된 양재화물터미널. 2025년 1월

잠실광역환승센터 종합안내도

잠실광역환승센터 종합안내도(▲). 광역버스 정보는 2016년 기준입니다.

마땅한 환승센터가 없어 보도에서 광역버스를 기다려야 하는 3호선 양재역 근처의 버스정류장(◀). 여름엔 덥고 겨울엔 추운 데다가, 사람들이 많이 몰려 있거나 저녁에는 보도의 광역버스 번호가 잘 안 보이기도 합니다. 2022년 12월

SRT 수서역에 마련된 병원 셔틀버스 정류장과 그 노선도. 2025년 1월 버스로 15~30분 거리에 상급종합병원이 세 곳이나 있습니다.

국과 이어져 있는 서초구, 잠실동의 잠실광역 환승센터를 통해 경기도 동부 전역과 이어져 있는 송파구에 비해 강남구가 폐쇄적인 분위 기를 띠는 이유입니다. 남의 눈에 띄고 싶어 하 지 않는 부자들에게는 이상적일지 몰라도, 복 합 기능을 수행하는 도시로서는 부족한 측면 이 있는 것이죠.

이런 강남구에 21세기 들어 두 가지 큰 변화 의 움직임이 나타나고 있습니다. 하나는 2016 년 수서동을 들썩인 SRT 수서역 개통입니다. 또 하나는 삼성동의 9호선 봉은사역과 2호선 삼성역 사이를 뚫어 땅 밑에 철도역, 광역복합환승센 터, 도심공항터미널을 놓는다는 영동대로 지하공간 복합개발 사업입니 다. SRT 수서역은 강남에 거점을 둔 시민들 그리고 이 일대에 들어선 병 원들에서 진료받는 전국의 시민들에게 애용되고 있죠. 영동대로 지하공

수서역세권 공공주택지구 개발이 막 시작된 시점의 풍경. 해당 지구는 강남구 수서동의 서울교통공사 수서 차량사업소 바로 옆에 있습니다. 저 멀리 롯데월드타워가 보입니다. 2019년 12월

개발 중인 수서역세권 공공주택지구에서 동쪽으로 탄천 너머 보이는 문정지구. 2025년 1월

수서역세권 공공주택지구에 LH수서1단지가 들어서기 전(▲)과 후(▼). 2019년 12월/2025년 1월

간 복합개발 사업은 언제 완료될지 정확히 알 수 없지만, 일단 마무리된 뒤에는 SRT 수서역과 더불어 서울 동남부의 서울역으로 기능하게 될 것입니다.

여기서 주목할 점은, SRT 수서역과 영동대로 지하공간은 강남구의 인프라라기보다는 강남구와 송파구가 공유하는 인프라로서의 성격이 짙다는 것입니다. 영동대로 지하공간 복합개발 사업 자체가 삼성동의 코엑스와 잠실동의 잠실종합운동장 사이를 개발하는 국제교류복합지구 사업의 일환입니다. 잠실지구를 개발할 당시에 제안되었던 5핵 연환식 개발 구상이 드디어 실현되는 것이라고 이해할 수 있겠습니다. 여기에 GTX-A로 이어질 경기도 고양시 일산서구 대화동의 킨텍스까지 포함한다면, 2030년대에 이르러 2호선 삼성역, 잠실종합운동장, 킨텍스가 삼각형 구도를 이루는 마이스 클러스터가 완성될 터입니다.

강남 3구에는 반세기 전의 개발 초기 당시 구상되던 전통적인 산업들 대신, 미래 지향적인 신산업들이 잇따라 유입되고 있습니다. 강남구 삼성동과 송파구 잠실동에 마이스 클러스트를 놓을 국제교류복합지구 사업, 강남구 역삼동과 삼성동 및 대치동을 가로지르는 테헤란로를 따라 이른바 '테헤란밸리'를 꾸리고 있는 IT산업, 서초구 양재동 양재지구에 집중적으로 배치 중인 연구단지 등이 대표적인 사례입니다. 이 정도면 1979년 국토개발연구원이 〈수도권정비기본계획(안)〉에서 제안한 "수도권 내 강남지구에는 (…) 신종 산업을 배치시킨다"라는 구상이 드디어 실현된 것으로 평가할 만합니다. 이런 의미에서 강남 개발 정책은 반세기를 지나 비로소 완성되었다고 하겠습니다.

1990년대에 삼성전자를 비롯한 삼성그룹 계열사들이 자리 잡을 예정이었던 강남구 개포동에 최근 우미건설 본사가 들어섰습니다. 공교롭게도 타워팰리스 바로 옆으로, 결국 이곳은 어떤 기업이든 본사를 둘 자리였나 봅니다. 양재동에 현대자동차그룹 본사가 들어선 것처럼, 앞으로 강남에 본사를 두는 기업은 늘어날 겁니다. 거스르기 힘든 큰 흐름이 아닐까 싶습니다.

이는 강북뿐 아니라 서울 밖 다른 지역들의 위기감을 심화합니다. 옛 현대그룹이 쪼개진 뒤 지금의 현대그룹이 강북에 본사를 둔 반면, 현대자동차그룹이 양재동에 본사를 두고 삼성동의 한국전력 부지까지 개발하기로 한 것은 시사하는 바가 큽니다. 물론 이를 두고 지나친 쏠림 현상이라며 우려하는 목소리도 커지고 있습니다.

하지만 정부와 지자체가 아무리 법적 조치를 취하고 도덕적으로 비난해도, 기업과 새로운 사업 구상을 가진 사람들이 자본주의 논리에 따라 강남으로 모여드는 것을 막을 순 없습니다. 삼성동에 있던 한국전력 및 유관 공기업들을 전라남도 나주시의 혁신도시로 이전시켜 균형 발전을 추구한 것처럼, 정부와 지자체가 할 일은 따로 있습니다. 자연스러운 흐름을 막는 일은 수많은 부작용을 낳을뿐더러, 애초에 의도한 목표를 달성할 수도 없습니다. 민간은 민간, 공공은 공공, 각자의 분야에서 할 수 있는 일을 하는 것이 한국의 미래에 도움 될 터입니다.

강남구 삼성동과 송파구 잠실동을 아우르는 국제교류복합지구 조감도.

2호선 삼성역 주변의 영동대로 지하공간 복합개발 현장(◀)과 관련 안내문(▶). 2025년 1월/2024년 4월

강남구 도곡동의 우미건설 본사에서 바라본 동쪽 풍경(▶). 좌우의 타워팰리스 너머로 강남구 대치동의 개포우성2차를 지나 저 멀리 송파구 가락동의 헬리오시티가 보입니다. 2024년 9월

서초구 양재동에 있는 현대자동차그룹 본사 건물과 기아자동차 본사 건물(▼). 2025년 1월

강남 3구와 외부 세계를 이어주는 게이트들. 노란색 원은 전국 규모 게이트, 붉은색 원은 수도권 규모 게이트, 파란색 원은 도매시장, 하얀색 원은 경부고속도로의 IC입니다.

4부

강남의 미래

: 1극 도시의 출현, 제2의 강남은 없다

변방의 황무지에서 핵심 도시가 된
강남은 여전히 역동적입니다.

새로운 사람들과 길, 산업이 만드는
새로운 흐름을 따라
계속해서 확장 중입니다.

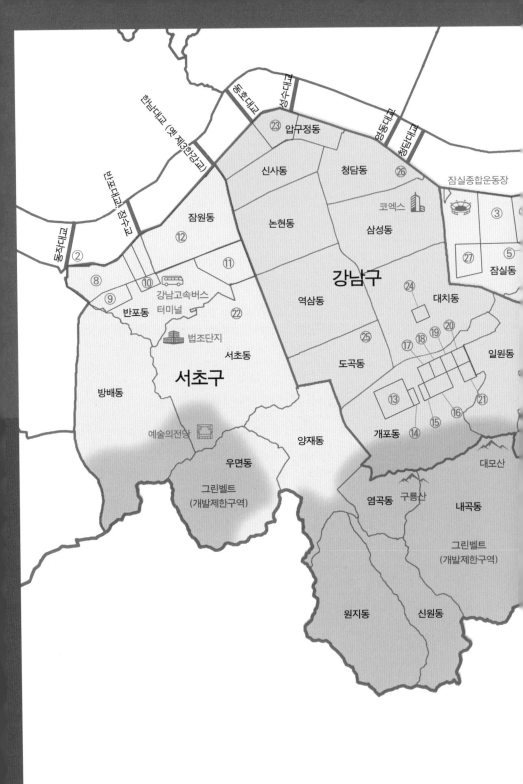

문화 시설

1 석촌호수

2 덮개공원 예정지

잠실주공아파트

3 엘스(옛 잠실주공1단지)

4 리센츠(옛 잠실주공2단지)

5 트리지움(옛 잠실주공3단지)

6 레이크팰리스(옛 잠실주공4단지)

7 잠실주공5단지

반포주공아파트

8 디에이치클래스트(옛 반포주공1단지 1, 2, 4주구)

9 래미안트리니원(옛 반포주공1단지 3주구)

10 래미안퍼스티지(옛 반포주공2단지)

11 반포자이(옛 반포주공3단지)

신반포한신아파트

12 신반포한신아파트(1~28차)

　아크로리버파크(옛 신반포한신1차)

　래미안원베일리(옛 신반포한신3·23차)

　아크로리버뷰신반포(옛 신반포한신5차)

　반포센트럴자이(옛 신반포한신6차)

　아크로리버마크(옛 신반포한신7차)

　메이플자이(옛 신반포한신8~11·17차)

　르엘신반포파크애비뉴(옛 신반포한신13차)

　르엘신반포(옛 신반포한신14차)

　래미안원펜타스(옛 신반포한신15차)

　래미안신반포리오센트(옛 신반포한신18·24차)

　반포더샵OPUS21(옛 신반포한신21차)

　가칭 디에이치(옛 신반포한신 22차)

기타 아파트단지

22 진흥아파트

23 압구정현대아파트

24 은마아파트

25 도곡삼호아파트

26 청담르엘(옛 삼익아파트)

27 아시아선수촌아파트

28 올림픽선수기자촌1단지

29 올림픽선수기자촌2단지

30 올림픽선수기자촌3단지

개포주공아파트

13 디에이치퍼스티어아이파크(옛 개포주공1단지)

14 래미안블레스티지(옛 개포주공2단지)

15 디에이치아너힐즈(옛 개포주공3단지)

16 개포자이프레지던스(옛 개포주공4단지)

17 개포주공5단지

18 개포주공6단지

19 개포주공7단지

20 디에이치자이개포(옛 개포주공8단지)

21 서울개포상록스타힐스(옛 개포주공9단지)

강남구 역삼동의 삼성타운 일대. 2호선 강남역의 서
남쪽에 있습니다. 삼성그룹은 원래 강남구 도곡동의
타워팰리스 자리에 삼성타워를 짓고 계열사를 전부
모을 계획이었습니다. IMF 사태로 이 계획이 무산되
고, 대신 삼성타운이 들어섰으나, 주요 계열사가 흩
어졌죠. 그 결과 삼성전자 본사가 경기도 수원시에
들어서며, 반도체벨트가 서울의 동남쪽에 형성되었
습니다. 오늘날 강남은 이 새로운 발전축을 따라 확
장하고 있습니다. 2009년 6월

강남과 위례신도시를 잇는 헌릉로. 위례신도시는 송파구, 성남시 수정구, 하남시에 걸쳐 조성되었습니다. 광주대단지의 연속선상에 있다고 볼 수 있는데, 그런 점에서 확장 강남의 시작점인 송파구와 지리적 친연성을 갖습니다. 이 길을 따라 강남은 저 멀리 충청남도 천안시와 아산시까지 계속해서 남쪽으로 확장 중입니다. 2024년 1월

6장

거시적으로 보다

: 확장 강남과 대서울권 시대

제가 송파구 잠실동의 잠실주공1단지에 이어 잠실주공4단지에 살던 1985년 당시, 석촌호수 주변에는 롯데월드가 아직 없었습니다. 한양쇼핑센터라는 5층짜리 백화점과 포장마차촌만 있었죠. 한양쇼핑센터 5층에 있던 우표가게에서 마음에 드는 우표를 찾아 구입하고, 탄천 너머 서쪽, 즉 오늘날 강남구 삼성동의 코엑스 자리에 있던 한국종합전시관에서 우표 전시회가 열리면 구경하러 가는 게 당시 제 취미였습니다. 겨울이 되면 순두부 심부름을 다녀오다가 꽁꽁 얼어붙은 석촌호수 위에 잠시 발을 올리던 기억도 있습니다. 초등학교 4학년 때의 기억이어서 정확한지 확인해보기 위해 당시 신문들을 살펴보니, 서울시가 롯데월드 건설 계획을 최종 승인한 게 1986년 6월 4일이었다고 하네요.[1]

1986년에 잠실지구를 떠난 뒤에는 한동안 석촌호수 근처에 갈 일이 없었는데, 십수 년 뒤에 다시 찾았다가 깜짝 놀랐더랍니다. 2호선 잠실역 남쪽으로 거대한 건물이 존재감을 드러내고 있었고, 그것과 연결된 중세 유럽풍의 성이 석촌호수 한가운데에 솟아 있었기 때문입니다. 그런 풍경이 놀랍기도 했고, 제가 기억하던 한적한 풍경이 사라진 게 아쉽기도 했습니다.

중세 유럽에서 온 듯한 성, 즉 매직아일랜드의 인상이 워낙 강렬하다 보니, 석촌호수를 롯데그룹이 통째로 사유화한 것인가 하는 의문도 들었죠. 물론 롯데그룹은 이곳을 소유한 게 아니라, 송파구와 계약을 맺고 빌려 쓰고 있습니다. 이 계약이 2024년까지였는데, 그 후의 운영 방식에 대해서는 당사자 간에 다시 논의할 예정이라고 합니다.[2]

2호선 잠실역과 석촌호수 사이, 또 석촌호수 한복판에 롯데그룹의 시설들이 들어선 모습에 처음에는 적응하지 못했습니다. 하지만 얼마 지나지 않아 그 매력을 느낄 수 있게 되었죠. 그 뒤로 롯데월드나, 그 옆에 롯데그룹이 롯데월드타워를 지으며 기부채납한 잠실광역환승센터에 갈 때마다, 초등학생 때와는 또 다른 새로운 느낌을 받고 있습니다. 롯데월드가 1989년에 완공되었으니, 거의 40년 가까운 세월이 흘렀는데도 말입니다. 제가 어릴 적 기억하던 1980년대 전반기의 잠실지구를 완전히 바꾸어놓은 롯데그룹의 시설들이 그만큼 저에게 충격으로 다가왔나 봅니다.

복합 기능을 품은 '강남적 삶의 양식'

특히 롯데월드가 생기면서, 잠실지구는 종합경기장과 복합 쇼핑몰이 모두 있는 곳이라는 상징성을 지니게 되었습니다. 이곳을 중심으로 송파구의 공간적 위계질서가 잡힌 것은 물론이려니와, 탄천 너머 서쪽의 코엑스와 결합해 무어라 한마디로 정의하기 어려운 복합 공간이 강남 3구의 동부에 탄생했습니다.

지금도 가끔 롯데월드와 코엑스 사이를 걷고는 합니다. 잠실동의 새마을시장은 대로변에 몇몇 건물이 새로 올라간 것을 제외하고는 40여 년 전의 모습을 그대로 간직하고 있습니다. 잠실주공아파트는 5단지를 제외하면 모두 재건축되었고, 교회가 홀로 자리를 지키던 벌판에는 아시아선수촌아파트가 들어섰다가 이제 재건축을 앞두고 있습니다. 제가 살았던 잠실주공1단지와 잠실주공4단지가 사라지고 잠일초등학교와 송전초등학교도 모습이 바뀌었지만, 그래도 제 기억 속 최초의 고향인 1980년대의 잠실지구는 아직 큰 틀에서 도시 구조를 유지하고 있는 듯합니다. 그 기억의 한복판에, 한양쇼핑센터의 지위를 이어받은 롯데월드가 자리하고 있습니다.

흔히 '강남 3구'라고 말합니다. 이 때문에 강남 3구의 중심을 대개 강남구라고 생각하죠. 하지만 저는 강남 3구의 문화적·상업적 중심지는 강남구가 아닌 송파구라고 생각합니다. 롯데월드 같은 공간이 강남 3구의 다른 지역에는 없기 때문입니다. 만약 상공부단지가 지금의 코엑스 자리에 들어섰다면 모르겠습니다만, 오늘날 코엑스는 잠실종합운동장과 롯데월드가 결합한 잠실지구의 문화적·상업적 역량을 능가하기 어렵다는 것이 제 생각입니다.

도시는 아파트단지의 가격만으로 판단할 수 없습니다. 복합 기능을 수행하는지 여부로 도시들의 가치를 비교한다면, 강남 3구에서 가장 활성화된 곳은 단연 잠실지구죠. 저는 강남 3구에서 골고루 살아봤기 때문에, 잠실지구에만 개인적인 애착이 있어서 이런 판단을 내리는 게 아니라는 점을 노파심에서 덧붙여둡니다.

롯데월드는 건물 자체가 건축적으로 특이해서가 아니라, 그곳이 무어라 한마디로 정의할 수 없는 복합 쇼핑몰이라는 점에서 강남 3구를 평

한양쇼핑센터 잠실점 조감도(▲)와 롯데월드 모형도(▼). 각각 1983년 9월 7일 자 《조선일보》에 실린 광고와 1986년 6월 4일 자 《경향신문》 기사 〈잠실에 종합유통센터 이달 착공〉에 실린 그림입니다. 1983년의 광고에는 석촌호수 주변에 건물들이 많이 그려져 있는데, 사실 허허벌판이었고, 롯데월드가 들어서며 그곳을 채우게 됩니다.

장미1차

잠실주공5단지

잠실주공2단지

잠실주공3단지

잠실주공4단지

1980년 7월 3일 석촌호수 일대를 촬영한 항공사진. 잠실주공2~5단지, 장미1차, 석촌호수가 보입니다. 지금의 롯데월드 자리가 허허벌판으로 남겨져 있습니다.

정했습니다. 롯데월드를 설계한 건축가 오쿠노 쇼奧野翔는, 롯데월드의 가장 큰 특징이 "거대한 공간 그 자체"라고 강조했습니다. "대규모 공간은 그것만으로 '메인 어트랙션'이나 다름없다"라는 것이죠. 이 거대한 레저 시설은 그 자체로서만 머물러 있는 게 아니라, 잠실지구 개발의 구체적인 윤곽조차 드러나지 않은 때에 이미 잠실지구 그 자체에 어떤 특성을 부여했던 것입니다.[3]

한편 잠실지구의 핵심 위치에 롯데월드가 지어진 데 대해 정부와 롯데그룹의 유착을 지적하는 목소리가 컸습니다. 이런 지적에 대해 신격호 롯데그룹 회장은 "잠실 부지는 내가 인수할 때만 해도 아무도 거들떠보지 않아 방치된 땅"이었으며, "인수 당시에는 전혀 나오지 않든 얘기"라고 항변했습니다.[4] 3장에서 살펴본, 강남구를 들썩인 압구정현대아파트 특혜 분양 논란의 경우와 마찬가지로, 이 사안도 모든 당사자의 말을 들어본 뒤에 판단할 필요가 있겠습니다.

롯데월드는 특히 시민들에게 위락시설로 받아들여졌습니다. 강남 3구는 물론이고, 서울 전체에도 이런 공간은 그 전까지 없었습니다. 용인이 '시'가 아니라 '면'이던 1976년 개장한 용인자연농원(지금의 에버랜드) 정도가 한국판 디즈니랜드로 기능했지만, 서울에서의 접근성이 좋지 않다는 약점이 있었습니다. 그런 중에 복합 위락 기능을 지닌 세계 최대 규모의 단일 건물이 강남 3구의 동쪽 끝에 탄생했던 것입니다.

2024년 10월 신세계그룹이 글로벌 미디어 그룹인 파라마운트와 함께 경기도 화성시 서북쪽에 테마파크를 짓는다고 발표했는데,[5] 이 계획이 정말 실현될 것인가 하는 점은 차치하고, 정말 실현된다고 하더라도 롯데월드의 위상이 크게 달라지지는 않을 것으로 예상됩니다.

롯데월드는 신격호 회장이 롯데그룹을 창립한 일본의 시민들에게도 큰 충격을 안겼습니다. 당시 롯데그룹은 일본에서 대개 제과기업으로 알려져 있었습니다. 한편 고도성장기를 맞은 일본인들에게 한국은 '군사독재'와 '기생관광'의 나라로만 인식되었죠. 그래서 1980년대까지 한국은 지금처럼 일본인들이 마냥 즐겁게 여행할 수 있는 나라가 아니었습니다. 그러던 중에 일본 시민들에게 친숙한 롯데그룹이 서울의 신도시에 롯데월드를 개장하자, 그들도 가족 단위로 편하게 찾아올 수 있는 여건이 마련되었습니다. 이처럼 롯데월드는 현대 한국과 일본의 관계에도 큰 변화를 가져다준, 그저 단순한 위락시설이 아닌 하나의 국제적인 사건이었습니다.

무엇보다 롯데월드가 만들어지자, 잠실에서 '강남적 삶의 양식'이라 부를 만한 주거 문화가 탄생했습니다. 강남적 삶의 양식은 택지개발된 지역에 들어선 아파트단지, 자연적이거나 인공적인 수변 공간, 복합 쇼핑몰이라는 3대 요소로 구성됩니다. 이 3대 요소가 결합한 최초의 공간이 강남 3구, 그중에서도 송파구의 잠실지구였습니다. 1971년 한강 본류를 끊어 만든 석촌호수, 1975년부터 1977년까지 다섯 개 단지로 준공된 잠실주공아파트, 1988년 말부터 놀이기구와 쇼핑몰 등 내부 시설이 차례로 개관한 롯데월드가 강남적 삶의 양식을 구성하는 최초의 3대 요소입니다. 이 3대 요소는 서초구나 강남구가 아닌 송파구에서 처음으로 결

4부 | 강남의 미래

잠실지구에서 탄생한 강남적 삶의 양식. 아파트단지, 수변 공간, 복합 쇼핑몰이 모여 있습니다. 2019년 8월

합했습니다.

그 후 강남적 삶의 양식은 전국에서 신도시를 지을 때 표준 모델처럼 적용되었습니다. 1기 신도시 가운데 하나인 경기도 고양시의 일산신도시 그리고 세종시는 아예 없던 호수를 만들었습니다. 경기도 김포시의 한강신도시는 원래 농수로였던 김포대수로를 운하로 활용해 수변 공간을 마련했죠. 그러다 보니 농번기에는 부영양화된 농업용수가 흘러들어 한강신도시 입주민들이 불만을 토로하는 역설적인 상황이 벌어지고는 합니다.[6]

'확장 강남'의 출발점은 어디인가

나아가 송파구는 '확장 강남'의 출발점이기도 합니다. 흔히 강남 3구라고들 하지만, 서초구 및 강남구와 송파구는 탄생 배경부터 다릅니다. 송파구, 특히 잠실지구는 경기도 땅으로 서울 사람을 쫓아낸 데 대한 어떤 미안함에 기원을 둔 지역이죠. 당시 작성된 각종 문헌에는 송파대로로 이어지는 광주대단지와 잠실지구가 반드시 한 쌍으로 등장합니다.[7] 잠실도를 한강 남쪽에 붙인 이유 중 하나도, 강북과 광주대단지의 거리를 단축하는 것이었습니다.[8]

또한 송파구는 20세기 전기에 형성된, 한강 남쪽 지역에서 영등포 다음가는 구도심인 천호를 중심으로 하는 강동구와 1987년까지 하나의 지역이었습니다. 그렇다 보니 거의 허허벌판에서 완전히 새로 탄생한 서초구 및 강남구와는 건설 초기 상황이 달랐습니다. 도시사학자 손정목이 《서울 도시계획 이야기》에서 자세히 증언했듯, 잠실주공아파트는 다양한 계급의 시민들이 공존할 수 있도록 설계되고, 또 지어졌습니다.[9] 이보다 몇 년 앞선 1970년에 마포구 창전동의 와우시민아파트가 부실시공으로 무너졌던 사건, 1971년에 광주대단지의 중하층 시민들이 극도로 열악한 거주환경에 분노해 들고일어났던 사건에서 영향받은 것이라 하겠습니다. 저도 어릴 때 잠실주공1단지에 살았지만, 특별히 계급적 긴장감을 느끼거나 충돌을 겪은 일은 없었습니다.

한편 서초구와 강남구는 강북에서 제3한강교(지금의 한남대교)를 건너

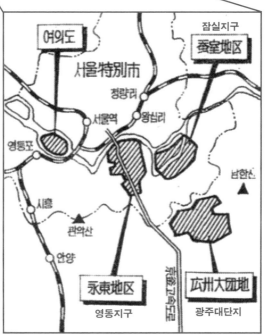

강남 지역과 광주대단지의 관계. 1971년 4월 25일 자《조선일보》기사 〈한강변에 펼치는 '동부서울'〉입니다. "강남의 중심역할을−영동지구"와 "인구35만 중형도시−광주단지"가 함께 언급되고 있습니다. 지도에는 '영동지구', '잠실지구', '광주대단지'가 함께 표시되어 있습니다.

강남과 위례신도시를 잇는 헌릉로. 강북에서 광주대단지로 이주한 서울 시민들을 다시 서울과 연결하기 위해 놓았습니다. 2024년 1월

경부고속도로로 이어지는 교통망을 탄생시키기 위해 조성되었기 때문에, 두 지역을 묶어 한 세트로 이해할 수 있습니다.

이와 관련해 1960년대 말부터 서초구와 강남구에는 마치 오늘날의 아파트단지처럼 중산층을 대상으로 한 단독주택단지가 대량으로 조성되었습니다. 4장에서 살펴본 것처럼, 지금의 강서구 화곡동에 화곡 40만 단지, 지금의 구로구 개봉동과 경기도 광명시 광명동 및 철산동에 걸쳐 개봉 60만 단지, 지금의 강남구 북부에 영동시영주택단지 그리고 지금의 서초구 방배동에 이수단지가 들어섰죠. 송파구는 이러한 흐름에서 제외되었습니다. 정리하면 서초구와 강남구는 그 서쪽의 영등포권과 관계가 깊고, 송파구는 강동구 및 경기도 성남시와 관계가 깊습니다.

이렇게 강남 3구 각각의 탄생 배경을 파악하고 나면, 왜 송파구가 서초구 및 강남구와 함께 강남 3구로 불리면서도 다른 양상을 보이는지 이해할 수 있습니다. 나아가 이 세 지역의 서로 다른 미래도 예측 가능합니다.

서초구와 강남구에서는 좁은 의미의 강남적 특성이 탄생했습니다. 반면 송파구는 천호동을 중심으로 하는 강동구 그리고 성남시의 원형이 되는 광주대단지와 한 세트로 묶이면서, 강남적 특성이 전국으로 퍼져나가는 시발점이 되었습니다. 잠실지구에서 대규모 아파트단지(잠실주공아파트), 수변 공간(석촌호수), 복합 쇼핑몰(롯데월드)이 한국 최초로 삼위일체를 이뤘기 때문입니다. 앞서 설명한 '강남적 삶의 양식'이죠.

또한 송파구와 긴밀한 관계를 맺어온 성남시에서 시작된 고급 아파트단지(분당신도시)와 첨단산업지구(판교신도시)의 결합이라는 모델은 반도체산업을 따라 경기도 동남부로 확대되었습니다. 현재는 경기도의 경계를 넘어 충청남도 천안시와 아산시, 충청북도 청주시의 일부에까지 다다른 상태입니다. 바로 이것이 제가 말하는 '확장 강남'입니다. 확장 강남의 탄생 또한 송파구와 성남시가 탄생한 이래로 줄곧 맺어온 긴밀한 관계에서 비롯된 것입니다.

롯데월드타워에 오르면 '대서울권 시대'가 보인다

이제까지 여러 도시계획가가 1기 신도시 등이 본질적으로는 강남이라고 주장했습니다. "900만 평이 넘는 영동1·2지구에 끝이 보일 때는 개포지구 258만 평이 뒤따랐고, 개포지구가 끝날 무렵이 되자 수서·대치지구가 뒤를 이었다. 성남이니 분당이니 평촌·산본·용인 등도 본질적으로는 강남이었다"라거나,[10] "평촌에 입주한 주민들은 안양 북서쪽 지역인 기존 시가지에 거주하는 시민과는 별 관계가 없는 사람들이었다. 평촌 한가운데에 시청이 있으니 평촌 주민들도 안양 시민인 것은 틀림없지만, 주민들 대부분이 서울에서 내려온 사람들이고, 그것도 강남 쪽이 다수라서 서울 사람으로 볼 수밖에 없었다"라고[11] 말이죠.

하지만 저는 강남이 1기 신도시를 뛰어넘어 넓어지고 있고, 특히 강남 3구에서 동남쪽 방향으로 확장되고 있다는 사실을 답사를 통해 관찰해왔습니다. 그래서 이 현상을 '확장 강남'이라 부르기로 했습니다.

1960년대 들어 정부와 서울시가 강남 지역을 개발해 강북 인구를 분산하려 했을 때, 강남에는 영등포 지역과 당시 성동구에 속했던 천호 등 두 곳의 중심지가 있었습니다. 박정희 정부는 경부고속도로를 놓기 위해 지금의 서초구와 강남구에 해당하는 영동지구를 개발했고, 김현옥 서울시장의 서울시는 강북의 빈민들을 내보내기 위해 경기도의 반대를 무릅쓰고 광주대단지를 조성했습니다.

광주대단지 건설은, 초기에는 폭력 사태로 얼룩졌고 후기에는 분양 사

1972년 시점의 서울 편입 예정지. 그해 간행된 〈새로 나온 우리나라 지도〉의 일부입니다. 지금의 성남시 북부가 서울에 편입될 예정이었음을 알 수 있습니다. 저자 소장

기로 어지러웠습니다. 그러다 보니 1971년에 시민 봉기인 광주대단지 사건이 벌어졌죠. 그러자 정부는 김현옥 서울시장이 추진하던 광주대단지 건설 계획뿐 아니라, 지금의 성남시 북부를 서울로 편입하려는 계획까지 모두 중단시켰습니다.

정부는 광주대단지를 중심으로 하는 광주군의 서쪽 지역을 1973년에 성남시로 독립시키는 한편, 성남시 북쪽에는 그린벨트를, 서쪽과 남쪽에는 남단녹지라는 일종의 개발제한구역을 설정해 그 성장을 억제했습니다. 광주대단지 사건에 대한 조치로 '당근'과 '채찍'을 동시에 제시했던

영동지구가 그리는 삼각형(붉은색)과 잠실지구가 그리는 삼각형(파란색) 그리고 각각의 확장 방향.

강남적 삶의 양식(붉은색)과 확장 강남(파란색)의 탄생지 및 확산 경로.

것이죠. 이와 동시에 강북과 광주대단지의 중간 지점에 잠실지구를 건설했습니다. 이로써 강북, 영동지구, 천호, 광주대단지를 연결하는 교통의 요지이자 생활권의 중심으로서 잠실지구, 나아가 송파구가 탄생하게 되었습니다.

영동지구는 그 이름에서 알 수 있듯, 서울의 서남부 일대를 아우른 첫 강남인 영등포 지역과의 깊은 관계에서 비롯되었습니다. 이로써 강북, 영등포, 영동지구를 잇는 삼각형이 만들어졌죠. 반면 잠실지구는 강북, 강동(지금의 송파구와 강동구), 광주대단지를 잇는 삼각형을 만들었고요. 만약 오늘날의 강남에 영동지구만 있었다면, 그 강남은 서남쪽으로, 즉 영등포구, 인천시, 경기도 안양시와 수원시의 서부 방향으로 확장되었을 가능성이 큽니다. 영동지구 개발 초기에 작성되었던 수많은 문헌에서 그런 경향이 읽힙니다.

하지만 영동지구 개발에 이어 광주대단지와 잠실지구가 개발되면서, 미래의 발전축은 서남쪽이 아닌 동남쪽을 향하게 되었습니다. 1977년에는 강남에서 투기 열풍이 일자, 그 영향으로 성남시 부동산이 활황을 맞았다는 보도가 나왔습니다. 이것은 강남의 부동산 가격이 상승하면 경기도 남부의 부동산 가격도 따라 오르는 경향의 초기 사례입니다.[12]

이후 강남은 성남시 분당구와 판교신도시, 수원시와 광교신도시, 화성시와 동탄신도시, 평택시와 고덕신도시 및 지제역세권 등 동남쪽으로 꾸준히 확장되었습니다. 최근에는 충청도 권역까지 넓어져 충청남도 천안시 및 아산시와 아산신도시, 충청북도 청주시와 오송신도시 등으로 확장되고 있습니다. 이 현상이 바로 '확장 강남'입니다.

확장 강남을 탄생시키고 성장시키는 소프트웨어는 삼성전자로 상징되는 반도체산업입니다. 오늘날 강남구 도곡동의 타워팰리스 자리에 들어설 예정이었던 102층 규모의 삼성타워 계획이 무산되고, 삼성전자가 수원시에 본사를 마련한 것은 필연적 우연이었습니다. 한편 확장 강남을 만들어낸 하드웨어는 잠실지구와 광주대단지의 태생적 친연성 그 자체입니다. 이 두 지역의 깊은 관계는 송파구와 성남시 사이에 자리 잡은 위례신도시가 잘 보여주듯, 21세기에도 이어지고 있습니다.

많은 사람이 강남 3구에 이은 강남 4구가 어디일지 궁금해합니다. 심지어 강남 4구에 이어 자기가 사는 지역이 강남 5구라고 말하는 사람들도 있더군요. 저는 확장 강남이라는 큰 흐름을 따라 강남 4구는 분당신도시이고 강남 5구는 판교신도시라고 보는 게 타당하다고 생각합니다.

흔히 '서반포·동잠실'이니 '마·용·성'이니 하며 목소리를 높입니다만, 도시를 아파트 가격으로만 판단해선 안 됩니다. 그 도시가 주거 기능을 포함한 복합 기능을 얼마나 잘 수행하는지로 평가해야죠. 강남 3구와의 친연성이라는 하드웨

경기도 하남시를 강남 5구라 칭하는 전단지. 종종 강남 4구라 주장되는 강동구에서 발견했습니다. 과연 우연의 일치일까요? 2024년 5월

어, 반도체산업이라는 소프트웨어, 이 두 가지가 결합한 것이 확장 강남입니다.

잠실지구의 핵심에 자리한 롯데월드타워에는 서울스카이라는 전망대가 있습니다. 이곳에서는 해 지는 서쪽으로 남산타워와 63빌딩이 보입니다. 남산타워는 서울의 중심이 강북이었을 때를, 63빌딩은 서울의 첫 강남인 영등포 지역을 키우려 했을 때를 상징하는 건물입니다. 한편 서울스카이에서 해 뜨는 동쪽을 바라보면 송파대로를 따라 확장 강남이 펼쳐집니다. 롯데월드타워는 3핵 시대의 서울과 대서울권Greater Seoul 시대의 서울이 만나는 지점이라 하겠습니다.

송파구 신천동의 롯데월드타워 부지는 원래 체비지였는데, 롯데그룹이 지나치게 싸게 불하받았다는 사실이 전두환 정부가 끝난 이듬해에 폭로되었습니다.[13] 또 이명박 정부 때는 성남시 북부의 서울공항 활주로 각도를 변경하는 과정에서 특혜 시비도 일었습니다.[14] 과연 이런 초고층 빌딩이 필요한가 하는 비판도 여전하죠. 하지만 이런 논란들과는 별개의 차원에서, 롯데그룹은 삼성그룹과 현대자동차그룹이 세우지 않은 초고층 빌딩을 세움으로써, 강남과 서울, 나아가 한국의 역사에 흔적을 남겼습니다. 롯데월드부터 롯데월드타워까지, 잠실지구의 롯데그룹 시설들은 강남이라는 공간이 이제까지 어떻게 형성되어왔고, 앞으로 어떻게 확장되어갈 것인지 상징하는 존재입니다.

강남 중심 현상의 가속화

한때 '서울보통시'라 불리던 강남이 오늘날 '강남특별시'를 넘어 전국으로 확장하기에 이른 데는 시민들의 의지가 크게 작용했습니다. 1970년대부터 정부의 관심은 강남에서 벗어나 아예 서울의 남쪽 경계 바깥 지역으로 옮겨갔지만, 한번 시작된 강북에서 강남으로의 인구 및 도시 기능 이동은 멈추지 않았습니다.

강북으로 몰려드는 인구를 그 바깥으로 분산한다는 정부와 서울시의 정책은 1960년대부터 본격화되었습니다. 애초에 강북 인구를 분산하는 것은, 도시의 인구 과밀 상태를 해소함으로써 효율적인 도시를 만들기 위해서만이 아니었습니다. 6·25전쟁 당시 강북 주민들은 피란할 수단이 마땅치 않았고, 한국군도 미처 후퇴하지 못한 시민들을 두고 전쟁을 치르느라 곤란을 겪었습니다. 그래서 다시 한번 북한이 한국을 침공할 경우, 1950년 당시보다 더 늘어난 강북 인구를 두고는 전쟁을 치를 수 없다는 위기감이 정부와 시민 모두에게서 팽배했습니다.

1960년대에는 강북 인구를 강남으로 옮기면, 이 문제를 해결할 수 있을 것으로 보았습니다. 하지만 한국군이 파병된 베트남전쟁에서 1970년과 1971년 사이에 미군이 1차 철군하고, 1972년 10월의 유신 선포로 미국 정부의 압박이 심해지며 상황이 달라졌습니다. 박정희 대통령은 미군이 한국에서 완전히 철군하고, 한국군 홀로 북한군의 침략에 맞서는 상황이 벌어질 수 있겠다고 생각했습니다. 이는 경상남도 창원시의 창원

충청북도 괴산군의 폐광. 박정희 정부 때 핵무기를 개발하고자 우라늄 채굴을 시도했던 곳입니다. 2025년 1월

국가산업단지로 상징되는 국방 자주화, 경상북도 경주시의 월성원자력 발전소로 상징되는 핵무기 개발 등으로 이어졌습니다. 동시에 강북뿐 아니라 서울 전체 및 경기도 북부에서 모두 인구를 줄이고, 나아가 인구를 국토의 남쪽으로 분산하는 정책이 추진되었습니다.

이를 위해 경기도 안산시 같은 산업과 주거를 결합한 자족도시들이 설계되었습니다. 또 실현되지는 않았지만, 경기도 남부에서 인구를 흡수해 시민들이 더 북쪽으로 올라오는 것을 막을 거점도시들도 고안되었습니다. 화성시와 평택시 등 오늘날 산업도시로 성장하고 있는 곳들이 바로 이때부터 주목받기 시작했습니다. 이러한 인구 재배치 움직임은 1970년대 말의 수도 이전 계획으로 클라이맥스를 맞습니다. 그리고 이 계획은 반세기 뒤에 세종시와 충청남도 계룡시의 탄생으로 이어집니다.

이렇게 살펴보면, 강북에서 강남으로 인구 및 도시 기능을 분산하는 정책은 1960년대 후반기에 시작되어 1970년대 초에 일단락되었다고 할 수 있습니다. 그 뒤로 강남이 아닌 경기도 남부, 나아가 충청남도 지역으로까지 인구를 내려보내는 정책이 추진되면서, 강남에 대한 정부 차원의 관심은 약해졌습니다.

그 당시 작성된 정부와 서울시의 문헌들을 보면, 강남과 강북의 균형 발전을 꾀해야 한다는 주장을 쉽게 확인할 수 있습니다. 강북 중심의 개발 정책을 전환해 넓은 의미의 강남 지역에도 사람이 살 만한 인프라를 구축해야 한다는 것이었죠.

1960년대와 1970년대를 아우르는 전환기에 강북의 기능을 옮기고자 설계된 강남 3구의 도시 구조는, 구도심인 강북에 비해 쾌적한 삶을 가능하게 해줄 것으로 기대되었습니다. 말하자면 1기 신도시 앞에 양천구의 목동신시가지와 노원구의 노원신시가지라는 '0.5기 신도시'가 있었다면, 강남 3구는 '0기 신도시'로서 인식되었던 것입니다. 그래서 1980년대가 되면, 강남구 및 강남구에서 분구된 서초구와 송파구가 모두 강남 3구로 묶이며 서울의 새로운 중심으로 여겨졌습니다. 서울 부자들의 강남 편중은 이때부터 돌이킬 수 없는 흐름이 되었습니다.

그리고 21세기 들어 세종시가 탄생하고, 혁신도시와 기업도시들이 건설되며 전국 곳곳에 돈이 뿌려지자, 서울 부자들뿐 아니라 지방 부자들까지 강남으로 몰려들었습니다. 지역 균형 발전을 꾀한 정책들이, 도리어 강남 중심 현상을 가속화했던 것이죠. 사람들은 이런 현상을 '서울 집중 현상'이라 부르지만, 정확히는 '강남 중심 현상'입니다. 실제로 시간이 흐를수록 흔히 3핵이라 불리던 서울의 3대 중심지 가운데 영등포권의 쇠락이 현실화되고, 강북 사대문 지역에는 중상층 시민들이 살 만한 거주지가 부족해졌습니다. 따라서 전국의 중상층 시민들은 서울의 3핵을 향해 몰려든 게 아니라, 강남이라는 1극을 향해 몰려들었다고 보는 것이 타당합니다. 이로써 강남 3구는 흔들리지 않는 한국의 중심 지역으로 자리 잡게 되었습니다.

강남의 물질적 성공에 대해, 정부가 수많은 인프라를 집중했기 때문에 이뤄진 것이라고 주장하는 사람들이 있습니다. 하지만 이것은 실상의 절반만 말하는 것입니다. 관공서의 경우 법원과 검찰청은 강남으로 옮겨왔지만, 상공부단지와 서울시청의 강남 이전은 실현되지 못했습니다. 강남 지역에 지하철이 빽빽이 깔리기는 했지만, 그것은 강북 사대문 주변도 마찬가지였죠.

5장에서 살펴본 것처럼, 도시사학자 손정목은 오늘날 서초구 반포동과 서초동에 각각 자리한 강남고속버스터미널과 남부터미널이 강남 지역에 대한 특혜라고 주장했습니다. 하지만 최근 광진구 구의동의 동서울종합터미널 리모델링을 둘러싸고 사업 주체와 지역 주민들 간에 갈등이 벌어지고 있는 데서 알 수 있듯, 교통 거점은 대개 환영받지 못합니다.[15] 그래서 손정목이 말한 두 터미널 또한 건설 당시 땅끝 황무지였던 지금의 서초구에 자리 잡은 것입니다. 좀 더 가까운 예로 강남구 수서동의 SRT 수서역도 강남구와 송파구 사이의 땅끝에 건설되었습니다. 마지막으로 강남고속버스터미널과 남부터미널은 강남 시민들이 원해서 지금 위치에 남은 게 아니라, 서울 외곽으로 옮길 시기를 놓친 탓에 남겨졌다고 보는 것이 타당합니다.

저는 강남이 한국의 중심으로 떠오르는 과정에 정부와 시민들의 의지가 반반씩 작용했다고 생각합니다. 영동지구 개발이 시작된 때부터 1970년대 초까지는 정부가 주도적으로 나서서 강남을 살기 좋은 지역으로 만들고자 각종 인프라를 건설했습니다. 하지만 이후 안보 차원에서 정부의 관심이 경기도와 충청도로 옮겨가자, 강남의 성장은 민간의 몫이 되었습니다.

강남의 성장 과정에서 드러나는 특성은 정부기관들이 이전한 세종시나 경기도 과천시와 비교할 때 더욱 잘 파악할 수 있습니다. 특히 세종시에는 각종 정부부처뿐 아니라 앞으로 국회와 대통령실 분원도 들어설 가능성이 있습니다. 실제로 2025년이 되자 행정중심복합도시건설청이 국회세종의사당과 대통령 제2집무실 등의 건축설계를 국제 공모로 받는다고 발표했습니다.[16] 또 현재는 지하철이 없지만, 대전지하철 1호선을 세종시까지 연장하는 계획이 세워져 있습니다. 무엇보다 주민의 상당수가 세종시 북쪽의 서울과 경기도 출신 공무원 및 그 가족들입니다.

이처럼 세종시의 탄생과 성장은 거의 전적으로 정부에 의해 이뤄지고 있고, 또 북쪽에 살던 시민들이 옮겨오면서 인구가 늘고 있습니다. 다만 그렇다고 해서 2025년의 세종시가 1980년대 이후의 강남 3구 같은 경제적·산업적 활력을 띤다고 할 수 있을까요? 세종시 중심 지역의 고질적인 공실 문제를 해결하고자 2024년 11월 개최된 '세종 상가공실 박람회'가 이에 대한 답이 될 것입니다. 정부 주도로 개발 중인 세종시 그리고 정부기관들이 다른 지역으로 이전할 때마다 불황을 걱정해야 하는 과천시의 현재 모습은,[17] 1970년대에 정부가 손을 떼지 않았다면 실현되었을 강남의 또 다른 미래입니다.

7장

미시적으로 보다

: 재건축과 재개발의 변수들

2호선과 3호선이 교차하는 서초구 서초동의 교대역에서 동쪽으로 향하다 보면, 경부고속도로 서초1교 너머로 1979년에 지어진 진흥아파트가 보입니다. 이 경관에는 강남이 지닌 여러 문제가 압축되어 있습니다.

가장 먼저 눈에 들어오는 것은 오르락내리락하는 지형입니다. 가령 교대역과 진흥아파트를 잇는 서초대로는, 북쪽으로는 삼풍아파트가 자리한 언덕, 남쪽으로는 남부터미널이 자리한 언덕 사이의 계곡에 놓여 있습니다. 또 경부고속도로는 서쪽 서초구와 동쪽 강남구 사이의 계곡에 놓여 있죠. 이렇게 솟은 언덕들 사이의 계곡과 저지대에 도로를 놓고 건물을 지어온 것이 강남 개발의 역사였습니다.

주거 형태, 입지 형태, 지형적 특성 중 무엇이 중요할까

즉 지형적 특성이 강남의 첫 번째 문제입니다. 언덕과 저지대가 반복되는 지형적 특성은 강남 지역의 건물 형태에 큰 영향을 미쳤습니다. 삼풍아파트 같은 예외가 있지만, 대체로 언덕 위에는 단독주택과 빌라가 지어졌고, 언덕과 평지가 만나는 지점에는 고층 빌딩이, 저지대에는 진흥아파트 같은 아파트단지가 여럿 모인 아파트지구가 들어섰습니다. 언덕은 부산만큼은 아니더라도 꽤 가파르고, 도로는 좁고 구불구불합니다. 언덕 위의 건물을 주거지로 선택할 때는 이런 점을 고려해야 합니다. 한편 상습 침수는 주로 계곡과 그 주변 지역에서 발생합니다. 강남의 지

경부고속도로 서초1교 너머로 보이는 진흥아파트. 2호선 교대역에서 강남역으로 가다 보면 나오는 풍경입니다. 이곳에도 간선도로 바로 옆에 아파트단지가 놓였던 것입니다. 서초1교 아래를 지나는 길은 서초동과 방배동을 가로지르는 서초대로입니다. 2024년 9월

형적 특성을 이해하면 그에 따른 생활환경과 재난 취약성의 관계를 알 수 있습니다.

또 상식적으로 단독주택과 빌라가 자리한 언덕 지역을 재건축하는 것이 생활환경 개선에 도움이 되겠습니다만, 실제로는 건물주와 임차인을 포함해 이들 지역에 거주하는 시민들이 재건축과 재개발에 반대하는 경

우가 많습니다. 그러다 보니 네모반듯한 부지가 마련되어 있고 상대적으로 소수의 소유주가 비슷한 경제적 상황을 공유하는 아파트단지들에서, 이미 생활환경이 어느 정도 갖추어져 있는데도, 더욱 빠르게 재건축과 재개발이 추진되는 경향이 있습니다. 강남의 어느 지역에 거주할지, 또는 어느 지역에 투자할지 생각할 때는 '구'나 '동' 단위보다 더욱 세분화해서, 즉 '지형'까지 살피는 '마이크로 레벨'로 들여다볼 필요가 있습니다.

강남 개발의 지난 50년 역사를 되돌아보면, 처음에 아파트단지가 지어진 곳을 다시 아파트단지로 재건축하는 작업은 상대적으로 활발했던 반면, 단독주택단지나 빌라촌을 아파트단지로 재건축하는 작업은 상대적으로 활발하지 않았습니다. 지금의 강남구 북부에 조성되었던 첫 주택단지인 영동시영주택1~15단지 가운데 아파트단지로 바뀐 곳이 거의 없다는 사실이 이를 증명합니다. 영동시영주택단지가 전부 언덕 지역에 지어졌기 때문이죠. 연장선에서 단독주택 등의 필지만을 활용해 꼬마빌딩을 세우는 경향이 확인되며, 이에 따라 여러 필지를 묶는 사업이 점점 더 어려워질 것입니다.

이와 동시에 강남구 신사동의 가로수길 등에서 볼 수 있는 것처럼 단독주택이나 꼬마빌딩을 상업시설로 활용하는 경향도 강해질 것입니다. 관악구 봉천동의 샤로수길에서 벌어진, 토지주와 건물주, 상인들이 지역주택조합과 맞붙은 갈등이 보여주듯, 어떤 지역이 '핫플레이스'가 되면 재건축과 재개발은 어려워집니다. 이렇게 단독주택이나 꼬마빌딩의 재건축이 점점 어려워지다 보니, 서초구와 강남구 곳곳에 남아 있는 빌라들

서초구 서초동의 교보타워사거리 서남쪽에 있던 단독
주택의 철거 전(▲)과 후(▶). 이 단독주택은 1974년
지어졌는데, 지금은 철거하고 3층짜리 꼬마빌딩을 세
웠습니다. 물론 그 꼬마빌딩에는 가게들이 입점해 있
습니다. 이처럼 작은 필지를 있는 그대로 활용해 꼬마
빌딩을 세우고 상업시설로 활용하는 것이 최근의 재
건축 트렌드입니다. 2018년 6월/2019년 3월

강남구 논현동의 단독주택을 상업시설로 활용한 사례. 2018년 6월

강남구 논현동의 2층짜리 건물. 이 자그마한 건물의 가격이 2025년 현재 82억 원에 달합니다. 그 가격과 주변 필지들의 활용 현황을 보건대, 다른 건물들과 묶여 재건축되는 대신, 현재 필지만을 재활용한 꼬마빌 딩으로 개발될 가능성이 커 보입니다. 2024년 7월

서초구 잠원동의 간장게장골목에 있는 단독주택의 변신 전(▲)과 후(▼). 이 단독주택은 꼬마빌딩으로 재건축하는 대신, 앞쪽에 붙어 있던 상업시설을 철거하고 주차장을 놓으면서, 주거시설로 되돌아갔습니다. 2024년 4월/2024년 10월

1977년 준공된 강남구 대치동의 아람연립(▲)과 1978년 준공된 서초구 양재동의 흥국연립(▼). 2021년 1월/2019년 8월

강남구 역삼동의 건물. 원래 연립주택이었던 것 같으나, 내부 공간을 개조해 상업시설을 다수 입점시켰습니다. 다양한 방식의 재건축과 재개발이 진행되는 강남 3구에서도 특이한 경우입니다. 도시의 풍경을 다채롭게 하는 흥미로운 시도라고 하겠습니다. 2019년 12월

이 우선적으로 재건축될 것으로 보입니다. 이런 식으로 조금씩 재건축이 진행된다면, 도시경제학자 에드워드 글레이저Edward Glaeser가 《도시의 승리》에서 주장했던 것처럼, 건물들의 다양성이 확보되어 결과적으로 복합도시로서 강남 3구의 기능이 강화될 것입니다.

　한편 평지에 자리한 단독주택이나 빌라 지역을 묶어서 재개발하는 과정도 쉽지 않아 보입니다. 강남 3구의 외곽에 해당하는 서초구 방배동의 이수단지에서 재건축을 추진할 때 얼마나 많은 갈등이 빚어졌는지를

《문헌학자의 현대 한국 답사기》에서 살펴보았습니다. 그 사업성 높다는 강남구의 대치동 구마을도 일부만 아파트단지로 바뀌었습니다.

반면 1982년 지금의 서초구 반포동에 준공된 쉐라톤서울팔래스강남 호텔이 2021년 철거된 데서 보듯, 개발 사업을 추진하기 쉬운 곳에서는 건물이 낡지 않았어도 큰 문제가 되지 않습니다. 물론 호텔 부지 재개발도 난항을 겪고 있는데, 최근에는 아파트단지 대신 실버타운을 짓는다는 안이 나오기도 했습니다.[1] 이처럼 강남 지역에서 재건축과 재개발은 점점 더 어려워지고 있습니다.

경부고속도로는 지하화될 수 있을까

강남의 두 번째 문제는 강남 한복판을 가로지르는 경부고속도로 고가도로의 존재입니다. 철로나 고가도로를 지하화하자는 논의가 끊임없이 이어지고 있고, 이에 맞춰 행정과 정치 분야에서 무책임한 주장이 던져지고는 합니다. 하지만 2024년 22대 총선 직후 국회입법조사처는 비용적 관점에서 철도 지하화에 신중을 기해야 한다는 내용의 보고서를 발표했습니다. 건설 업계는 서울 시내의 철도 지하화에만 100조 원이 들거라며 우려했습니다.[2] 최근 서울시가 또다시 철도 지하화를 주장하며 25조 6000억 원이면 충분하다고 설명했는데, 현재로서는 경제적인 관점과 무관한 정치적인 어젠다라고 판단하는 것이 좋겠습니다.[3]

일례로 경부고속도로 가운데 경기도 화성시의 동탄신도시를 관통하는 1.2킬로미터 구간이 4,806억 원의 예산을 들여 지하화되었습니다.[4] 이 사업의 경우 동탄신도시 건설 당시부터 여유 공간을 마련해놨기 때문에 가능했습니다. 바꿔 말해 도로와 도시 사이의 간격이 조밀한 다른 지역에 이 모델을 적용하기는 쉽지 않습니다. 도로를 사용하는 동시에 지하화하려면 동탄신도시의 경우보다 더 큰 비용이 들 것이기 때문에, 확실한 수익 모델이 제시되어야 합니다.

게다가 이 사업은 동탄신도시 관통 구간을 전면 지하화하는 게 아니라 일부만 지하화하고, 나머지 지상 구간을 직선화하는 것이었습니다. 비슷한 사업이 강남 지역에서도 2024년 8월에 기획재정부의 예비타당성조사를 통과했습니다. 경기도 용인시 기흥구 고매동의 기흥IC부터 서초구 양재동의 양재IC까지, 경부고속도로의 서울 진입 구간을 지하화하는 사업인데, 지상과 지하에 이중으로 도로를 건설합니다.[5]

경부고속도로 전체를 지하화하고 지상 구간을 상업 용도로 활용하거나 공원화한다는 것은 실현되기 어려운 주장입니다. 다만《한국 도시의 미래》에서 설명한 것처럼, 민간투자를 활용해 경부고속도로의 서울 강남 구간을 지하화하는 서울리니어파크 조성 계획은 여전히 실현 가능성이 크다고 생각합니다. 만약 이 사업이 실현된다면, 서초구 서초동의 진흥아파트 옆을 달리는 경부고속도로 고가차도는 사라지겠죠.

반대로 한국에서 수익성이 가장 높은 지역인 강남에서조차 경부고속도로 지하화가 실현되지 못한다면, 다른 지역에서도 사실상 실현 불가

올림픽대로 위를 덮는 덮개공원 조감도. 고터·세빛관광특구의 세빛둥둥섬 바로 근처인데, 시너지를 발휘할 것으로 기대됩니다.

능하다는 상식적인 결론에 도달하게 됩니다.

한편 강남과 한강 사이에 놓인 올림픽대로는 제방 기능을 수행하고 있습니다. 이것은 경인선, 경부선, 경원선 철도가 놓이던 20세기 초부터 교통 인프라가 수행해온 전통적인 역할입니다. 이런 기능을 하는 올림픽대로를 지하화하고 시민들의 한강 접근성을 높이겠다는 공약이 선거철마다 끊이지 않습니다. 이는 사정을 모르고 하는 말이거나, 알면서도 현실을 무시하는 공허한 주장입니다.

올림픽대로를 따라 마련된 고수부지 또한 설계 당시에는 시민들을 위한 공간이 되리라는 발상 자체가 없었습니다. 그랬다가 오늘날 뒤늦게 한강 접근성을 높이는 작업을 하려니, 쉽지 않은 것이죠.[6] 게다가 올림픽대로 지하 공간에는 폭우를 대비한 대심도 유수지를 건설할 수 있습니다. 강남에 얼마 없는, 가치 있는 지하 공간입니다. 인프라가 존재하는 근본적인 목적이나 탄생 배경을 알지 못하고 사업을 추진하면, 실현 가능성이 낮아집니다.

한편 최근 재건축이 진행 중인 서초구 반포동의 반포주공1단지와 한강지구 사이를 지나는 올림픽대로 위에 덮개를 얹는 덮개공원 구상이 제안되었습니다. 올림픽대로 전 구간에 그리하기는 어렵더라도, 강남에서는 이 구상이 실현 가능할 겁니다.[7] 2024년 말에 지정된 고터·세빛관광특구와 맞물려 꽤 괜찮은 관광 인프라가 될 것으로 기대됩니다.

누가 왜 재건축에 반대할까

강남의 세 번째 문제는 1979년 지어진 진흥아파트가 아직도 재건축되지 못하고 있다는 사실입니다. 서초구 잠원동의 신반포한신아파트, 강남구 압구정동의 압구정현대아파트와 대치동의 은마아파트, 송파구 잠실동의 잠실주공5단지 등도 마찬가지죠. 이처럼 1970년대에 지어진, 사업적 가치가 높다고 판단되는 강남 3구 아파트단지 중에 아직 재건축되지 않은 곳이 무수히 많습니다. 그다음 시기인 1980년대 지어진 송파구의 아파트단지들, 양천구의 목동신시가지, 노원구의 노원신시가지 등은 현재 재건축이 추진되고 있죠.

압구정현대아파트에서 재건축 사업이 추진 중인 지역(▲)과 엘리베이터 교체 공사가 추진 중인 지역(▼).
강남구 압구정동을 남북으로 가로지르는 언주로를 기준으로 전자는 서쪽, 후자는 동쪽입니다. 2024년 5월

재건축 방식을 둘러싸고 서울시와 갈등을 빚는 잠실주공5단지. 잠실주공5단지의 재건축은 1990년대 중반부터 추진되었는데, 2020년대 들어서야 진척되고 있습니다. 2019년 6월

　서울의 핵심 지역들도 이럴진대, 1990년대 초에 지어진 경기도의 1기 신도시 아파트단지들이 금방이라도 재건축되리라고 믿는다면, 그것은 그런 주장을 하는 정치·행정·부동산 분야의 사람들 이상으로, 그런 주장을 믿는 사람들의 책임이 크다고 생각하지 않을 수 없습니다.

　마지막, 강남의 네 번째 문제는 진흥아파트 재건축 과정에서 터져 나온 상가 소유주들의 반발입니다.[8] 현재 아파트단지 재건축조합이 상가 소유주들의 아파트 분양권을 인정하지 않으려다가 패소한 상황입니다.

상가에서는 이른바 '지분 쪼개기'가 이뤄지는 경우가 많은데, 그만큼 늘어난 상가 소유주들을 모두 인정하면 재건축 사업의 수익성이 떨어지게 되죠. 이 문제로 강남구 개포동의 개포주공1단지와 강동구 둔촌동의 둔촌주공아파트 등이 홍역을 치렀고, 강남구 대치동의 은마아파트와 서초구 잠원동의 신반포한신2차 등은 갈등을 겪는 중입니다.[9]

특히 상가 소유주들의 산정비율을 어디까지 인정하느냐 하는 문제가 법적으로 아직 완전히 결론 나지 않았습니다. 산정비율은 재건축된 아파트의 분양권과 관련된 매우 중요한 수치입니다. 아파트 분양가가 상가 권리가보다 낮아야 분양권을 받을 수 있는데, 이때 분양가를 좌우하는 게 산정비율입니다. 즉 산정비율을 조정해 분양가를 낮추면, 지분 쪼개기로 권리가가 낮아진 상태에서도, 분양권을 받기가 수월해지죠. 기존에는 이처럼 복잡한 문제를 피하기 위해 아파트단지와 상가를 분리해 재개발하는 방식이 많이 선택되었습니다.[10]

이 문제를 해결하기 위한 법적 논의가 이어지던 와중에,[11] 신반포한신2차 재건축이 진행되며 상가조합원들의 산정비율을 '1'이 아니라 '0.1'로 낮춰 잡는 일이 벌어졌습니다. 그러면 상가조합원들에 한해 분양가가 10분의 1이 되어버리는 효과가 발생하죠. 그러자 아파트조합원들이 반발하며 송사가 벌어졌고, 1심 재판부는 조합원 전원의 동의가 있어야만 산정비율을 변경할 수 있다고 판결했습니다.[12] 상가 소유주들의 반발을 달래기 위해 산정비율을 낮추는 조합들이 적지 않았는데, 이런 관례를 뒤집는 판결이 나온 것입니다.

진흥아파트 재건축을 둘러싸고 재건축조합과 갈등을 빚고 있는 상가
조합원들이 내건 현수막(▲). 2022년 5월

반포1동 재개발에 반대하는 빌라촌 주민들이 붙인 유인물(▶). 아파
트단지와 달리 빌라촌은 소유주들의 경제적 상황이 천차만별이기
때문에 재개발이 원활하지 못한 경우가 많습니다. 2024년 4월

강남구 대치동 대치현대아파트 앞의 상가건물 옆면. 대치현대아파트는 1977년 준공된 신해청아파트를 1999년에 재건축한 것입니다. 하지만 상가건물은 약간의 리모델링을 거치며 그대로 남았으니, 옆면을 보면 처음 지어졌을 때의 형태가 그대로 드러나 있습니다. 2025년 2월

　하지만 이건 어디까지나 1심 판결로, 앞으로 이 문제가 얼마나 넓고 깊게 아파트단지 재건축 사업들에 영향을 미칠지는 예측하기 어렵습니다. 그간 갈등을 방지하기 위해 관례적으로 취해온 방법을 막은 것이어서, 갈등이 다시 격화할 가능성도 있습니다. 예전처럼 아파트단지와 상가를 분리해 재건축을 추진하는 경향이 강화될지도 모르겠습니다.

　우성아파트에 둘러싸여 있던 서초구 서초동의 무지개쇼핑센터, 고덕주공6차 모퉁이에 있던 강동구 상일동의 고덕주공아파트상가 등은 주변 아파트단지들의 재건축이 끝난 뒤에도 예전 모습 그대로 남아 있습니다.[13] 이전 시기의 흔적을 간직한 도시화석이 된 것입니다. 이런 상가들은 재건축된다 하더라도, 주변 아파트단지들과 분리된 상태가 이어질

우성아파트를 재건축한 래미안서초에스티지와 그 앞의 무지개쇼핑센터. 2018년 9월

고덕주공아파트를 재건축한 고덕자이와 그 앞의 고덕주공아파트상가. 2024년 4월

것입니다. 그러면서 과거 강남의 아파트단지와 상가가 어떤 형태로 지상에 자리 잡았는지를 시각적으로 보여주게 되겠죠.

아파트단지 재건축 문제 가운데 특이한 사례로는, 강남구 도곡동의 도곡삼호아파트와 강남세브란스병원의 갈등을 꼽을 만합니다. 해당 아파트단지는 한때 여러 이유에서 병원 증축을 반대했습니다. 증축을 둘러싼 "갈등으로 주민들도 힘"드니, "차라리 병원을 다른 지역으로 옮겨 줬으면 좋겠다"라는 말까지 나왔을 정도입니다.[14] 그러다가 막상 도곡삼호아파트를 래미안레벤투스로 재건축하게 되자 분위기가 달라졌습니다. 분양이 시작된 최근에는 "병세권"이라서 가치가 높다는 말마저 흘러나오고 있죠.[15] 세상일 참 알 수 없다는 것을 새삼 느낍니다.

GTX-A 삼성역은 언제 개통될까

상가 소유주들의 산정비율 문제뿐 아니라, 최근 몇 년 사이에 급상승한 공사비 또한 아파트단지 재건축의 발목을 잡고 있습니다. 강동구 둔촌동의 둔촌주공아파트를 올림픽파크포레온으로 재건축하는 와중에 조합과 시공사가 정면충돌해 한때 공사가 중단되었던 일은 유명하죠. 강남구 청담동의 삼익아파트도 청담르엘로 재건축하다가 일시 중단된 바 있습니다.[16] 여담입니다만 둔촌주공아파트 재건축 현장에서는 노동자들이 공사 중단과 외국인 노동자 고용에 항의하는 일도 벌어졌습니다.

공사가 중단되었을 때의 둔촌주공아파트 재건축 현장. 2022년 5월

공사 중단에 항의하는 현수막(▲)과 외국인 노동자 고용에 항의하는 현수막(▼). 2022년 5월

서울과 하남시 사이의 자연녹지지역에
서 바라본 둔촌주공아파트 재건축 현장.
2022년 5월

　올림픽파크포레온과 송파구 방이동의 올림픽선수기자촌아파트 동쪽
의 자연녹지지역은, 강남과 경기도 하남시의 감북지구, 위례신도시 사이
의 완충 지대로 기능하고 있습니다. 참고로 감북지구는 하남시 감북동,
감이동, 광암동, 초이동 일대를 아우르고, 위례신도시는 송파구와 성남
시, 하남시에 걸쳐 있을 정도로 규모가 큽니다. 이처럼 거대한 택지지구
와 강남 사이에 낀 자연녹지지역은 곳곳에서 비닐하우스 농업이 이뤄지
거나 공업용 가건물이 지어지는 등 난개발되고 있습니다. 강남에 얼마
남지 않은 개발 가능 지역 가운데 하나인 이곳을 어떻게 개발해 주변
지역과 연담화할지 주목됩니다.

　한편 공사비 문제로 난항을 겪고 있는 것은 아파트단지뿐이 아닙니다.
강남 내부, 또는 강남과 외부를 잇는 교통망 건설도 공사비가 증가하면

　　　　　　　　　　　　　　　　　　　　　　　　　　4부 | 강남의 미래

서울과 하남시 사이의 자연녹지지역에서 바라본 올림픽선수기자촌아파트. 2024년 5월

서 속도가 늦어지거나 좌초되고 있습니다. 우여곡절을 겪고 있는 위례신사선이 대표적인 사례입니다. 해당 노선은 위례신도시와 서울 핵심부를 이을 계획이었는데, 연계 예정이던 용산구 한강로동의 용산국제업무지구 개발이 무산되고[17] 공사비가 상승하자, 시행을 맡았던 GS건설 컨소시엄(강남메트로)이 공식적으로 사업을 포기했습니다.[18]

그러자 서울시는 위례신사선을 민간투자사업에서 재정사업으로 전환하겠다고 기획재정부에 신청했습니다. 이럴 경우 예비타당성조사를 거쳐야 하는데, 수익이 나지 않아 민간업체가 포기한 사업이 과연 해당 절차를 통과할 수 있을지 지켜봐야겠습니다.[19] 결과적으로 광역교통부담금을 지불한 위례신도시 입주민들만 안타깝게 된 상황입니다. 트램이 다닐 위례선의 공사 현장에 적혀 있던 한 시민의 낙서가 그 심정을 반영

위례신사선 착공이 늦어지는 데 항의하는 낙서(▲)와 재정사업 전환 시 예비타당성조사 면제를 주장하는 현수막(▼). 2024년 11월/2025년 1월

하는 듯했습니다.

어떤 철도 전문가는 강남구 수서동의 GTX-A 수서역에서 위례신도시로 뻗어가는 지선을 부설하는 게 현실적인 방안일 수 있다고 이야기하더군요. 한 가지 다행인 점은, 위례신도시를 만들 때 계획한 두 개의 노선 가운데 위례과천선은 순조롭게 부설될 듯하다는 것입니다.

GTX-A·C가 통과할 삼성역이 포함된, 강남구 삼성동의 영동대로 지하공간 복합개발 사업도 공사비 증액 문제로 진행이 더딘 상황입니다. 이 때문에 한때 2025년으로 계획되었던 GTX-A의 완공일은 2028년으로 미뤄졌고, 심지어 2029년이라는 말까지 나오고 있습니다.[20] 저는 넉넉잡아 2030년대는 되어야 GTX-A 삼성역이 완전 개통할 것이라고 봅니다. 다만 설사 삼성역을 무정차 통과하더라도, 그 전에 GTX-A의 북쪽 구간과 남쪽 구간이 연결되면 좋겠다고 생각하고 있습니다.

강남이 아닌 경기도, 또는 서울에 인접한 경기도를 답사하다 보면, 강남까지 10분대, 20분대, 30분대에 도착한다는 캐치프레이즈를 내걸고 개발 사업을 홍보하는 지자체나 건설사를 자주 봅니다. 이들의 바람이 이뤄지려면 GTX-A 삼성역 등이 빨리 지어져야 할 텐데, 공사비가 너무 크게 오르면서 쉽지 않은 상황이 이어지고 있습니다.

원래 교통망 건설은 계획이 크게 바뀌는 경우도 많고, 계획은 수립되었지만 준공이 늦어지는 경우도 많습니다. 가령 수도권전철의 원래 구상은 지금과 매우 달랐습니다. 현재는 3호선이 강남구를 관통하고, 4호선은 서초구와 동작구 사이를 지납니다. 하지만 1972년에 확정되었다가 1975년에 뒤집어진 최초의 계획에 따르면, 원래는 4호선이 강남구를 관통할 예정이었습니다.[21]

또 2호선은 원래 영등포역을 지나는 단선으로 부설될 예정이었습니다. 그런데 구자춘 서울시장이 3핵 도시를 건설하기 위해, 일본 도쿄의 순환선인 야마노테선山手線처럼 2호선을 순환선으로 짓자고 주장하고 나섰습니다.[22] 또 무슨 이유에선지 1호선과 경부선이 지나던 영등포역 대

강남까지 10분 거리라고 주장하는 현수막. 관악구의 어느 아파트단지에서 발견했습니다. 2020년 4월

강남까지 20분 거리라고 주장하는 광고판. 경기도 파주시 동패동의 GTX-A 운정중앙역 근처 아파트단지 건축 현장에서 발견했습니다. 2023년 5월

강남까지 30분 거리라고 주장하는 현수막. 경기도 화성시 진안동의 1호선 병점역 인근에서 발견했습니다. 참고로 GTX-C는 전 구간이 재정 지원을 받지 못하는 민자사업으로 추진됩니다. 따라서 공사비 상승 등 외부 요인에 굉장히 취약합니다. 아직 착공조차 못 한 이유입니다. 2024년 4월

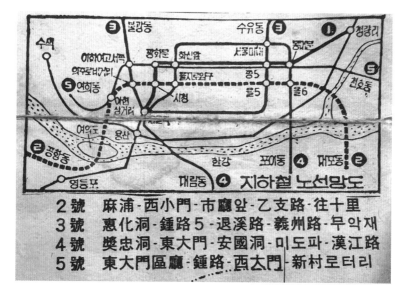

지금과는 전혀 다른 형태의 수도권전철 구상. 1972년 간행된 〈새로 나온 우리나라 지도〉의 일부입니다. 2호선은 '마포-서소문-시청-을지로-왕십리'를, 3호선은 '혜화동-종로5가-퇴계로-의주로-무악재'를, 4호선은 '장충동-동대문-안국동-미도파-한강로'를, 5호선은 '동대문구청-종로-서대문-신촌로터리'를 지날 예정이었습니다. 저자 소장

신 1호선만 지나던 신도림역에 2호선을 정차시키자고도 했습니다. 당시 신도림역은 행정구역상 영등포역과 마찬가지로 영등포구에 포함되어 있었을 뿐, 주변은 황량한 벌판에 불과했는데 말이죠. 이 때문에 1호선과 2호선이 교차하게 된 신도림역 주변은 지금처럼 개발되었고, 영등포역은 교통의 요지로서의 기능을 많이 상실했습니다. 이 과정이 구자춘 서울시장의 개인적인 구상, 내지 고집에서 비롯되었다는 사실은 황당함을 안깁니다.

그러니 정부나 지자체 그리고 토목 사업을 시행하는 기업이 교통망에 관해 주장하는 내용들은 부디 보수적으로 판단해 잘 걸러 듣길 바랍니다. 서울시 건설국장으로 수도권전철의 초기 구상에 관여한 김명년 씨는 최근의 지하철 건설 사업에 대해 다음과 같이 비판했습니다. "큰일을 할 때에는 대통령하고 책임자하고 그다음에 기술 문제 해결할 책임자하고 3자가 박자가 맞아야" 하는데, "현재 우리나라 사람은 터트리려 그러지 박자를 맞추려는 사람은 없"다고 말이죠.[23] 선거 때마다 정치인과 행정가들이 교통망과 관련해 앞뒤 맞지 않는 공약을 던지는 행태에 대한 비판일 터입니다.

이들 정치인과 행정가들이 교통망에 관해 주장하는 내용을 액면 그대로 받아들여서 본인의 인생 계획을 세우는 것만큼 위험한 일은 없습니다. 위례신사선처럼 착공도 안 한 건 아니지만, 2025년에 GTX-A가 완전히 개통해 삼성역을 이용할 수 있다는 말을 믿고 집을 마련했다가 낭패 본 사람들을 한두 명 만나본 게 아닙니다.

어느 지역에 주목해야 할까

강남에서 최초로 개발된 곳은 영동1지구를 계승한 서초구였습니다. 그다음이 영동2지구를 계승한 강남구 그리고 강북에서 강남으로 넘어온 잠실지구를 중심으로 하는 송파구 순이었죠. 그 뒤에 상공부단지와 총무처단지 이전 논의 등에 힘입어 강남구가 가장 부촌으로 부상했습니다. 강남구 중에서도 압구정동과 삼성동이 특히 부촌으로 알려져 있죠.

하지만 원래는 제3한강교(지금의 한남대교)와 연결된, 즉 지금의 서초구 반포동, 잠원동, 양재동과 강남구 신사동, 역삼동 등을 중심지로 건설할 예정이었다고 합니다. 압구정동은 외져서 수요가 없는 지역이었다 보니 서울시가 "할 수 없이" 시범주택을 짓고 현대그룹이 아파트와 백화점을 지었던 것인데, 결과적으로 그러면서 영동지구 최초의 상권이 형성되었습니다. 또 상공부단지 계획이 발표되자, 상공부에 핵심적인 역할을 부여하기 위해 삼성동 중심으로 개발을 추진할 수밖에 없었습니다.[24] 강남구 북쪽의 외진 지역과 동쪽의 치우친 지역이 이렇게 해서 강남구의 중심이 되었던 것입니다.

오늘날에도 강남 3구를 대표하는 지역으로서 압구정동과 삼성동을 중심으로 하는 강남구를 떠올리는 시민들이 많을 터입니다. 하지만 강남구의 위상이 영원하리라는 보장은 없습니다. 현재 송파구와 서초구가 다시 두각을 드러내고 있죠. 아파트단지 재건축뿐 아니라 비아파트지구 재건축과 재개발까지, 그 진행 속도가 강남구보다 빠르기 때문입니다. '반포 자이'라는 말이 유행어처럼 쓰이는 데는 이런 현실이 반영되어 있습니다.[25] 물론 압구정현대아파트로 대표되는, 1970년대 지어진 강남구의 아파트단지들이 재건축을 시작하면 이런 판도는 또 바뀌겠죠.

결국 강남 3구의 주요 아파트단지들은 평준화될 것이고, 그 후에는 개인의 취향에 맞춰 분화될 것으로 예상됩니다. 서초동의 법조단지로 상징되는 서초구, 삼성동의 코엑스와 강남역으로 상징되는 강남구, 신천동의 롯데월드타워와 잠실동의 석촌호수로 상징되는 송파구는 서로 매우 다른 특성을 가지고 있습니다. 이처럼 개성 강한 강남 3구 가운데 어느 지역을 선택할지는 각 시민의 인생관에 따라 갈릴 것입니다.

미시적으로 본다면 강남구 대치동의 미래가 특히 주목됩니다. 대치동은 개포동 및 수서동과 더불어 영동지구 개발 당시 후 순위로 밀렸던 곳입니다. 한마디로 외곽 지역이었죠. 그렇다 보니 강남의 다른 지역들에 비해 개발이 늦어지면서 이곳에 강북의 학교들이 옮겨왔고,[26] 학원가도 형성되었습니다. 참고로 한국에서 학원가는 임대료가 저렴하고 도로 사정이 좋지 않은 외곽 지역에 자리 잡아 사람들을 끌어모으면서, 결과적으로 그 지역의 가치를 높이는 기능을 해왔습니다. 대치동도 이런 궤적을 밟아 부촌으로 성장했고요. 하지만 교육열로 표현되는 계급 상승 가능성이 줄어들면서,[27] 학군과 학원으로 우위를 다져온 이 지역의 위상에 변화가 일어날 가능성이 생겼습니다.

한편 강남 3구에 남아 있는 마지막 개발 가능 지역인 그린벨트와 자연녹지지역을 어떻게 활용할지도 주목할 만합니다. 그린벨트는 원래 안보적 목적을 띠고 설정되었습니다. 그 결과 재산권을 크게 침해하는 이 제도가 수십 년간 이어질 수 있었습니다. 이렇게 공익을 내세워 재산권을 침해해온 그린벨트를, 정부와 서울시는 개발할 택지가 필요할 때마다 곶감 빼 먹듯 해제하는 과정을 되풀이했습니다. 자연스레 강남 도심에서의 재건축과 재개발이 갈수록 어려워지는 상황에서 마지막 남은 개발 가능 지역으로 눈을 돌리게 될 것입니다. 2024년 8월 8일 발표된 그린벨트 해제 지역에 서초구 서리풀지구가 포함된 것도 그런 사례 가운데 하나입니다.[28] 서리풀지구는 청계산 북쪽 기슭의 서초구 원지동, 신원동, 염곡동, 내곡동, 우면동에 걸쳐 있는데, 벌써 주민들이 반발하고 있다고 하죠.[29] 재건축이든 재개발이든 택지개발이든 재산권을 침해하면 안 된다는 자본주의의 대원칙을 존중하는 것이, 정부의 힘이 아닌 민간의 힘으로 성장해온 강남의 미래를 보장하는 길입니다.

한편 강남구가 서초구와 만나는 신사동의 가로수길이나 간장게장골목 같은 3호선 신사역 주변의 상권은 팬데믹 때도 불황을 겪지 않았습니다. 그 힘든 시기를 굳건히 버텨낸 곳이었건만, 최근 들어 임대 안내문이 부쩍 늘었습니다. 건물을 통임대한다는 안내문까지 보이는 걸로 봐서 상황이 예사롭지 않은 듯합니다.

이와 더불어 강남에 본사를 두는 기업들이 늘고 있다는 사실은 강남과 한국의 미래를 예측하는 데 결정적인 실마리가 됩니다. 서초구 양재동에 본사를 두고 강남구 삼성동에 글로벌비즈니스센터를 짓는 현대자동차그룹, 서초구 반포동의 강남고속버스터미널에 자리한 신세계그룹의 지주회사 ㈜신세계, 송파구 신천동의 롯데월드타워에 본사를 둔 롯데그룹, 강남구 역삼동의 삼성타운에 자리한 삼성생명과 삼성전자, 강남구 도곡동의 원래 삼성타워 부지였던 곳에 들어선 타워팰리스 바로 옆으로 본사를 옮긴 우미건설 등 앞으로도 이런 추세는 계속될 것으로 예상됩니다.

그린벨트가 해제될 예정인 서초구 서리풀지구에 남은 단독주택. 1983년 지어졌
습니다. 2023년 11월

가로수길에서 마주친 임대 안내문(▲)과 통임대 안내문(▼). 최근의 좋지 못한 경기가 강남 3구의 상업 부동산 시장에도 영향을 미치는 듯합니다. 2024년 4월

강북 사대문과 용산, 영등포와 여의도, 강남의 3핵이 서울의 원동력으로 기능하던 시절이 있었습니다. 하지만 강북 사대문의 미래가 사실상 야외 박물관으로 설정되고 있는 상황 그리고 강북과 인천을 이어주는 결절점으로서 영등포 원도심의 기능이 약화하고 있는 상황이 맞물리면서, 결국 용산과 여의도가 분리되지 않은 하나의 핵으로 합쳐질 것입니다. 그리고 강남 3구가 수행하는 복합 기능은 반도체산업을 따라 확장 강남의 주요 도시들과 공유될 터입니다. 이에 따라 서울은 3핵에서 2핵으로 재편될 것이고, 그중에서도 강남과 확장 강남의 도시들은 초광역적으로 연결되어 한국의 중심으로 자리매김할 것입니다.

코엑스 옆에 세워진 싸이의 〈강남스타일〉 '말 춤' 동상. 싸이는 한 일간지와의 인터뷰에서 이 동상에 대해 "과하다고 생각해요. 손만 해놓은 것도 뭔가 웃겨요. (…) 세금으로 동상을 세우는 게 감사하지만 너무 과하다는 생각을 했어요"라고 밝혔습니다. 2021년 6월

코엑스의 동쪽 광장에는 한때 세계적으로 히트한 싸이의 노래 〈강남 스타일〉과 관련된, 두 손이 교차하는 모양의 동상이 놓여 있습니다. 해당 곡의 안무 중 유명한 '말 춤'을 형상화한 것이죠. 저는 한국 사회에서 결정권을 가진 사람들이 이런 촌스러운 발상을 하고 실행하는 것만 막아내도 강남의 미래는 더욱 아름다워질 것이라고 믿습니다.

주

프롤로그 | 우리는 왜 강남에 주목하는가

1   〈서울시 토지거래허가제 축소 나선 이유, "삼성동·잠실 GBC 완공 멀었는데 5년째 거래 묶였다"〉, 《조선비즈》, 2024년 12월 20일.

2   〈강남3구·용산구 아파트 전체 토지거래허가구역으로 묶는다(종합)〉, 《연합뉴스》, 2025년 3월 19일.

3   서울역사박물관, 《대치동》, 서울역사박물관, 2018년, 24쪽.

4   서울특별시사편찬위원회, 《서울의 하천》, 서울특별시사편찬위원회, 2000년, 382~386쪽.

1장 그 많던 농민들은 어디로 갔을까: 농촌 시절의 강남 풍경

1   〈광주군 언주면에서 시흥에 편입 진정〉, 《조선일보》, 1939년 5월 28일; 〈언주면을 시흥군에 면의서 편입 결의〉, 《조선일보》, 1952년 11월 21일.

2   〈압구정동, 1978년 4월 20일〉, 《매일경제》, 2015년 7월 14일.

3   손택수, 《어떤 슬픔은 함께 할 수 없다》, 문학동네, 2022년, 90쪽.

4   〈전도(全道)에 전개된 계몽전선 9〉, 《동아일보》, 1934년 8월 19일.

5   〈행상 여인 중태-머리에 도끼 자국〉, 《조선일보》, 1967년 2월 17일.

6   〈한낮의 소란 간 곳 없고 수많은 생령 삼키고도 말없는 한강〉, 《조선일보》, 1962년 9월 8일; 〈익사자수 30명으로 추산〉, 《동아일보》, 1962년 9월 8일.

7   〈익사자수 30명으로 추산〉, 《동아일보》, 1962년 9월 8일; 〈물도 상처는 씻지 못했다-나루터 참변의 주인공들〉, 《조선일보》, 1962년 9월 9일.

8   〈대혼잡 이룬 나루터〉, 《조선일보》, 1962년 9월 14일.

9   〈숱한 목숨 앗은 한남동-잠실리 간 제3한강교를 가설〉, 《경향신문》, 1962년 9월 12일.

10 강남구청, 《강남구지》, 강남구청, 1993년, 444쪽.

11 〈시흥군 반포 잠실 양리-야채 재배 증산〉, 《매일신보》, 1933년 12월 23일.

12 〈신동야채조합 신동에서 창립〉, 《동아일보》, 1933년 12월 26일.

13 〈영등포 채소 피해〉, 《동아일보》, 1936년 8월 14일.

14 서울역사박물관, 《강남 이야기로 보다》, 서울역사박물관, 2009년(a), 108~109쪽.

15 〈서울의 농촌 5 영동·묵동 배밭마을〉,《동아일보》, 1975년 11월 15일.

16 서울역사박물관, 앞의 책, 2009년(a), 188~193쪽.

17 〈서초동 꽃마을이 사라진다〉,《중앙일보》, 1991년 9월 1일.

18 〈감자 심어 보리고개 극복〉,《조선일보》, 1957년 3월 1일.

19 〈회사등기〉,《매일경제》, 1969년 7월 16일.

20 〈한국화훼협 이전〉,《경향신문》, 1983년 2월 23일.

21 서울역사박물관, 앞의 책, 2009년(a), 192쪽.

22 〈서초동 꽃마을이 없어진다〉,《조선일보》, 1980년 6월 20일.

23 〈서초동 '꽃마을' 또 불〉 및 〈가건물 주민-지주 대립 계속〉,《조선일보》, 1992년 5월 29일.

24 〈전기조차 끊긴 "난민 생활 9개월"〉,《경향신문》, 1989년 12월 26일.

25 〈싼시장안내 9 꽃〉,《매일경제》, 1982년 4월 27일; 〈강남으로 이사간 꽃시장〉,《동아일보》, 1983년 7월 30일.

26 〈양재동에 대규모 꽃단지〉,《동아일보》, 1990년 2월 8일.

27 〈꽃 생산 유통 등 체계화〉,《경향신문》, 1984년 6월 11일.

28 〈김상철 시장집 정원 524평 그린벨트밭 무단 형질변경〉,《동아일보》, 1993년 3월 3일; 〈김상철 서울시장 경질〉,《한겨레》, 1993년 3월 5일.

29 서울역사박물관, 앞의 책, 2009년(a), 258~259쪽.

30 내무부,《새마을운동길잡이》, 내무부, 1975년, 991쪽.

31 위의 책, 495~502쪽.

32 서초구청,《서초구지》, 서초구청, 1991년, 148쪽.

33 〈관악산 주변 1백만평 임야에 맘모스 유원지〉,《조선일보》, 1969년 9월 24일.

34 〈관악 컨트리클럽 개장〉,《동아일보》, 1967년 8월 26일.

35 손정목,《서울 도시계획 이야기 4》, 한울, 2003년(d), 81~125쪽.

36 강남구청, 앞의 책, 1993년, 154쪽.

37 서울역사박물관,《건설시대의 서울》, 서울역사박물관, 2015년(a), 311쪽.

38 서울역사박물관, 앞의 책, 2009년(a), 167쪽.

39 서울특별시사편찬위원회,《동명연혁고 강남구편》, 서울특별시사편찬위원회, 1987년, 72쪽.

40 〈취락구조개선준공〉,《조선일보》, 1978년 11월 1일.

41 〈취락개선지구에 투깃군 몰려〉,《동아일보》, 1978년 7월 28일.

42 〈"구청 직원 말 들었다가 집 날렸다"〉,《조선일보》, 1994년 11월 15일.

43 서울특별시사편찬위원회, 앞의 책, 1987년, 155~156쪽.

44 서초구청, 앞의 책, 1991년, 122쪽.

45 서울특별시사편찬위원회,《동명연혁고 강동구편》, 서울특별시사편찬위원회, 1986년, 275쪽.

46 김세민,〈광주관아와 선정비〉,《경기학 광장》 5호, 2020년, 109쪽.

47 〈토박이가 전하는 송파이야기〉,《지역내일》, 2007년 9월 30일.

48 〈가든파이브 이주 청계천 상인들 '절망'〉,《국민일보》, 2015년 9월 30일.

49 〈학교 부지 위 판자촌, 잠원 나루마을…"떠나면 어딜가나"〉,《파이낸셜뉴스》, 2023년 1월 30일.

50 〈잠원동 성당 소개〉, 2013년 10월 2일, 천주교 잠원동 성당, https://cafe.daum.net/jwcatholic/
    W7DM/9

51 강남구청, 앞의 책, 1993년, 604~605쪽.

52 〈2024년 건설사 시공능력평가 순위(도급 순위) TOP 100〉, 딜매치, https://dealmatch.kr/ei/
    constructor-rating

53 서울특별시사편찬위원회, 앞의 책, 1987년, 141쪽.

54 〈인류애의 화신, 김씨〉,《동아일보》, 1923년 4월 2일.

55 〈사회사업하는 이방자 여사〉,《조선일보》, 1967년 12월 21일.

56 〈칠천원 경비드려 흥동학교를 개축〉,《조선일보》, 1936년 9월 2일; 서울역사박물관, 앞의 책, 2009년
    (a), 102~103쪽.

57 〈양계촌을 건설-난 판매대금은 공동저금〉,《동아일보》, 1932년 1월 28일.

58 〈고 김주용 선생 기념비 제막식〉,《매일신보》, 1942년 10월 13일.

59 〈승격된 흥동학교 기념식과 운동회〉,《조선일보》, 1939년 9월 26일.

60 〈크로스와드 현상모집〉,《동아일보》, 1926년 8월 20일.

61 〈승격된 흥동학교 기념식과 운동회〉,《조선일보》, 1939년 9월 26일.

62 〈학교연혁〉, 서울신중초등학교, https://sinjung.sen.es.kr/136612/subMenu.do

63 〈우량농가표창〉,《조선일보》, 1955년 9월 11일.

2장 첫 삽을 뜨다: 대전환기의 열망을 품은 영동지구

1 손정목,《서울 도시계획 이야기 1》, 한울, 2003년(a).

2 朴光賢,〈朴興植による「南ソウル都市計画 (1961)」に関する研究-計画内容とその意義について〉,《日本建
   築学会技術報告集》30권 76호, 2024년.

3 김의원,《실록 건설부》, 경인문화사, 1996년(b), 28쪽.

4   성남문화원, 《성남 모란의 과거와 미래》, 성남문화원, 2009년.

5   花形道彦, 〈民営鉄道による住宅地開発の構造-1910年~1960年-〉, 《土地総合研究》 14권 1호, 2006년,
    13~25쪽.

6   대한국토·도시계획학회, 《이야기로 듣는 국토·도시계획 반백년》, 보성각, 2009년, 346~347쪽.

7   손정목, 《한국 도시 60년의 이야기 2》, 한울, 2005년(b), 37~38쪽.

8   건설부, 〈수도권정비기본계획(건설부 고시 254호)〉, 《관보》 9790호, 1984년 7월 11일.

9   정주영, 《시련은 있어도 실패는 없다》, 제삼기획, 2001년, 106쪽.

10 박철수, 《박철수의 거주 박물지》, 집, 2017년, 210쪽.

11 손정목, 앞의 책, 2005년(b), 223쪽.

12 손정목, 《서울 도시계획 이야기 3》, 한울, 2003년(c), 158~160쪽.

13 〈긴급 도강 시설 확보〉, 《조선일보》, 1971년 12월 31일; 손정목, 앞의 책, 2003년(a), 222~223쪽.

14 김의원, 앞의 책, 1996년(b), 67쪽.

15 서울역사박물관, 《건설시대의 서울》, 서울역사박물관, 2015년(a), 102~103쪽.

16 공보부, 《실현되는 또 하나의 민족의 꿈 고속도로 서울~부산》, 공보부, 1968년, 53쪽.

17 박철수, 앞의 책, 2017년, 210쪽. 그 외 《갈등도시》 참조할 것.

18 〈압구정·여의도 어쩌나? 국방부 "초고층 아파트 재건축하면 대공방어진지 만들어야"〉, 《조선비즈》,
    2024년 12월 10일.

19 〈압구정 아파트지구 특별계획구역 4 재건축〉, 가람건축, http://www.garam.net/%EC%95%95%EA%
    B5%AC%EC%A0%95-%EC%95%84%ED%8C%8C%ED%8A%B8%EC%A7%80%EA%B5%
    AC-%ED%8A%B9%EB%B3%84%EA%B3%84%ED%9A%8D%EA%B5%AC%EC%97%AD-4-
    %EC%9E%AC%EA%B1%B4%EC%B6%95/

20 〈서울 하늘지기의 24시간〉, 2009년 12월 21일, 아미누리, https://armynuri.tistory.com/132

21 〈인적 드문 헌인릉에 왜? 경찰 "국정원 촬영 中관광객 거짓 진술 수사"〉, 《조선일보》, 2024년 11월 11일.

22 〈수도방위사령부 방문한 오세훈 시장〉, 《연합뉴스》, 2022년 12월 19일.

23 대한국토·도시계획학회, 앞의 책, 2009년, 79쪽.

24 김의원, 앞의 책, 1996년(b), 53~54쪽.

25 대한국토·도시계획학회, 앞의 책, 2009년, 129쪽.

26 김의원, 앞의 책, 1996년(b), 54쪽.

27 〈서울 강남 개발 20년 "전원 도시의 꿈" 사라진 현장 3 무계획이 낳은 "기형 시가"〉, 《동아일보》, 1986년
    3월 5일.

28 〈서초동 국군사령부 부지개발 '임박'…내년 1분기 '첫삽' 뜬다〉, 《이데일리》, 2024년 11월 11일.

29 손정목, 《한국현대도시의 발자취》, 일지사, 1988년, 280쪽; 손정목, 앞의 책, 2018년, 2005년(b), 289쪽; 권도엽 외, 《국토교통정책의 역사적 변동과 전망》, 문우사, 2015년, 107쪽.

30 〈치수치도〉, 《조선일보》, 1967년 11월 21일.

31 정주영, 앞의 책, 2001년, 106쪽.

32 이명박, 《신화는 없다》, 김영사, 2005년, 115쪽.

33 〈박정희 정권 핵개발 책임자 오원철 전 수석, 30년 만에 입 열다〉, 《주간조선》, 2010년 1월 12일.

34 〈정주영의 꿈…현대, 30년 만에 다시 우주 로켓 개발 뛰어든다〉, 《조선비즈》, 2023년 7월 26일.

35 〈서울 새살림 '71 7 신시가지 개발 (상) 강남을 육속화〉, 《경향신문》, 1971년 1월 15일.

36 손정목, 《한국 도시 60년의 이야기 1》, 한울, 2005년(a), 210쪽.

37 서울역사박물관, 《대경성부대관》, 서울역사박물관, 2015년(b), 138~145쪽.

38 〈도시건축 분야 선구적 연구기관 'HURPI' 주제로 심포지엄 열려〉, 《건축사신문》, 2023년 11월 29일.

39 목천건축아카이브 외, 《HURPI 구술집: 1964-1967》, 마티, 2022년, 114쪽.

40 〈'제일생명 4거리' 이름을 지켜라〉, 1998년 4월 27일.

41 〈'서울의 낙도' 영등포 편입 지구〉, 《조선일보》, 1971년 7월 11일.

42 〈고속도변의 잇딴 강·절도-주민들 불안에 떨어〉, 《조선일보》, 1969년 11월 9일.

43 〈우리마을 새살림 8 한강변에 고도 도시〉, 《경향신문》, 1968년 1월 22일.

44 〈여기에 행정 역점을 5 영동출장소〉, 《경향신문》, 1973년 7월 10일.

45 〈일부 지역 환지 공고〉, 《조선일보》, 1970년 11월 22일.

46 〈2024 강남집중 리포트〉, 《서울경제》, 2024년 10월 10~28일.

47 서울역사박물관, 앞의 책, 2015년(a), 318쪽.

48 〈땅값은 제멋대로 3 남부 서울〉, 《매일경제》, 1966년 6월 23일; 〈기지개하는 수도권에 부동산바람 (상) 봉은사 일대〉, 《경향신문》, 1970년 1월 22일.

49 〈땅값은 제멋대로 3 남부 서울〉, 《매일경제》, 1966년 6월 23일; 〈일부 지역 환지 공고〉, 《조선일보》, 1970년 11월 22일; 〈서울 강남 개발 20년 '전원도시의 꿈' 사라진 현장 3 무계획이 낳은 '기형 시가'〉, 《동아일보》, 1986년 3월 5일.

50 〈'강남 부동산 붐 1세대' 장한평농지조합 멤버들 비사〉, 《일요신문》, 2003년 8월 10일; 〈역사속으로 사라진 전설적인 땅부자 1세대-1960년대 초에 한강 남쪽 논밭 사들인 이북 출신 상인들의 안목〉, 《월간조선》, 2016년 7월; 서울역사박물관, 《강남 이야기로 보다》, 서울역사박물관, 2009년(a), 265~266쪽.

51 손정목, 앞의 책, 2003년(c).

52   서울역사박물관, 앞의 책, 2009년(a), 147쪽.

53   위의 책, 118쪽, 166쪽.

54   위의 책, 94~96쪽.

55   〈서울의 농민 35,395명〉, 《경향신문》, 1976년 1월 10일.

56   〈일부 지역 환지 공고〉, 《조선일보》, 1970년 11월 22일.

57   손정목, 앞의 책, 2003년(c).

58   서울역사박물관, 앞의 책, 2015년(a).

59   〈여적〉, 《경향신문》, 1975년 6월 30일; 〈실효없는 인구분산정책에 춤추는 강남 땅값〉, 《경향신문》, 1975년 8월 7일.

60   〈제2서울 건설 강남 땅-50~60%를 공공용지로〉, 《경향신문》, 1970년 1월 22일.

61   〈새서울 백지계획-무궁화 형역으로〉, 《경향신문》, 1966년 8월 11일; 송파구청, 《송파구지》 송파구청, 1994년, 368~371쪽.

62   〈새서울 청사진 4 강남지구 개발〉, 《경향신문》, 1966년 1월 7일.

63   행정연구회, 《대한민국 지방행정구역편람》, 창문각, 1963년, 60쪽; 서울특별시사편찬위원회, 《동명연혁고 강남구편》, 서울특별시사편찬위원회, 1987년, 235쪽.

64   〈나의 집 설계〉, 《매일경제》, 1971년 2월 13일.

65   서울특별시사편찬위원회, 《동명연혁고 강동구편》, 서울특별시사편찬위원회, 1986년, 315쪽.

66   〈서울의 미래상 25 프롤로그〉, 《매일경제》, 1968년 2월 3일.

67   국토개발연구원, 《수도권정비기본계획(안)》, 1979년, 9쪽.

68   위의 글, 13쪽.

69   위의 글, 21쪽.

70   국토개발연구원, 《수도권기능 재배치에 관한 기초연구-서울 대도시권을 중심으로-》 국토개발연구원, 1980년, 180~182쪽.

71   〈대서울의 기틀마련〉, 《경향신문》, 1966년 8월 12일.

72   〈영동제2지구중심 남서울개발 확정〉, 《동아일보》, 1970년 11월 5일; 〈영동 지구에 부도심권〉, 《매일경제》, 1970년 11월 5일; 〈영동 지구에 서울 부도심〉, 《조선일보》, 1970년 11월 6일.

73   〈'세계의 서울' 전철화〉, 《매일경제》, 1971년 1월 1일.

74   〈새 기원 여는 만원 서울〉, 《경향신문》, 1971년 1월 1일.

75   손정목, 앞의 책, 2005년(a), 235쪽.

76   〈지하철 4개 노선 확정 '수도 새 동맥' 부상〉, 《동아일보》, 1970년 11월 16일.

77 〈영동 지구 2천원 뛰고 말죽거리는 값 떨어져〉, 《매일경제》, 1970년 11월 21일; 〈부동산〉, 《매일경제》, 1971년 2월 6일.

78 〈4년째 묶인 '마이 홈'의 꿈〉, 《매일경제》, 1973년 11월 15일.

79 〈영동 지구 삼성동 일대에 매기〉, 《매일경제》, 1975년 2월 3일.

80 〈'상공택지' 분양 안해〉, 《조선일보》, 1975년 3월 18일.

81 〈6만평 확보 추진-수출상품 전시관 부지로〉, 《매일경제》, 1976년 2월 19일.

82 〈시립병원 주변 땅값 상승-삼성동 일대〉, 《매일경제》, 1976년 1월 24일; 〈아파트 건립 등 개발 본격화-삼성동 일대〉, 《매일경제》, 1976년 3월 23일.

83 〈'임대주택' vs '기업 유치' 결론 나나… 강남 서울의료원 사업계획 용역 마무리〉, 《시장경제》, 2024년 2월 1일.

84 〈"105층 대신 '54층 삼둥이' 빌딩"…현대차 삼성동 GBC 새 설계안 보니〉, 《매일경제》, 2025년 2월 21일.

85 〈2개 부도심 기능별 개발〉, 《경향신문》, 1975년 3월 4일.

86 〈서울시청 영동 이전〉, 《조선일보》, 1975년 8월 5일.

87 〈서울은 초만원 (完) 도시개발정책 측면〉, 《경향신문》, 1972년 10월 3일.

88 건설부, 〈서울특별시 인구분산대책 의견〉, 1975년.

89 〈다시 이는 강남 토지 붐〉, 《매일경제》, 1975년 8월 8일; 강남구청, 《강남구지》, 강남구청, 1993년, 198쪽.

90 〈"영동에 시청 안 옮겨"〉, 《조선일보》, 1975년 8월 12일.

91 서울특별시사편찬위원회, 앞의 책, 1987년, 123쪽.

92 〈서울시청 이전 계획 초장부터 파란〉, 《동아일보》, 1980년 2월 26일.

93 〈건평 2만평 새서울청사〉, 《동아일보》, 1980년 2월 13일.

94 〈새 시청 한국 고유미 살려 짓는다〉, 《조선일보》, 1980년 2월 19일.

95 〈서울시청 이전 계획 초장부터 파란〉, 《동아일보》, 1980년 2월 26일.

96 〈정책 누설에 투기 바람〉, 《경향신문》, 1980년 2월 13일; 〈강남구 서초-삼성동 일대 세무원 상주… 투기 조사〉, 《조선일보》, 1980년 2월 13일; 〈'시청 이전 누설' 전면 수사〉, 《경향신문》, 1980년 3월 6일.

97 〈이전 백지화 조치 따라 시청·법원청사 예정지 땅값 크게 내려〉, 《경향신문》, 1982년 5월 14일; 《경향신문》, 〈삼성동 시청 제2청사부지 2만평 도시계획 폐지키로〉, 1982년 6월 15일.

98 〈사법부·검찰 강남 이전 81년까지 새 종합청사〉, 《경향신문》, 1977년 2월 14일.

99 〈서초동 타운 공직자 "투기 1번지"〉, 《동아일보》, 1993년 4월 9일.

100 〈서초동 법조타운-공직자 '투기 1번지'〉 및 〈땅값 20년새 만배 폭등〉, 《동아일보》, 1993년 4월 9일.

101 〈투기혐의 31명 고발〉, 《동아일보》, 1990년 7월 26일; 〈비닐하우스 투기 7명 영장〉, 《조선일보》, 1990년

7월 31일; 〈비닐하우스 주민에도 투기꾼 많다〉, 《동아일보》, 1990년 7월 31일; 〈강제로 제거한 당국의 '목엣가시'〉《경향신문》, 1992년 9월 25일.

102 〈불탄 꽃마을 "복구" "철거" 대립〉, 《조선일보》, 1988년 10월 27일.

103 〈포이동, 화재 이어 가건물 기습철거 "발 뺐고 잘 권리도 없나"〉, 《경향신문》, 2011년 8월 12일.

104 〈서초동 꽃마을 이재민 88경비대로 집단 이주〉, 《한겨레》, 1988년 11월 1일.

105 〈8학군 아파트 분양 사기-백60명에 16억원 가로채〉, 《경향신문》, 1989년 4월 14일.

106 〈'법마을'로 변한 '꽃마을'〉, 《조선일보》, 1989년 8월 17일.

107 〈꽃마을에 불 4명 소사〉, 《경향신문》, 1992년 3월 10일.

108 〈'꽃마을' 지주에 지도층 많다〉, 《경향신문》, 1992년 10월 20일.

109 〈쪽방촌 뒤엔… 큰손 건물주의 '빈곤 비즈니스'〉, 《한국일보》, 2019년 5월 7일.

110 〈서초동 비닐하우스 8백75가구-4천명 동원 모두 철거〉, 《조선일보》, 1990년 8월 29일.

111 〈서초동 '꽃마을' 땅주인들 대다수가 정·법조계 인사〉, 《한겨레》, 1992년 10월 20일.

112 정동익, 《도시빈민연구》(5쇄), 아침, 1989년, 92~93쪽.

113 〈우리구 청사진 5 강남구-역세권 중심 개발 최우선〉, 《매일경제》, 1992년 8월 21일.

114 〈도곡동 화재민촌 158가구 6월말까지 1차 철거키로〉, 《한겨레》, 1993년 5월 16일.

115 〈도곡동 행정타운 조성 사실상 무산〉, 《동아일보》, 1993년 8월 5일.

116 〈도곡동 체비지 아파트 건립〉, 《매일경제》, 1994년 9월 8일.

117 〈도곡동 체비지 삼성 낙찰〉, 《동아일보》, 1994년 11월 5일; 〈서울 노른자위 도곡동 체비지 삼성그룹 몽땅 매입〉, 《매일경제》, 1994년 11월 5일.

118 〈강남에 100층 넘는 빌딩 선다〉, 《매일경제》, 1994년 12월 23일.

119 〈삼성 1백 2층 사옥 빌딩 디자인 첫 공개〉, 《조선일보》, 1996년 4월 17일.

120 〈삼성그룹 추진 도곡동 1백 2층 빌딩 서울시 사전검토 "대충대충"〉, 《동아일보》, 1996년 7월 9일.

121 〈서울 '스카이 라인' 바뀐다〉, 《경향신문》, 1995년 1월 23일.

122 〈구조조정에 밀려 "없던 일로"〉, 《동아일보》, 1998년 1월 22일.

123 〈삼성, 도곡동에 대규모 복합빌딩 건설〉, 《매일경제》, 1998년 5월 14일.

124 〈영동 지구 구획정리사업 끝내〉, 《매일경제》, 1982년 1월 21일; 〈영동 지구 구획정리사업 17여년만에 마무리〉, 《매일경제》, 1985년 10월 9일; 〈서울 강남 토지구획정리 23년만에 마무리〉, 《동아일보》, 1992년 1월 4일.

125 〈8년 역사 '영동 스낵카' 폐업… "서울 역사 담은 스낵카는 보존됐으면"〉, 《조선비즈》, 2020년 4월 5일.

126 〈영동스낵카를 아시나요?…미래 없는 서울미래유산〉, 채널A, 2023년 2월 6일.

3장 한강의 흐름을 바꾸다: 도시와 도시를 연결한 새 땅, 잠실지구

1 〈영동·잠실 지구 개발〉, 《경향신문》, 1970년 6월 16일.

2 강동구청, 《강동구지》, 강동구청, 2002년, 187~188쪽.

3 손정목, 《한국현대도시의 발자취》, 일지사, 1988년, 395쪽.

4 서울특별시사편찬위원회, 《동명연혁고 강동구편》, 서울특별시사편찬위원회, 1986년, 49~56쪽)

5 송파구청, 《송파구지》, 송파구청, 1994년, 199~200쪽.

6 〈뭍으로 이어진 서울의 고도 잠실〉, 《경향신문》, 1971년 4월 16일.

7 서울특별시사편찬위원회, 앞의 책, 1986년, 59쪽.

8 김의원, 《국토이력서》, 북스파워, 1997년, 52쪽.

9 홍금수, 〈쌍자취락 장호원의 형성과 변천〉, 《대한지리학회지》 53권 6호, 2018년, 885~916쪽.

10 인천시, 《인천시사 상》, 인천시, 1978년, 136~139쪽.

11 〈'잠실 지구' 개발 착공〉, 《조선일보》, 1971년 2월 18일.

12 〈뭍으로 이어진 서울의 고도 잠실〉, 《경향신문》, 1971년 4월 16일.

13 〈잠실 어파트 공사장에 낚시터〉, 《경향신문》, 1975년 6월 11일.

14 〈잠실 지구 내년 역점개발〉, 《동아일보》, 1972년 10월 28일.

15 〈잠실 개발 계획 발표-80년까지 신시가지 조성〉, 《동아일보》, 1974년 8월 1일.

16 〈다시 몰아친 토지 투기 열풍-잠실 지구〉, 《동아일보》, 1974년 8월 10일.

17 〈서민 아파아트 분양에 자가용차 장사진-잠실 지구〉, 《동아일보》, 1975년 8월 8일.

18 〈이 여름에 … 수필 릴레이 (13) 엄살떨지말자〉, 《동아일보》, 1975년 7월 30일.

19 〈잠실 지구에 교통난〉, 《동아일보》, 1976년 3월 16일; 〈교통난에 시달리는 변두리 주민 버스타기가 힘 겹다〉, 《동아일보》, 1976년 4월 17일; 〈어떻게 안됩니까? 시정대화-잠실 지구의 교통난〉, 《동아일보》, 1976년 7월 24일.

20 송파구청, 앞의 책, 1994년, 252쪽.

21 위의 책, 247쪽; 손정목, 《서울 도시계획 이야기 5》, 한울, 2003년(e), 42쪽.

22 〈'71 서울 (5) 강남·한강 개발〉, 《동아일보》, 1971년 1월 11일; 〈내년말까지 완전 도시화〉, 《조선일보》, 1971년 1월 17일.

23 손정목, 앞의 책, 2003년(e), 50쪽.

24 〈강동 지역 개발 전환기 맞아-88년 올림픽 개최 확정 따라〉, 《매일경제》, 1981년 10월 2일; 〈강동 지구 개발 붐 크게 일 듯〉, 《경향신문》, 1981년 10월 2일.

25 〈전두환 수도이전 프로젝트 '620사업' 비화〉, 《일요신문》, 2004년 7월 18일.

26 손정목, 앞의 책, 2003년(e), 25쪽.

27 〈잠실 지구 5핵 연환식으로 개발〉, 《경향신문》, 1983년 4월 6일; 〈잠실 장기개발안 발표〉, 《조선일보》, 1983년 11월 24일.

28 〈세곡·일원동 개발열기 가득〉, 《매일경제》, 1985년 12월 2일.

29 〈송파구 문정·장지동 녹지 66만평 개발 복합기능 신시가지 조성〉, 《경향신문》, 1996년 2월 9일; 〈강서 마곡, 송파 문정·장지지구-택지난 서울 '마지막 보고'〉, 《경향신문》, 1997년 11월 8일.

30 송파구청, 앞의 책, 1994년, 210쪽.

31 〈육군복지물류센터 하남 이전-미군부대 공여지가 후보지 설〉, 《교차로저널》, 2007년 4월 12일; 〈다시 군(軍)에 막힌 송파 신도시〉, 《조선일보》, 2009년 4월 22일; 〈위례신도시 개발 추진 일지〉, 《연합뉴스》, 2010년 2월 25일; 〈위례신도시 미군부지 이전 일단락… 내달 부분개통〉, 《아시아경제》, 2018년 6월 27일.

32 〈3개로 쪼개진 '분단 신도시'…위례서 '서울 편입' 빗발치는 까닭〉, 《주간조선》, 2023년 11월 19일.

33 〈6만여가구 재건축 '강남이 바뀐다'〉, 《경향신문》, 1999년 8월 13일.

34 송파구청, 앞의 책, 1994년, 467쪽.

35 〈꽃마을을 살리자〉, 《한겨레》, 1992년 11월 2일.

36 정동익, 《도시빈민연구》(5쇄), 아침, 1989년, 248쪽.

37 서울특별시사편찬위원회, 앞의 책, 1986년, 216쪽.

38 송파구청, 앞의 책, 1994년, 442쪽.

39 위의 책, 465쪽.

40 〈"강제 이주시켜놓고 나가라니…" 군사정권이 만든 불법거주민〉, 《오마이뉴스》, 2018년 10월 23일.

41 〈상도동 달동네는 왜 쓰레기산이 됐나〉, 《중대신문》, 2019년 11월 18일.

42 〈화마로 갈 곳 잃은 서초구 산청마을 이재민〉, 《한국일보》, 2010년 12월 22일.

43 〈금룡상을 받은 나루터 아저씨〉, 《조선일보》, 1968년 2월 3일.

44 〈서울 새 풍속도 126 자동차 시대 27 총아로 군림한 증기 하〉, 《경향신문》, 1971년 4월 2일.

45 〈잠실교 준공 앞둔 '숙이 아버지'〉, 《조선일보》, 1972년 1월 11일.

46 〈신천 마지막 뱃사공 김용태씨〉, 《동아일보》, 1972년 12월 29일.

47 〈대교에 잃어버린 "잠실"〉, 《조선일보》, 1972년 7월 1일.

48 이형구, 《서울 백제 수도유적 조사연구》, 태양, 2018년.

49 한성백제박물관, 《삼성동토성: 2016년 삼성동토성 추정지 시굴조사 보고서》, 한성백제박물관, 2018년.

50 이종묵, 《조선시대 경강의 별서: 동호편》, 경인문화사, 2016년, 121쪽.

51 〈삼표 풍납레미콘공장 2025년까지 이전…"풍납동 숙원 해결"〉, 《연합뉴스》, 2023년 11월 7일.

52 〈서울 한복판에 있는 요상한 모양의 이 아파트, 그럴 만한 이유가 있었네요〉,《위키트리》, 2021년 1월 25일.

53 〈5수만에…풍납토성내 재건축 길 열렸다〉,《서울경제》, 2024년 7월 15일.

54 이병호,《내가 사랑한 백제》, 다산초당, 2017년, 248~252쪽.

55 〈쇠망치에 박살나는 이 백제 초기의 유적지〉,《동아일보》, 1972년 5월 1일.

56 서울특별시사편찬위원회, 앞의 책, 1986년, 293쪽.

57 서울특별시사편찬위원회,《동명연혁고 강남구편》, 서울특별시사편찬위원회, 1987년, 106쪽.

58 위의 책, 128~133쪽; 강남구청,《강남구지》, 강남구청, 1993년, 57~58쪽.

59 〈석기시대 고인돌 한강유역선 발견〉,《경향신문》, 1947년 5월 25일.

60 서초구청,《서초구지》, 서초구청, 1991년, 136~137쪽.

61 위의 책, 181~185쪽.

62 〈국립중앙의료원 새 부지 문화재 출토 가능성… 복지부 "市가 말 안해" 서울시 "복지부 책임"〉,《조선일보》, 2015년 9월 21일.

63 한강문화재연구원,《서울 잠원동 유적》, 한강문화재연구원, 2015년.

64 〈거창 고분 발굴로 살펴본 한국 벽화 특색〉,《경향신문》, 1971년 11월 22일.

65 이경자,〈목우상의 복식 고찰〉,《복식》 2권, 1978년, 23~34쪽.

66 서초구청, 앞의 책, 1991년, 132쪽.

67 서울특별시사편찬위원회, 앞의 책, 1986년, 135~136쪽.

68 '암사선사주거지', 강동문화원, http://www.gdcc.or.kr/xe/culture/314

69 시흥군,《시흥군지 상》, 시흥군, 1988년, 570쪽.

70 〈합포성의 재조명〉,《경남도민일보》, 2010년 3월 10일.

71 〈"합포성지 문화재 지정 해제하라"〉,《국제신문》, 2017년 3월 3일.

72 〈풍납토성 3권역, 지하 2m까지 확인 뒤 정밀 발굴조사 유예키로〉,《연합뉴스》, 2022년 12월 23일.

73 서울특별시사편찬위원회, 앞의 책, 1986년, 56쪽.

74 〈서울 "강동의 남산" 고덕지구… 그 문제점과 대책〉,《경향신문》, 1982년 5월 20일.

75 감사원,〈광역교통망 구축 추진실태〉, 2023년.

76 〈강남의 투기열전〉,《경향신문》, 1970년 2월 2일.

77 〈명바람 1 웃는 자와 우는 자〉,《동아일보》, 1977년 9월 5일.

78 〈토지 사기 날로 대형화〉,《경향신문》, 1975년 3월 19일.

79 〈아파아트 수사 검찰에 맡기는 것은 "고양이에 생선가게 맡기는 격"〉,《동아일보》, 1978년 7월 6일.

80 이명박,《신화는 없다》, 김영사, 1995년, 125~126쪽.

81 위의 책, 152쪽.

82 〈호화판 어파트 건립에 주택행정 총동원〉, 《경향신문》, 1971년 10월 19일.

83 〈자연녹지 73만평 택지로〉, 《경향신문》, 1988년 5월 2일.

4장 성냥갑에서 선망의 대상으로: 아파트가 지나온 궤적

1 김광식, 《김광식 선집》, 현대문학, 2013년, 91~92쪽.

2 손정목, 《한국현대도시의 발자취》, 일지사, 1988년, 272~273쪽.

3 〈구로동에 국내 최대의 주택촌〉, 《동아일보》, 1961년 11월 3일.

4 〈서울의 하늘밑 5 화곡동〉, 《경향신문》, 1967년 2월 13일.

5 〈딴전부리는 "주택공사"〉, 《매일경제》, 1968년 7월 12일.

6 〈서울 시골 명암…도심과 변두리 11 경인 (하)〉, 《동아일보》, 1969년 11월 22일.

7 〈다시 이는 토지 매매 붐〉, 《조선일보》, 1971년 1월 16일; 〈땅값 부동산 투자의 새 양상 13 개발붐〉, 《매일경제》, 1971년 7월 21일.

8 박기범, 〈영동 시영주택의 단지 및 건축 계획적 특성에 관한 연구〉, 《대한건축학회논문집: 계획계》 23권 1호, 2007년, 99~108쪽.

9 강남구청, 《강남구지》, 강남구청, 1993년, 190쪽.

10 〈영동 지구에 세워질 단독주택 모형도〉, 《매일경제》, 1972년 5월 3일.

11 〈"혜택"에 쏠린 높은 관심〉, 《조선일보》, 1972년 5월 23일.

12 〈영동시영주택단지 준공식〉, 《조선일보》, 1972년 12월 13일.

13 〈시영주택 많이 건립토록-박대통령, 서울시청순시〉, 《경향신문》, 1972년 5월 27일.

14 〈영동 지구의 도시시설이 완비된 주택지를 값싸게 팝니다〉, 《조선일보》, 1972년 8월 31일.

15 〈지상반상회 영동 청담동 시영주택 8단지 "인구 10배 불어났는데 버스 노선은 제자리걸음"〉, 《경향신문》, 1976년 7월 27일.

16 〈남서울 구획정리사업 기공〉, 《조선일보》, 1972년 3월 7일.

17 〈10월 유신 지지〉, 《매일경제》, 1972년 11월 20일.

18 〈이수 지역 개발 급 피치-총 57만평 중 39만평 매립 승인〉, 《매일경제》, 1974년 7월 31일.

19 〈소규모 대지에 매기-일부 신흥 개발 지역〉, 《매일경제》, 1975년 10월 2일.

20 서울역사박물관, 《강남 이야기로 보다》 서울역사박물관, 2009년(a), 303~305쪽.

21 위의 책, 290쪽.

22 〈가까운 "마이홈에의 길"〉, 《매일경제》, 1973년 5월 28일; 〈땅사정 집사정 3 신흥 개발 지역의 현황〉

등),《매일경제》, 1978년 1월 6일.

23 〈인천AID보증차관 아파트 500세대 분양〉,《동아일보》, 1974년 9월 21일.

24 〈반포차관아파트 당첨자 발표〉,《경향신문》, 1973년 7월 11일.

25 〈서민 위한 차관 아파트 부유층 여름별장으로〉,《조선일보》, 1975년 5월 3일.

26 김의원,《실록 건설부》, 경인문화사, 1996년(b), 102쪽.

27 〈추첨 다액 신청자순〉,《매일경제》, 1973년 6월 7일.

28 〈미비 시설에 입주 통고〉,《조선일보》, 1973년 11월 22일.

29 〈부동산 패트롤 18 아파트 단지-반포 지구〉,《매일경제》, 1977년 6월 11일.

30 〈신반포수원아파트 오픈〉,《매일경제》, 1980년 1월 19일자.

31 박병주,〈아파트 건설과 주택사업〉,《주택》 8권 1호, 1967년.

32 박철수,《마포주공아파트》, 마티, 2024년, 27쪽, 71쪽.

33 김의원, 앞의 책, 1996년(b), 102쪽; 김의원,《국토백상》, 경인문화사, 1996년(a); 박철수, 앞의 책, 2024
    년, 217쪽.

34 위의 책, 83쪽, 257쪽.

35 손정목, 앞의 책, 1988년, 282쪽.

36 대한국토·도시계획학회,《이야기로 듣는 국토·도시계획 반백년》, 보성각, 2009년, 212쪽.

37 〈"남의 놀이터 오면 도둑" 외부 어린이들 신고한 주민회장〉,《연합뉴스》, 2021년 11월 9일.

38 〈제3한강교~영동교 일대 50만평 아파아트단지 지정〉,《동아일보》, 1975년 9월 16일.

39 〈잠실·반포 등 한강변 11개 지역 아파트 지구로 지정〉,《경향신문》, 1976년 8월 24일.

40 권도엽 외,《국토교통정책의 역사적 변동과 전망》, 문우사, 2015년, 163쪽.

41 서울역사박물관,《건설시대의 서울》, 서울역사박물관, 2015년(a), 294~298쪽.

42 〈제3한강교~영동교 일대 50만평 아파아트단지 지정〉,《동아일보》, 1975년 9월 16일.

43 〈잠실·반포 등 한강변 11개 지역 아파트 지구로 지정〉,《경향신문》, 1976년 8월 24일.

44 〈착공 않는 아파아트 지구 주공·업자 등에 건설 대행-건설부 검토〉,《동아일보》, 1977년 10월 15일.

45 〈재산권 소홀히 취급〉,《매일경제》, 1975년 10월 10일.

46 〈땅바람 1 웃는 자와 우는 자〉,《동아일보》, 1977년 9월 5일.

47 김무얼,〈골프장 부지를 마련하는 두 가지 방법〉,《나라경제》 3월호, 2014년.

48 〈여적〉,《경향신문》, 1975년 6월 30일.

49 손정목,《한국 도시 60년의 이야기 1》, 한울, 2005년(a), 232쪽.

50 강남구청,《강남구지》, 강남구청, 1993년, 185쪽.

51 박철수, 《박철수의 거주 박물지》, 집, 2017년, 249쪽.

52 서초구청, 《서초구지》, 서초구청, 1991년, 125쪽; 〈탐방/서울 서초구 '반포본동아파트'〉, 아파트관리신문 2011년 2월 28일.

53 박철수, 《마포주공아파트》, 마티, 2024년, 170쪽.

54 〈スタ_ハウスの全て〉, 公団ウォ_カ_, https://codan.boy.jp/star/index.html

55 송파구청, 《송파구지》, 송파구청, 1994년, 374쪽.

56 〈서울시·토개공·주공 대치·양재·개포동 일원 대규모 택지 조성〉, 《매일경제》, 1981년 2월 10일.

57 〈청담르엘 옆 아크로삼성, '1대1 재건축' 선택 결과는?〉, 《비즈니스워치》, 2024년 8월 22일.

5장 길 위에 서면 경제가 보인다: 강남을 먹여 살리는 교통과 산업

1 〈광주 금광 구내서 광부 이명 사상〉, 《동아일보》, 1933년 5월 18일.

2 〈사회 각 기관에 이천원을 희사〉, 《조선일보》, 1936년 12월 15일.

3 〈한강 백사장에 노다지?〉, 《조선일보》, 1962년 12월 21일; 〈한강 백사장에 "노다지"의 꿈〉, 《조선일보》, 1963년 1월 12일.

4 〈한강 유역 채석 작업 공영사에 금지 조치〉, 《조선일보》, 1963년 2월 14일.

5 〈삼표산업 풍납공장 이전되나…업계 2위 위태위태〉, 《시사포커스》, 2017년 11월 2일.

6 〈黃海道谷山に亞ぐ, 百萬坪の大重石鑛, 始興郡新東面で發見, 試掘に成功近近着手〉, 《朝鮮新聞》, 1935년 1월 16일.

7 서울특별시사편찬위원회, 《동명연혁고 강남구편》, 서울특별시사편찬위원회, 1987년, 157쪽.

8 서울특별시사편찬위원회, 《동명연혁고 강동구편》, 서울특별시사편찬위원회, 1986년, 36~40쪽; 강동구청, 《강동구지》, 강동구청, 2002년, 364~367쪽.

9 국토개발연구원, 〈수도권정비기본계획(안)〉, 1979년, 16쪽.

10 이병철, 《호암자전》, 나남출판, 2014년, 366~367쪽.

11 〈"경인 지구 종합 건설" 새해에 조사 착수〉, 《동아일보》, 1963년 12월 27일.

12 〈수도권 인구 재배치 세부지침 확정〉, 《경향신문》, 1978년 1월 24일.

13 〈수도권 새 전철 내년 착공〉, 《경향신문》, 1978년 6월 2일; 〈수도권 전철 체제로 84km 복선화〉, 《조선일보》, 1978년 6월 3일; 〈수도권 7개 철도 복선 전철화〉, 《조선일보》, 1978년 9월 28일.

14 〈수도권 남부순환 철도 18개 역 확정〉, 《조선일보》, 1983년 9월 15일.

15 〈지하철 3호선 연장 구간 도시계획 변경안을 공고〉, 《동아일보》, 1983년 10월 4일.

16 〈청계천 섬유류 업소 "강남"으로 이전〉, 《조선일보》, 1978년 5월 18일.

17 〈서초동에 섬유 단지 조성〉, 《경향신문》, 1979년 4월 3일.

18 〈도심 부적격 시설 1천5백여 점포 기능별로 자율 이전 추진〉, 《경향신문》, 1980년 1월 9일.

19 서울특별시사편찬위원회, 《서울의 시장》, 서울특별시사편찬위원회, 2007년, 350쪽.

20 〈강남구 서초동 시외버스 터미널 부지 "재산 피해"…철회진정 소유주들〉, 《조선일보》, 1978년 3월 17일.

21 〈경부고속도로 개통이 몰고오는 천리길 새바람 (1) 재계의 고속도로 전략〉, 《경향신문》, 1970년 7월 1일.

22 〈유신고속 영동정류소 개설〉, 《경향신문》, 1975년 8월 5일.

23 〈2030 몰리더니 '초대박'…'3조 잭팟' 최초 기록 쓴 백화점〉, 《한국경제》, 2023년 12월 31일.

24 서울역사박물관, 《건설시대의 서울》, 서울역사박물관, 2015년(a), 81쪽.

25 〈진로, 양재동 화물터미널부지 매각〉, 《매일경제》, 1997년 4월 14일; 〈진로 1조2,000억 자구노력〉, 《한국일보》, 1997년 4월 15일.

26 〈'오욕의 땅' 양재동 복합물류센터 '진로부터 파이시티까지'〉, 《조선비즈》, 2012년 4월 25일; 〈1조 이익에 눈멀어 무리한 추진… 결국 1조 넘는 빚더미에〉, 《경향신문》, 2012년 4월 25일.

27 〈'1조원 애물단지'가 '물류 랜드마크'로…파이시티' 11년의 영욕〉, 《머니투데이》, 2016년 7월 1일; 〈하림, '사연 많은' 양재동 부지…개발로 '숙원' 푼다〉, 《비즈니스워치》, 2020년 9월 9일; 〈하림, 양재에 7조 투자 '도시첨단물류단지' 짓는다〉, 《인포스탁데일리》, 2023년 12월 27일.

28 〈잠원동에 아파아트 대단지〉, 《동아일보》, 1975년 6월 27일; 〈육로 서울의 새 관문 남부 개발 호재 등장〉, 《매일경제》, 1975년 10월 31일.

29 〈[사진은 말한다] 공터의 차력사, 1977년 11월 2일〉, 《매일경제》, 2021년 8월 9일.

30 손정목, 《한국 도시 60년의 이야기 1》, 한울, 2005년(a), 238쪽.

31 〈"여기 서울 맞아요?"…30년째 허름한 '이곳', 왜〉, SBS 2024년 4월 6일.

6장 거시적으로 보다: 확장 강남과 대서울권 시대

1 〈잠실에 종합유통센터 이달 착공〉, 《경향신문》, 1986년 6월 4일.

2 〈석촌호수 위 '매직아일랜드' 롯데는 부지 사용료로 얼마를 낼까〉, 《경향신문》, 2022년 8월 21일.

3 오쿠노 쇼, 오현정 옮김, 《신격호의 도전과 꿈》, 나남출판, 54~61쪽.

4 롯데지주, 《열정은 잠들지 않는다》, 나남출판, 375~376쪽.

5 〈신세계, 파라마운트사와 '스타베이시티' 조성…2029년 개장 목표〉, 《조선일보》, 2024년 10월 10일.

6 〈악취 진동 농수로, 쌀 먹거리 안전 위협〉, 《김포신문》, 2021년 9월 1일.

7 〈모래밭에 새 도심 심는 잠실대교-수도권 대형화 급피치〉, 《경향신문》, 1972년 1월 25일; 〈강남의 부도심-잠실도 개발〉, 《동아일보》, 1971년 2월 17일.

8 〈'한강의 델터' 잠실 지구-내년말까지 완전 도시화〉, 《조선일보》, 1971년 1월 17일.

9 손정목, 《서울 도시계획 이야기 3》, 한울, 2003년(c).

10 손정목, 《한국 도시 60년의 이야기 1》, 한울, 2005년(a), 238쪽.

11 안건혁, 《분당에서 세종까지》, 한울, 2020년, 90쪽.

12 〈본사 취재망이 알아본 주요 도시의 땅값·집값〉, 《동아일보》, 1977년 4월 12일.

13 〈체비지 2만6천평 롯데에 헐값 매각〉, 《한겨레》, 1988년 7월 13일.

14 〈활주로 3도 틀고 허가난 제2롯데…그 뒤에 어떤 비밀이?〉, YTN 2016년 6월 14일.

15 〈동서울터미널 현대화 사업, 임시부지 갈등 지속…"유지 vs 반대"〉, 《이데일리》, 2024년 7월 30일.

16 〈'세종시를 워싱턴처럼'…대통령집무실·세종의사당 설계 본격화〉, 《연합뉴스》, 2025년 1월 21일.

17 〈정부청사 떠나고… 지역 상권 '와르르'〉, 《경기신문》, 2014년 12월 7일; 〈"과천 안에서 '직·주·생' 해결… 자족도시 기반 쌓겠다"〉, 《조선일보》, 2023년 6월 2일.

7장 미시적으로 보다: 재건축과 재개발의 변수들

1 〈500억 아파트 무산된 반포 팰리스 호텔 땅에 '최고급 실버타운' 추진〉, 《땅집고》, 2024년 12월 19일.

2 〈'100조' 철도 지하화 사업성 확보 가능할까…"천문학적 비용 우려"〉, 《머니투데이》, 2024년 5월 28일.

3 〈서울 지상철도 68km 지하화…'제2의 연트럴파크' 만든다〉, 《연합뉴스》, 2024년 10월 23일.

4 〈경부고속도 첫 지하 구간 28일 개통… 동탄 1·2신도시 연결〉, 《한국일보》, 2024년 3월 25일.

5 〈화성·서울 지하도로 예타 통과…5호선 연장 예타 대상 선정〉, 《연합뉴스》, 2024년 8월 22일.

6 서울역사박물관, 《건설시대의 서울》, 서울역사박물관, 2015년(a), 131쪽.

7 〈올림픽대로 위 서울 첫 '덮개공원' 어디에 생기나?〉, 《내 손안에 서울》, 2024년 6월 10일.

8 〈'갈 길 급한데'…재건축 조합, 상가에 줄줄이 발목〉, 《시사저널》, 2024년 12월 19일.

9 〈'상가와 갈등' 봉합 … 은마 재건축 탄력〉, 《매일경제》, 2023년 4월 30일; 〈"억대 수입 수두룩"…재건축 임박한 '강남 최대 재래시장' 은마상가〉, 《조선일보》, 2023년 8월 17일.

10 〈더 이상 소수가 아닌 상가 재건축〉, 《머니투데이》, 2023년 11월 20일.

11 〈"상가 지분 쪼개기 막자" 개정안 논의하는 사이… 쪼갠 상가 26개나 팔렸다〉, 《조선비즈》, 2023년 7월 5일.

12 〈신반포2차에 '설마' 하던 일이 터졌다-재건축 상가들에 불똥 떨어졌네〉, 《매일경제》, 2025년 1월 10일.

13 〈126억 → 70억으로 '뚝'…재건축 '알박기'로 헐값된 흉물 상가〉, 《뉴스1》, 2024년 4월 10일.

14 〈"세대당 20억원?" 강남세브란스병원, 재건축 기다리는 도곡 삼호아파트와 갈등〉, 《조선비즈》, 2017년 2월 22일.

15 〈지하철 멀고 단지 작아도…모든 걸 상쇄하는 '강남'〉,《비즈니스워치》, 2024년 8월 2일.

16 〈'공사비 갈등'에…청담 르엘 재건축, 공사 중단 위기〉,《연합뉴스》, 2024년 6월 17일.

17 〈[위례신도시 개발계획 확정] 송파~강북도심 1시간 → 20분대로 단축〉,《한국경제》, 2008년 7월 31일.

18 'GS건설, 위례신사선 포기한 이유? "공사비 증액 요청 서울시가 거부"〉,〈땅집고〉(유튜브), 2024년 6월 11일.

19 〈"부실한 위례신사선 민자 공고…서울市, 사업지연 자초"〉,《철도경제》, 2024년 12월 4일.

20 〈GTX-A 2025년 전 구간 개통, 사실상 불가능〉,《조선일보》, 2023년 8월 20일; "삼성역 미개통' GTX-A 원인은…"시장의 오판이 빚은 반쪽 개통"〉,〈땅집고〉(유튜브), 2025년 1월 11일.

21 송파구청,《송파구지》, 송파구청, 1994년, 233~235쪽; 서울역사박물관,《건설시대의 서울》, 서울역사박물관, 2015년(a), 300~301쪽.

22 위의 책, 38~39쪽.

23 위의 책, 52쪽.

24 위의 책, 313~314쪽.

25 〈"이거 완전 '반포자이'"…10대들 유행어 뜻 봤더니 '발칵'〉,《한국경제》, 2024년 3월 28일.

26 서울역사박물관, 앞의 책, 2015년(a), 317쪽.

27 〈소득 따라 교육비 양극화…사교육이 계층이동 사다리 끊었다〉,《중앙일보》, 2024년 3월 6일.

28 〈서초 서리풀·고양 대곡 등 4곳 그린벨트 푼다…아파트 5만호 공급〉,《연합인포맥스》, 2024년 11월 5일.

29 〈서초 서리풀 그린벨트 주민 반발…"유서깊은 마을 보존해야"〉,《한국경제》, 2024년 12월 17일.

참고문헌

• 강남 개발의 흐름을 일목요연하게 살필 수 있도록 연대순으로 배열했습니다. 각종 서적과 보고서, 신문 기사의 제목만 보아도 언제 어떤 일이 벌어졌는지 알 수 있습니다.

1920년대

1923년 4월   〈인류애의 화신, 김씨〉, 《동아일보》.

1926년 8월   〈크로스와드 현상모집〉, 《동아일보》.

　　　 10월   〈독자우대 현상발표 본보 시흥지국〉, 《동아일보》.

1927년   大木春三, 《趣味の朝鮮の旅》, 朝鮮印刷株式会社.

1930년대

1932년 1월   〈양계촌을 건설-난 판매대금은 공동저금〉, 《동아일보》.

1933년 5월   〈광주 금광 구내서 광부 이명 사상〉, 《동아일보》.

　　　 12월   〈시흥군 반포 잠실 양리-야채 재배 증산〉, 《매일신보》.

　　　　　　〈신동야채조합 신동에서 창립〉, 《동아일보》.

1934년 8월   〈전도(全道)에 전개된 계몽전선 9〉, 《동아일보》.

1935년 1월   〈黄海道谷山に亞ぐ, 百萬坪の大重石鑛, 始興郡新東面で發見, 試掘に成功近近着手〉, 《朝鮮新聞》.

1936년 8월   〈영등포 채소 피해〉, 《동아일보》.

　　　 9월   〈칠천원 경비드려 흥동학교를 개축〉, 《조선일보》.

　　　 12월   〈사회 각 기관에 이천원을 희사〉, 《조선일보》.

1937년   佐脇精, 《風納里土城》, 京城電氣株式會社.

1939년 5월   〈광주군 언주면에서 시흥에 편입 진정〉, 《조선일보》.

　　　 9월   〈승격된 흥동학교 기념식과 운동회〉, 《조선일보》.

1940년대

1942년 10월 〈고 김주용 선생 기념비 제막식〉,《매일신보》.

1945년 3월 Photo Intelligence Detachment Headquarters, 〈City of Keijo, Korea〉.

1947년 5월 〈석기시대 고인돌 한강유역선 발견〉,《경향신문》.

1950년대

1952년 11월 〈언주면을 시흥군에 면의서 편입 결의〉,《조선일보》.

1954년 4월 〈소국민차지-작품특집〉,《조선일보》.

7월 〈잠실리 성심원 낙성식 성대히 거행〉,《경향신문》.

1955년 9월 〈우량농가표창〉,《조선일보》.

1957년 3월 〈감자 심어 보리고개 극복〉,《조선일보》.

1960년대

1961년 11월 농사원,《농사교도》4권 6호.

〈구로동에 국내 최대의 주택촌〉,《동아일보》.

1962년 9월 〈익사자수 30명으로 추산〉,《동아일보》.

〈한낮의 소란 간 곳 없고 수많은 생령 삼키고도 말없는 한강〉,《조선일보》.

〈물도 상처는 씻지 못했다-나루터 참변의 주인공들〉,《조선일보》.

〈숱한 목숨 앗은 한남동-잠실리 간 제3한강교를 가설〉,《경향신문》.

〈대혼잡 이룬 나루터〉,《조선일보》.

〈늘어나는 서울의 판도-넓이 일약 갑절로〉,《조선일보》.

12월 〈한강 백사장에 노다지?〉,《조선일보》.

1963년 〈대서울20년도시계획 최신서울특별시전도〉, 인창서관.

행정연구회,《대한민국 지방행정구역편람》, 창문각.

1월 〈한강 백사장에 "노다지"의 꿈〉,《조선일보》.

2월 〈한강 유역 채석 작업 공영사에 금지 조치〉,《조선일보》.

12월 〈"경인 지구 종합 건설" 새해에 조사 착수〉,《동아일보》.

1964년 《20세기 한국대관》, 동아출판사.

3월 〈위험지대 3 나룻배 뚝섬 봉은사〉,《경향신문》.

1965년 〈대한민국조감도〉, 계림양행.

1966년 1월 〈새서울 청사진 4 강남지구 개발〉,《경향신문》.

6월 〈땅값은 제멋대로 3 남부 서울〉, 《매일경제》.

8월 〈새서울 백지계획-무궁화 형역으로〉, 《경향신문》.

〈대서울의 기틀마련〉, 《경향신문》.

1967년 건설부, 〈서울·인천 특정지역 건설계획 조사보고서: 제6차 한강 다목적댐 능곡도시계획〉.

2월 〈서울의 하늘밑 5 화곡동〉, 《경향신문》.

〈행상 여인 중태-머리에 도끼 자국〉, 《조선일보》.

6월 박병주, 〈아파트 건설과 주택사업〉, 《주택》 8권 1호.

8월 〈관악 컨트리클럽 개장〉, 《동아일보》.

11월 〈치수치도〉, 《조선일보》.

12월 〈사회사업하는 이방자 여사〉, 《조선일보》.

1968년 공보부, 《실현되는 또 하나의 민족의 꿈 고속도로 서울~부산》, 공보부.

1월 〈우리마을 새살림 8 한강변에 고도 도시〉, 《경향신문》.

2월 〈서울의 미래상 25 프롤로그〉, 《매일경제》.

〈금룡상을 받은 나루터 아저씨〉, 《조선일보》.

3월 〈강남의 하이킹 코스-강북산 금족 아쉬움 달래줄 하이커들을 위한 가이드〉, 《조선일보》.

7월 〈딴전부리는 "주택공사"〉, 《매일경제》.

1969년 서울시, 〈여의도 및 한강연안개발계획〉.

7월 〈회사등기〉, 《매일경제》.

9월 〈관악산 주변 1백만평 임야에 맘모스 유원지〉, 《조선일보》.

11월 〈고속도변의 잇딴 강·절도-주민들 불안에 떨어〉, 《조선일보》.

〈서울 시골 명암…도심과 변두리 11 경인 (하)〉, 《동아일보》.

1970년대

1970년 〈우리나라 전도〉, 협신출판사.

1월 〈제2서울 건설 강남 땅-50~60%를 공공용지로〉, 《경향신문》.

〈일부 지역 환지 공고〉, 《조선일보》.

2월 〈강남의 투기열전〉, 《경향신문》.

6월 〈영동·잠실 지구 개발〉, 《경향신문》.

7월 〈경부고속도로 개통이 몰고오는 천리길 새바람 (1) 재계의 고속도로 전략〉, 《경향신문》.

11월 〈영동제2지구중심 남서울개발 확정〉, 《동아일보》.

〈영동 지구에 부도심권〉, 《매일경제》.

〈영동 지구에 서울 부도심〉, 《조선일보》.

〈지하철 4개 노선 확정 '수도 새 동맥' 부상〉, 《동아일보》.

〈영동 지구 2천원 뛰고 말죽거리는 값 떨어져〉, 《매일경제》.

〈대곡로 내년 마련〉, 《경향신문》.

1971년 1월 〈새 기원 여는 만원 서울〉, 《경향신문》.

'세계의 서울' 전철화〉, 《매일경제》.

〈'71 서울 (5) 강남·한강 개발〉, 《동아일보》.

〈서울 새살림 '71 7 신시가지 개발 (상) 강남을 육속화〉, 《경향신문》.

〈다시 이는 토지 매매 붐〉, 《조선일보》.

〈'한강의 델터' 잠실 지구-내년말까지 완전 도시화〉, 《조선일보》.

2월 〈부동산〉, 《매일경제》.

〈나의 집 설계〉, 《매일경제》.

〈강남의 부도심-잠실도 개발〉, 《동아일보》.

〈'잠실 지구' 개발 착공〉, 《조선일보》.

4월 〈서울 새 풍속도 126 자동차 시대 27 총아로 군림한 중기 하〉, 《경향신문》.

〈뭍으로 이어진 서울의 고도 잠실〉, 《경향신문》.

〈한강변에 펼치는 '동부 서울'〉, 《조선일보》.

7월 〈'서울의 낙도' 영등포 편입 지구〉, 《조선일보》.

〈땅값 부동산 투자의 새 양상 13 개발붐〉, 《매일경제》.

10월 〈호화판 어파트 건립에 주택행정 총동원〉, 《경향신문》.

11월 〈거창 고분 발굴로 살펴본 한국 벽화 특색〉, 《경향신문》.

12월 〈긴급 도강 시설 확보〉, 《조선일보》.

1972년 〈새로 나온 우리나라 지도〉, 인창서관.

〈서울약도〉, 인창서관.

〈체비지 매각 안내도〉(국토발전전시관 소장).

1월 〈잠실교 준공 앞둔 '숙이 아버지'〉, 《조선일보》.

〈모래밭에 새 도심 심는 잠실대교-수도권 대형화 급피치〉, 《경향신문》.

3월 〈남서울 구획정리사업 기공〉, 《조선일보》.

5월 〈쇠망치에 박살나는 이 백제 초기의 유적지〉, 《동아일보》.

〈영동 지구에 세워질 단독주택 모형도〉, 《매일경제》.

〈영동 시영주택〉, 《경향신문》.

〈"혜택"에 쏠린 높은 관심〉, 《조선일보》.

〈시영주택 많이 건립토록-박대통령, 서울시청순시〉, 《경향신문》.

7월 〈대교에 잃어버린 "잠실"〉, 《조선일보》.

8월 〈영동 지구의 도시시설이 완비된 주택지를 값싸게 팝니다〉, 《조선일보》.

10월 〈서울은 초만원 (완) 도시 개발 정책 측면〉, 《경향신문》.

〈잠실 지구 내년 역점개발〉, 《동아일보》.

11월 〈서울다와지는 서울〉, 《경향신문》.

〈10월 유신 지지〉, 《매일경제》.

12월 〈영동시영주택단지 준공식〉, 《조선일보》.

〈신천 마지막 뱃사공 김용태씨〉, 《동아일보》.

1973년 대통령비서실, 《새마을》, 대통령비서실.

5월 〈가까운 "마이홈에의 길"〉, 《매일경제》.

6월 〈추첨 다액 신청자순〉, 《매일경제》.

7월 〈여기에 행정 역점을 5 영동출장소〉, 《경향신문》.

〈반포차관아파트 당첨자 발표〉, 《경향신문》.

〈나룻배 침몰 8명 익사〉, 《경향신문》.

8월 〈영동에 새로 등장한 영동시장〉, 《조선일보》.

11월 〈4년째 묶인 '마이 홈'의 꿈〉, 《매일경제》.

〈미비 시설에 입주 통고〉, 《조선일보》.

1974년 건설부, 〈서울시내 고층건축물 실태조사보고서〉.

대통령비서실, 《새마을》, 대통령비서실.

서울시, 〈잠실지구종합개발기본계획〉.

7월 〈이수 지역 개발 급 피치-총 57만평 중 39만평 매립 승인〉, 《매일경제》.

8월 〈잠실 개발 계획 발표-80년까지 신시가지 조성〉, 《동아일보》.

〈다시 몰아친 토지 투기 열풍-잠실 지구〉, 《동아일보》.

9월 〈인천AID보증차관 아파트 500세대 분양〉, 《동아일보》.

1975년 건설부, 〈서울특별시 인구분산대책 의견〉.

내무부, 《새마을운동 길잡이》, 내무부.

대통령비서실, 《새마을》, 대통령비서실.

서울시, 〈서울시 인구소산계획 시안〉.

2월 〈영동 지구 삼성동 일대에 매기〉, 《매일경제》.

3월 〈2개 부도심 기능별 개발〉, 《경향신문》.

〈잠실 땅 10여만평 사춰〉, 《경향신문》.

〈'상공택지' 분양 안해〉, 《조선일보》.

〈토지 사기 날로 대형화〉, 《경향신문》.

5월 〈서민 위한 차관 아파트 부유층 여름별장으로〉, 《조선일보》.

6월 〈잠실 어파트 공사장에 낚시터〉, 《경향신문》.

〈잠원동에 아파아트 대단지〉, 《동아일보》.

〈여적〉, 《경향신문》.

7월 〈이 여름에 ⋯ 수필 릴레이 (13) 엄살떨지말자〉, 《동아일보》.

8월 〈유신고속 영동정류소 개설〉, 《경향신문》.

〈서울시청 영동 이전〉, 《조선일보》.

〈실효없는 인구분산정책에 춤추는 강남 땅값〉, 《경향신문》.

〈서민 아파아트 분양에 자가용차 장사진-잠실 지구〉, 《동아일보》.

〈다시 이는 강남 토지 붐〉, 《매일경제》.

〈"영동에 시청 안 옮겨"〉, 《조선일보》.

9월 〈제3한강교~영동교 일대 50만평 아파아트단지 지정〉, 《동아일보》.

10월 〈소규모 대지에 매기-일부 신흥 개발 지역〉, 《매일경제》.

〈재산권 소홀히 취급〉, 《매일경제》.

〈육로 서울의 새 관문 남부 개발 호재 등장〉, 《매일경제》.

11월 〈서울의 농촌 5 영동·묵동 배밭마을〉, 《동아일보》.

1976년 제1무임소장관실, 《수도권인구재배치계획(기본구상)》.

1월 〈서울의 농민 35,395명〉, 《경향신문》.

〈시립병원 주변 땅값 상승-삼성동 일대〉, 《매일경제》.

2월 〈6만평 확보 추진-수출상품 전시관 부지로〉, 《매일경제》.

3월 〈잠실 지구에 교통난〉, 《동아일보》.

〈아파트 건립 등 개발 본격화-삼성동 일대〉, 《매일경제》.

4월 〈교통난에 시달리는 변두리 주민 버스타기가 힘겹다〉, 《동아일보》.

7월 〈어떻게 안됩니까? 시정대화-잠실 지구의 교통난〉, 《동아일보》.

〈지상반상회 영동 청담동 시영주택 8단지 "인구 10배 불어났는데 버스 노선은 제자리걸음"〉, 《경향신문》.

8월 〈잠실·반포 등 한강변 11개 지역 아파트 지구로 지정〉, 《경향신문》.

1977년 2월 〈사법부·검찰 강남 이전 81년까지 새 종합청사〉, 《경향신문》.

   4월 〈본사 취재망이 알아본 주요 도시의 땅값·집값〉, 《동아일보》.

   6월 〈부동산 패트롤 18 아파트 단지-반포 지구〉, 《매일경제》.

   9월 〈땅바람 1 웃는 자와 우는 자〉, 《동아일보》.

   10월 〈착공 않는 아파아트 지구 주공·업자 등에 건설 대행-건설부 검토〉, 《동아일보》.

1978년 내무부, 《새마을운동-시작에서 오늘까지》, 내무부.

   대통령비서실, 《새마을》, 대통령비서실.

   1월 〈땅사정 집사정 3 신흥 개발 지역의 현황〉, 《매일경제》.

       〈수도권 인구 재배치 세부지침 확정〉, 《경향신문》.

   3월 〈강남구 서초동 시외버스 터미널 부지 "재산 피해"… 철회진정 소유주들〉, 《조선일보》.

   5월 〈청계천 섬유류 업소 "강남"으로 이전〉, 《조선일보》.

   6월 〈수도권 새 전철 내년 착공〉, 《경향신문》.

       〈수도권 전철 체제로 84km 복선화〉, 《조선일보》.

   7월 〈아파아트 수사 검찰에 맡기는 것은 "고양이에 생선가게 맡기는 격"〉, 《동아일보》.

       〈취락개선지구에 투깃군 몰려〉, 《동아일보》.

   9월 〈수도권 7개 철도 복선 전철화〉, 《조선일보》.

   10월 이경자, 〈목우상의 복식 고찰〉, 《복식》 2권.

   11월 〈취락구조개선준공〉, 《조선일보》.

       〈신팔도기 129 안양·시흥 1〉, 《동아일보》.

1979년 국토개발연구원, 〈수도권정비기본계획(안)〉.

   내무부, 《1979년 새마을운동-시작에서 오늘까지》, 내무부.

   4월 〈서초동에 섬유 단지 조성〉, 《경향신문》.

1980년대

1980년 국토개발연구원, 《수도권기능 재배치에 관한 기초연구: 서울 대도시권을 중심으로》, 국토개발연구원.

   1월 〈도심 부적격 시설 1천5백여 점포 기능별로 자율 이전 추진〉, 《경향신문》.

       〈신반포수원아파트 오픈〉, 《매일경제》.

   2월 〈정책 누설에 투기 바람〉, 《경향신문》.

       〈건평 2만평 새서울청사〉, 《동아일보》.

       〈강남구 서초-삼성동 일대 세무원 상주… 투기 조사〉, 《조선일보》.

       〈새 시청 내년에 착공〉, 《경향신문》.

〈새 시청 한국 고유미 살려 짓는다〉,《조선일보》.

〈서울시청 이전 계획 초장부터 파란〉,《동아일보》.

3월 〈'시청 이전 누설' 전면 수사〉,《경향신문》.

6월 〈서초동 꽃마을이 없어진다〉,《조선일보》.

9월 〈뉴코아 쇼핑센타〉,《매일경제》.

1981년 〈서울특별시 특수교통망〉, 정훈출판사.

2월 〈서울시·토개공·주공 대치·양재·개포동 일원 대규모 택지 조성〉,《매일경제》.

9월 〈우리동네 14 남현 사당1동〉,《경향신문》.

10월 〈강동 지구 개발 붐 크게 일 듯〉,《경향신문》.

〈강동 지역 개발 전환기 맞아-88년 올림픽 개최 확정 따라〉,《매일경제》.

1982년 1월 〈영동 지구 구획정리사업 끝내〉,《매일경제》.

4월 〈쌘시장안내 9 꽃〉,《매일경제》.

5월 〈이전 백지화 조치 따라 시청·법원청사 예정지 땅값 크게 내려〉,《경향신문》.

〈서울 "강동의 남산" 고덕지구… 그 문제점과 대책〉,《경향신문》.

6월 〈삼성동 시청 제2청사부지 2만평 도시계획 폐기키로〉,《경향신문》.

1983년 2월 〈한국화훼협 이전〉,《경향신문》.

4월 〈잠실 지구 5핵 연환식으로 개발〉,《경향신문》.

7월 〈강남으로 이사간 꽃시장〉,《동아일보》.

9월 〈9월 10일 개점 한양쇼핑센타 잠실점〉,《조선일보》.

〈수도권 남부순환 철도 18개 역 확정〉,《조선일보》.

10월 〈지하철 3호선 연장 구간 도시계획 변경안을 공고〉,《동아일보》.

〈영동백화점이 최초로 펼치는 가을정기 바겐세일〉,《조선일보》.

11월 〈잠실 장기개발안 발표〉,《조선일보》.

1984년 건설부,〈경기지역종합교통망체계조사: 최종보고서. 부록3 철도부문〉.

6월 〈꽃 생산 유통 등 체계화〉,《경향신문》.

7월 건설부,〈수도권정비기본계획(건설부 고시 254호)〉,《관보》9790호.

9월 〈한강변 상습침수지역 문제점〉,《동아일보》.

1985년 서울특별시사편찬위원회,《한강사》, 서울특별시사편찬위원회.

정동익,《도시빈민연구》(5쇄), 아침.

6월 〈반포·우면로 일대 관청·문화 거리로 꾸민다〉,《경향신문》.

10월 〈영동 지구 구획정리사업 17여년만에 마무리〉,《매일경제》.

12월 〈세곡·일원동 개발열기 가득〉, 《매일경제》.

1986년 서울특별시사편찬위원회, 《동명연혁고 강동구편》, 서울특별시사편찬위원회.

1월 〈개포동의 '고도(孤島)'〉, 《조선일보》.

3월 〈서울 강남 개발 20년 "전원 도시의 꿈" 사라진 현장 3 무계획이 낳은 "기형 시가"〉, 《동아일보》.

6월 〈잠실에 종합유통센터 이달 착공〉, 《경향신문》.

1987년 서울특별시사편찬위원회, 《동명연혁고 강남구편》, 서울특별시사편찬위원회.

철도여행문화사, 《시각표》 8월호, 철도여행문화사.

8월 〈침수 상품 "야시장 세일"〉, 《조선일보》.

1988년 시흥군, 《시흥군지》, 시흥군.

5월 〈자연녹지 73만평 택지로〉, 《경향신문》.

7월 〈체비지 2만6천평 롯데에 헐값 매각〉, 《한겨레》.

10월 〈불탄 꽃마을 "복구" "철거" 대립〉, 《조선일보》.

〈서울의 노점상〉, 《조선일보》.

11월 〈서초동 꽃마을 이재민 88경비대로 집단 이주〉, 《한겨레》.

1989년 4월 〈8학군 아파트 분양 사기-백60명에 16억원 가로채〉, 《경향신문》.

8월 〈'범마을'로 변한 '꽃마을'〉, 《조선일보》.

12월 〈전기조차 끊긴 "난민 생활 9개월"〉, 《경향신문》.

1990년대

1990년 2월 〈양재동에 대규모 꽃단지〉, 《동아일보》.

7월 〈투기혐의 31명 고발〉, 《동아일보》.

〈비닐하우스 주민에도 투기꾼 많다〉, 《동아일보》.

〈비닐하우스 투기 7명 영장〉, 《조선일보》.

8월 〈서초동 비닐하우스 8백75가구-4천명 동원 모두 철거〉, 《조선일보》.

1991년 서초구청, 《서초구지》, 서초구청.

영등포구청, 《영등포구지》, 영등포구청.

정주영, 《시련은 있어도 실패는 없다》, 제삼기획.

9월 〈서초동 꽃마을이 사라진다〉, 《중앙일보》.

1992년 1월 〈서울 강남 토지구획정리 23년만에 마무리〉, 《동아일보》.

3월 〈꽃마을에 불 4명 소사〉, 《경향신문》.

5월 〈서초동 '꽃마을' 또 불〉, 《조선일보》.

〈서초동 꽃마을 형성과정-현황〉,《조선일보》.

8월 〈우리구 청사진 5 강남구-역세권 중심 개발 최우선〉,《매일경제》.

9월 〈강제로 제거한 당국의 '목엣가시'〉,《경향신문》.

10월 〈'꽃마을' 지주에 지도층 많다〉,《경향신문》.

〈횡설수설〉,《동아일보》.

〈서초동 '꽃마을' 땅주인들 대다수가 정·법조계 인사〉,《한겨레》.

11월 〈꽃마을을 살리자〉,《한겨레》.

1993년 인천시,《인천시사》, 인천시.

3월 〈김상철 시장집 정원 524평 그린벨트밭 무단 형질변경〉,《동아일보》.

〈김상철 서울시장 경질〉,《한겨레》.

〈강남 도곡동 일대 5만여m2 대규모 '행정타운' 들어선다〉,《매일경제》.

4월 〈서초동 법조타운-공직자 '투기 1번지'〉,《동아일보》.

〈땅값 20년새 만배 폭등〉,《동아일보》.

5월 〈도곡동 화재민촌 158가구 6월말까지 1차 철거키로〉,《한겨레》.

8월 〈도곡동 행정타운 조성 사실상 무산〉,《동아일보》.

1994년 강남구청,《강남구지》, 강남구청.

송파구청,《송파구지》, 송파구청.

4월 〈도곡동에 '주상타운' 조성〉,《동아일보》.

9월 〈도곡동 체비지 아파트 건립〉,《매일경제》.

11월 〈도곡동 체비지 삼성 낙찰〉,《동아일보》.

〈서울 노른자위 도곡동 체비지 삼성그룹 몽땅 매입〉,《매일경제》.

〈"구청 직원 말 들었다가 집 날렸다"〉,《조선일보》.

12월 〈강남에 100층 넘는 빌딩 선다〉,《매일경제》.

1995년 이명박,《신화는 없다》, 김영사.

1월 〈서울 '스카이 라인' 바뀐다〉,《경향신문》.

1996년 김의원,《국토백상》, 경인문화사.

김의원,《실록 건설부》, 경인문화사.

연합통신,《향토의 숨결》, 연합통신.

2월 〈송파구 문정·장지동 녹지 66만평 개발 복합기능 신시가지 조성〉,《경향신문》.

4월 〈삼성 1백 2층 사옥 빌딩 디자인 첫 공개〉,《조선일보》.

5월 〈삼성, 강남 도곡동에 백2층 신축 심의 신청〉,《동아일보》.

7월 〈삼성그룹 추진 도곡동 1백 2층 빌딩 서울시 사전검토 "대충대충"〉, 《동아일보》.

1997년 4월 〈진로, 양재동 화물터미널부지 매각〉, 《매일경제》.

〈진로 1조2,000억 자구노력〉, 《한국일보》.

〈영동 부도심 기능 크게 강화〉, 《한겨레》.

11월 〈강서 마곡·송파 문정·장지지구-택지난 서울 '마지막 보고'〉, 《경향신문》.

1998년 1월 〈구조조정에 밀려 "없던 일로"〉, 《동아일보》.

4월 〈'제일생명 4거리' 이름을 지켜라〉, 《매일경제》.

5월 〈삼성, 도곡동에 대규모 복합빌딩 건설〉, 《매일경제》.

8월 〈6만여가구 재건축 '강남이 바뀐다'〉, 《경향신문》.

2000년대

2000년 서울특별시사편찬위원회, 《서울의 하천》, 서울특별시사편찬위원회.

2002년 강동구청, 《강동구지》, 강동구청.

2003년 손정목, 《서울 도시계획 이야기》, 한울.

8월 〈강남 부동산 붐 1세대' 장한평농지조합 멤버들 비사〉, 《일요신문》.

2004년 7월 〈전두환 수도이전 프로젝트 '620사업' 비화〉, 《일요신문》.

2005년 손정목, 《한국 도시 60년의 이야기》, 한울.

2006년 花形道彦, 〈民営鉄道による住宅地開発の構造-1910年~1960年-〉, 《土地総合研究》 14권 1호.

2007년 서울특별시사편찬위원회, 《서울의 시장》, 서울특별시사편찬위원회.

2월 박기범, 〈영동 시영주택의 단지 및 건축 계획적 특성에 관한 연구〉, 《대한건축학회논문집: 계획계》 23권 1호.

4월 〈육군복지물류센터 하남 이전-미군부대 공여지가 후보지 설〉, 《교차로저널》.

9월 〈토박이가 전하는 송파이야기〉, 《지역내일》.

2008년 서울역사박물관, 《강남 이야기로 보다》, 서울역사박물관.

7월 〈[위례신도시 개발계획 확정] 송파~강북도심 1시간 → 20분대로 단축〉, 《한국경제》.

2009년 대한국토·도시계획학회, 《이야기로 듣는 국토·도시계획 반백년》, 보성각.

서울역사박물관, 《강남 사진으로 읽다》, 서울역사박물관.

성남문화원, 《성남 모란의 과거와 미래》, 성남문화원.

4월 〈다시 군(軍)에 막힌 송파 신도시〉, 《조선일보》.

12월 〈서울 하늘지기의 24시간〉, 아미누리, https://armynuri.tistory.com/132

2010년대

2010년 1월 〈박정희 정권 핵개발 책임자 오원철 전 수석, 30년 만에 입 열다〉, 《주간조선》.

    2월 〈위례신도시 개발 추진 일지〉, 《연합뉴스》.

    3월 〈함포성의 재조명〉, 《경남도민일보》.

    12월 〈화마로 갈 곳 잃은 서초구 산청마을 이재민〉, 《한국일보》.

2011년 에드워드 글레이저, 《도시의 승리》, 해냄.

    2월 〈탐방/서울 서초구 '반포본동아파트'〉, 《아파트관리신문》.

    8월 〈포이동, 화재 이어 가건물 기습철거 "발 뺄고 잘 권리도 없나"〉, 《경향신문》.

2012년 4월 〈1조 이익에 눈멀어 무리한 추진… 결국 1조 넘는 빚더미에〉, 《경향신문》.

    〈'오욕의 땅' 양재동 복합물류센터 '진로부터 파이시티까지'〉, 《조선비즈》.

2013년 김광식, 《김광식 선집》, 현대문학.

    2월 〈박정희 "우리도 핵개발, 88%완료"… 지금은?〉, 《머니투데이》.

    10월 〈잠원동 성당 소개〉, 천주교 잠원동 성당, https://cafe.daum.net/jwcatholic/W7DM/9.

2014년 이병철, 《호암자전》, 나남출판.

    3월 김두얼, 〈골프장 부지를 마련하는 두 가지 방법〉, 《나라경제》 3월호.

    10월 〈특별기획-서울청과 75주년의 발자취〉, 《농업인신문》.

    12월 〈정부청사 떠나고… 지역 상권 '와르르'〉, 《경기신문》.

2015년 권도엽 외, 《국토교통정책의 역사적 변동과 전망》, 문우사.

    서울역사박물관, 《건설시대의 서울》, 서울역사박물관.

    서울역사박물관, 《대경성부대관》, 서울역사박물관.

    한강문화재연구원, 《서울 잠원동 유적》, 한강문화재연구원.

    7월 〈압구정동, 1978년 4월 20일〉, 《매일경제》.

    9월 〈국립중앙의료원 새 부지 문화재 출토 가능성… 복지부 "市가 말 안해" 서울시 "복지부 책임"〉, 《조선일보》.

    〈가든파이브 이주 청계천 상인들 '절망'〉, 《국민일보》.

2016년 이종묵, 《조선시대 경강의 별서: 동호편》, 경인문화사.

    6월 〈활주로 3도 틀고 허가난 제2롯데…그 뒤에 어떤 비밀이?〉, YTN.

    7월 〈'1조원 애물단지'가 '물류 랜드마크'로…'파이시티' 11년의 영욕〉, 《머니투데이》.

    〈역사속으로 사라진 전설적인 땅부자 1세대-1960년대 초에 한강 남쪽 논밭 사들인 이북 출신 상인들의 안목〉, 《월간조선》.

2017년 박철수, 《박철수의 거주 박물지》, 집.

서울시, 《서울토지구획정리백서》, 서울시.

이병호, 《내가 사랑한 백제》, 다산초당.

2월 〈"세대당 20억원?" 강남세브란스병원, 재건축 기다리는 도곡 삼호아파트와 갈등〉, 《조선비즈》.

3월 〈"합포성지 문화재 지정 해제하라"〉, 《국제신문》.

11월 〈삼표산업 풍납공장 이전되나…업계 2위 위태위태〉, 《시사포커스》.

2018년 서울역사박물관, 《대치동》, 서울역사박물관.

이형구, 《서울 백제 수도유적 조사연구》, 태양.

한성백제박물관, 《삼성동토성: 2016년 삼성동토성 추정지 시굴조사 보고서》, 한성백제박물관.

홍금수, 〈쌍자취락 장호원의 형성과 변천〉, 《대한지리학회지》 53권 6호.

6월 〈위례신도시 미군부지 이전 일단락… 내달 부분개통〉, 《아시아경제》.

10월 〈"강제 이주시켜놓고 나가라니…" 군사정권이 만든 불법거주민〉, 《오마이뉴스》.

2019년 5월 〈쪽방촌 뒤엔… 큰손 건물주의 '빈곤 비즈니스'〉, 《한국일보》.

9월 〈재경향우회 회장(유신산업대표 이창상)을 찾아서〉, 《청도신문》.

11월 〈상도동 달동네는 왜 쓰레기산이 됐나〉, 《중대신문》.

2020년대

2020년 김세민, 〈광주관아와 선정비〉, 《경기학 광장》 5호.

안건혁, 《분당에서 세종까지》, 한울.

오쿠노 쇼, 오현정 옮김, 《신격호의 도전과 꿈》, 나남출판.

4월 〈8년 역사 '영동 스낵카' 폐업… "서울 역사 담은 스낵카는 보존됐으면"〉, 《조선비즈》.

9월 〈하림, '자연 많은' 양재동 부지…개발로 '숙원' 푼다〉, 《비즈니스워치》.

2021년 1월 〈서울 한복판에 있는 요상한 모양의 이 아파트, 그럴 만한 이유가 있었네요〉, 《위키트리》.

8월 〈[사진은 말한다] 공터의 차력사, 1977년 11월 2일〉, 《매일경제》.

9월 〈악취 진동 농수로, 쌀 먹거리 안전 위협〉, 《김포신문》.

11월 〈"남의 놀이터 오면 도둑" 외부 어린이들 신고한 주민회장〉, 《연합뉴스》.

2022년 목천건축아카이브 외, 《HURPI 구술집: 1964-1967》, 마티.

손택수, 《어떤 슬픔은 함께 할 수 없다》, 문학동네.

8월 〈석촌호수 위 '매직아일랜드' 롯데는 부지 사용료로 얼마를 낼까〉, 《경향신문》.

12월 〈수도방위사령부 방문한 오세훈 시장〉, 《연합뉴스》.

〈풍납토성 3권역, 지하 2m까지 확인 뒤 정밀 발굴조사 유예키로〉, 《연합뉴스》.

2023년 1월 감사원, 〈광역교통망 구축 추진실태〉.

〈학교 부지 위 판자촌, 잠원 나루마을…"떠나면 어딜가나"〉, 《파이낸셜뉴스》.

2월 〈영동스낵카를 아시나요?…미래 없는 서울미래유산〉, 채널A.

4월 〈'상가와 갈등' 봉합 … 은마 재건축 탄력〉, 《매일경제》.

6월 〈"과천 안에서 '직·주·생' 해결… 자족도시 기반 쌓겠다"〉, 《조선일보》.

7월 〈"상가 지분 쪼개기 막자" 개정안 논의하는 사이… 쪼갠 상가 26개나 팔렸다〉, 《조선비즈》.

〈정주영의 꿈…현대, 30년 만에 다시 우주 로켓 개발 뛰어든다〉, 《조선비즈》.

8월 〈"억대 수입 수두룩"…재건축 임박한 '강남 최대 재래시장' 은마상가〉, 《조선일보》.

〈GTX-A 2025년 전 구간 개통, 사실상 불가능〉, 《조선일보》.

11월 〈삼표 풍납레미콘공장 2025년까지 이전…"풍납동 숙원 해결"〉, 《연합뉴스》.

〈3개로 쪼개진 '분당 신도시'…위례서 '서울 편입' 빗발치는 까닭〉, 《주간조선》.

〈더 이상 소수가 아닌 상가 재건축〉, 《머니투데이》.

〈도시건축 분야 선구적 연구기관 'HURPI' 주제로 심포지엄 열려〉, 《건축사신문》.

12월 〈하림, 양재에 7조 투자 '도시첨단물류단지' 짓는다〉, 《인포스탁데일리》.

〈2030 몰리더니 '초대박'…'3조 잭팟' 최초 기록 쓴 백화점〉, 《한국경제》.

2024년 롯데지주, 《열정은 잠들지 않는다》, 나남출판.

박철수, 《마포주공아파트》, 마티.

〈2024년 건설사 시공능력평가 순위(도급 순위) TOP 100〉, 딜매치, https://dealmatch.kr/ei/constructor-rating

2월 〈'임대주택' vs '기업 유치' 결론 나나… 강남 서울의료원 사업계획 용역 마무리〉, 《시장경제》.

3월 〈소득 따라 교육비 양극화…사교육이 계층이동 사다리 끊었다〉, 《중앙일보》.

〈경부고속도 첫 지하 구간 28일 개통… 동탄 1·2신도시 연결〉, 《한국일보》.

〈"이거 완전 '반포자이'"…10대들 유행어 뜻 봤더니 '발칵'〉, 《한국경제》.

4월 〈"여기 서울 맞아요?"…30년째 허름한 '이곳', 왜〉, SBS.

〈126억 → 70억으로 '뚝'…재건축 '알박기'로 헐값된 흉물 상가〉, 《뉴스1》.

5월 〈'100조' 철도 지하화 사업성 확보 가능할까…"천문학적 비용 우려"〉, 《머니투데이》.

6월 〈올림픽대로 위 서울 첫 '덮개공원' 어디에 생기나?〉, 《내 손안에 서울》.

〈GS건설, 위례신사선 포기한 이유? "공사비 증액 요청 서울시가 거부"〉, 《땅집고》.

〈'공사비 갈등'에…청담 르엘 재건축, 공사 중단 위기〉, 《연합뉴스》.

7월 〈현대차 GBC 105층 → 55층 설계안 철회…추가협상 나선다〉, 《머니투데이》.

〈5수만에…풍납토성내 재건축 길 열렸다〉, 《서울경제》.

〈동서울터미널 현대화 사업, 임시부지 갈등 지속…"유지 vs 반대"〉, 《이데일리》.

8월 〈지하철 멀고 단지 작아도…모든 걸 상쇄하는 '강남'〉, 《비즈니스워치》.

〈청담르엘 옆 아크로삼성, '1대1 재건축' 선택 결과는?〉, 《비즈니스워치》.

〈화성·서울 지하도로 예타 통과…5호선 연장 예타 대상 선정〉, 《연합뉴스》.

10월 朴光賢, 〈朴興植による「南ソウル都市計画 (1961)」に関する研究-計画内容とその意義について〉, 《日本建築学会技術報告集》 30권 76호.

〈신세계, 파라마운트사와 '스타베이시티' 조성…2029년 개장 목표〉, 《조선일보》.

〈서울 지상철도 68km 지하화…'제2의 연트럴파크' 만든다〉, 《연합뉴스》.

11월 〈서초 서리풀·고양 대곡 등 4곳 그린벨트 푼다…아파트 5만호 공급〉, 《연합인포맥스》.

〈서초동 국군사령부 부지개발 '임박'…내년 1분기 '첫삽' 뜬다〉, 《이데일리》.

〈인적 드문 헌인릉에 왜? 경찰 "국정원 촬영 中관광객 거짓 진술 수사"〉, 《조선일보》.

12월 〈"부실한 위례신사선 민자 공고…서울市, 사업지연 자초"〉, 《철도경제》.

〈압구정·여의도 어쩌나? 국방부 "초고층 아파트 재건축하면 대공방어진지 만들어야"〉, 《조선비즈》.

〈500억 아파트 무산된 반포 팰리스 호텔 땅에 '최고급 실버타운' 추진〉, 《땅집고》.

〈"갈 길 급한데"…재건축 조합, 상가에 줄줄이 발목〉, 《시사저널》.

2025년 1월 〈신반포2차에 '설마' 하던 일이 터졌다-재건축 상가들에 불통 떨어졌네〉, 《매일경제》.

〈'삼성역 미개통' GTX-A 원인은… "시장의 오판이 빚은 반쪽 개통"〉, 《땅집고》.

〈'세종시를 워싱턴처럼'…대통령집무실·세종의사당 설계 본격화〉, 《연합뉴스》.

2월 〈위례과천선 민간투자사업 전략환경영향평가 항목 등의 결정내용 공개〉, 국토교통부.

〈"105층 대신 '54층 삼둥이' 빌딩"…현대차 삼성동 GBC 새 설계안 보니〉, 《매일경제》.

사진 출처

- 이 책에 사용된 사진의 출처는 다음과 같습니다. 출처가 표기되지 않은 사진의 경우 저자가 소장, 또는 촬영한 것입니다.
- 저작권자가 확인되지 않은 일부 사진에 대해서는 추후 허가받는 대로 사용료를 지불하도록 하겠습니다.

28쪽 (cc) 서울역사아카이브
33쪽 (cc) 서울역사아카이브
34쪽 (cc) 서울역사아카이브
38쪽 (cc) 서울역사박물관
42쪽 상 (cc) 국토지리정보원
47쪽 상 ⓒ《조선일보》
49쪽 ⓒ《동아일보》
52쪽 ⓒ《조선일보》
56쪽 ⓒ《동아일보》
67쪽 상 (cc) 국토지리정보원
70쪽 상 ⓒ《조선일보》
72쪽 (cc) 임시의정원 디지털 아카이브
74쪽 (cc) 국토지리정보원
76쪽 상 (cc) 국토연구원
78쪽 (cc) 국토지리정보원
83쪽 ⓒ 카카오맵 앱
87쪽 (cc) 국토지리정보원
90쪽 (cc) 국토지리정보원
91쪽 좌 ⓒ《경향신문》
93쪽 상 ⓒ《조선일보》
96쪽 좌 ⓒ《조선일보》
96쪽 우 ⓒ《동아일보》

102쪽 (cc) 서울역사아카이브
106쪽 (cc) 서울역사아카이브
107쪽 (cc) 서울역사아카이브
111쪽 ⓒ 동아출판
117쪽 (cc) 국토연구원
134쪽 (cc) 서울 열린데이터광장
141쪽 (cc) 국가기록원
144쪽 상 ⓒ《조선일보》
144쪽 하 ⓒ《경향신문》
149쪽 상 (cc) 목천건축아카이브
149쪽 하 ⓒ《경향신문》
150쪽 ⓒ《경향신문》
157쪽 (cc) 서울역사아카이브
158쪽 ⓒ《동아일보》
159쪽 ⓒ《경향신문》
167쪽 하 ⓒ《경향신문》
169쪽 상 ⓒ《동아일보》
171쪽 좌 ⓒ《동아일보》
171쪽 우 ⓒ《매일경제》
175쪽 하 ⓒ《동아일보》
188쪽 (cc) 국토지리정보원
190쪽 상 ⓒ《경향신문》

191쪽 좌 ⓒ《조선일보》
191쪽 우 ⓒ《경향신문》
195쪽 상 (cc) 국가기록원
196쪽 (cc) 국가기록원
198쪽 (cc) 국가기록원
200쪽 상 (cc) 국토연구원
205쪽 상 (cc) 서울균형발전포털
205쪽 하 ⓒ《경향신문》
206쪽 상 (cc) 국가기록원
220쪽 상 ⓒ《조선일보》
220쪽 하 ⓒ《조선일보》
221쪽 상 ⓒ《조선일보》
221쪽 하 ⓒ《동아일보》
223쪽 상 (cc) 종로도서관
226쪽 ⓒ《동아일보》
232쪽 상 ⓒ《동아일보》
233쪽 ⓒ《조선일보》
238쪽 ⓒ《경향신문》
240쪽 ⓒ《경향신문》
244쪽 (cc) 서울역사아카이브
259쪽 (cc) 국가기록원
263쪽 ⓒ《조선일보》
264쪽 좌 ⓒ《경향신문》
265쪽 상 (cc) 국가기록원
266쪽 하 ⓒ《경향신문》
270쪽 (cc) 국토지리정보원
278쪽 (cc) 국가기록원
279쪽 ⓒ《동아일보》
282쪽 하 ⓒ《매일경제》
286쪽 ⓒ《동아일보》
289쪽 하 ⓒ《경향신문》
291쪽 ⓒ 최우형

301쪽 상 (cc) 국토연구원
308쪽 상 ⓒ《조선일보》
309쪽 (cc) 국토지리정보원
310쪽 상 (cc) 국립중앙도서관
313쪽 (cc) 국토지리정보원
316쪽 (cc) 국토연구원
317쪽 상 ⓒ《조선일보》
317쪽 하 ⓒ《동아일보》
324쪽 ⓒ《경향신문》
329쪽 ⓒ《경향신문》
331쪽 ⓒ《경향신문》
337쪽 하 ⓒ《매일경제》
340쪽 ⓒ 류기윤
344쪽 상 (cc) 내 손안에 서울
350쪽 상 (cc) 서울균형발전포털
352쪽 ⓒ 카카오맵
356쪽 ⓒ Stock for you
360쪽 (cc) Oskar Alexanderson
367쪽 상 ⓒ《조선일보》
367쪽 하 ⓒ《경향신문》
368쪽 (cc) 국토지리정보원
373쪽 ⓒ《조선일보》
378쪽 ⓒ 카카오맵
380쪽 ⓒ 카카오맵
402쪽 (cc) 내 손안에 서울
424쪽 (cc) Floren Irah

찾아보기

ㄱ

가로수길 323, 335, 394, 421

간선도로 41, 290

《강남 이야기로 보다》 → '화훼원예' 참조

강남 중심 현상 25, 387

강남대로 141, 142, 326

강남적 삶의 양식 22, 370, 371, 375

개발 사업

　경부고속도로 지하화 24, 401

　관악산 종합개발계획 69

　국제교류복합지구 사업 204, 348

　덮개공원 계획 403

　마이스 클러스터 사업 24, 86, 154, 204, 348

　서울 시내 철도 지하화 400

　서울리니어파크 조성 계획 401

　영동대로 지하공간 복합개발 사업 24, 86, 129, 231, 345, 348, 414

　용산국제업무지구 사업 413

개발제한구역

　그린벨트 36, 64, 77, 82, 122~126, 161, 213, 261, 287, 377, 420, 421

　김의원 123, 124

　〈서울약도〉 124, 190, 261, 310

　연담화 122, 412

　자연공원법 123

　자연녹지지역 412

《건설시대의 서울》 → '말죽거리 신화' 참조

경원선 114, 314, 315, 402

경의선 114, 315

공원

　도구머리공원 → '옛 마을' 참조

　비석거리공원 → '침수' 참조

　서리풀공원 73, 324

　서울대공원 → '개발 사업' 참조

　아시아공원 → '망향비' 참조

　역삼개나리공원 → '옛 마을' 참조

　올림픽공원 → '유적' 참조

　잠실근린공원 → '망향비' 참조

　잠원성심소공원 → '성심원' 참조

관문빌딩

　박정희 정부의 294

　이승만 정부의 293

광복 48, 56, 65, 97, 113, 114, 133, 255, 258, 312

광산

　광주금광 306

　백년금광 306

　텅스텐광맥과 광산 83, 307, 309, 310

　한강 백사장의 사금 채취 306

광역교통부담금 413

광주대단지 → '잠실지구' 참조

교통망

　가칭 강남시외버스터미널 324, 326, 330, 341, 343

　강남고속버스터미널 24, 55, 57, 58, 63, 231,

287, 295, 324, 325, 330, 331, 339, 341, 343, 387, 388, 421

경부고속도로 18, 21, 22, 24, 51, 55, 98, 119, 128, 129, 132, 140~143, 148, 160, 238, 285, 290, 292~294, 326, 330, 341, 374, 376, 392, 400, 401

광진교 50, 54, 119, 133, 312

남부터미널(옛 용산시외버스터미널) 324, 326, 330, 334, 341, 343, 387, 388, 392

반포IC 328

〈서울특별시 특수교통망〉 62, 193, 194, 266, 267

서초IC와 양재IC 개발 330, 331

수도권전철의 원래 구상 415, 417, 418

신축 택지지구에서의 인프라 미비 문제 267

양재화물터미널(옛 한국화물터미널) 324, 326, 330, 335, 341, 343

SRT 수서역 334, 345, 348, 388

제3한강교(지금의 한남대교) 51, 54, 55, 119, 140, 141, 145, 155, 160, 199, 219, 330, 341, 372, 419

GTX-A·C 삼성역 24, 86, 160, 233, 348, 414, 415, 418

한강인도교(지금의 한강대교) 17, 50, 119, 133, 257, 306

한강철교 17

헌릉로 65, 71

구도심 18, 148, 253, 258, 260, 329, 372, 386

구천면로 37

국립묘지 → '국립서울현충원' 참조

국립서울현충원 133, 151, 269

글레이저, 에드워드 → 《도시의 승리》 참조

김기찬 254

김명년 418

김자점 187, 191

김포가도(지금의 공항대로) 260

김포국제공항 130, 260

김현옥 18, 113, 148, 167, 376 377

김형목 145, 335

ㄴ

나룻배 50~52, 54~56, 145, 191, 218, 222

남서울지구 269

네글러, 오스왈드 140, 141

노무현 203

노원신시가지 304, 386, 403

농촌 강남

　　고양군 뚝도면 잠실리(송파구 잠실동) 37, 84~86, 186, 187,

　　광주군 구천면(송파구와 강동구) 37

　　광주군 대왕면(강남구) 37, 153

　　광주군 언주면(강남구) 36, 37, 51, 52, 84, 95, 226

　　광주군 중대면(송파구) 37, 306

　　시흥군 신동면 잠실리(서초구 잠원동) 52, 54, 55, 95, 97, 98, 110, 219

　　시흥군 신동면(서초구) 36, 49, 52, 58, 95~97, 142, 219, 307, 309, 311

ㄷ

단독주택단지

　　개봉 60만 단지 258, 260~262, 268, 374

　　구로동주택 258

　　김광식 256, 257

영단주택단지 255~258

영동시영주택단지 181, 239, 259, 260, 262, 263, 267~269, 272, 374, 394

이수단지 73, 75, 151, 259, 269, 271~273, 278, 280, 335, 375, 399

조선주택영단 → '대한주택공사' 참조

화곡 40만 단지 258, 260, 261, 268, 374

대왕국민학교 미감아 사건 → '한센병력자' 참조

대한주택공사 255, 258, 262, 280, 284, 294, 295

《도시의 승리》 399

도시화석 25, 37, 41, 197, 408

《동명연혁고 강남구편》 57, 65, 311

《동명연혁고 강동구편》 187

ㄹ

롯데그룹

매직아일랜드 364

롯데월드 71, 152, 204, 253, 334, 335, 364~366, 369, 370, 383

롯데월드타워 174, 201, 365, 383, 420, 421

ㅁ

마곡지구 130, 260

마을 유래비 45

말죽거리 신화 19, 20, 53, 121, 145~147, 237, 240

망향비 45, 46, 48, 187

매립지 161, 273

목동 투쟁 → '목동신시가지' 참조

목동신시가지 45, 46, 260, 304, 386, 403

ㅂ

박병주 124

박순녀 192

박정희 20, 23, 51, 115, 116, 122, 123, 129, 147, 163, 203, 263, 284, 292, 294, 376, 384

박흥식 → '영동지구' 참조

법조단지

갯골마을 172

꽃마을의 화재와 철거 61~64, 126, 168, 170~173, 213, 215

땅 투기 22, 61, 168, 170

세명마을 172

정곡 173

복합 기능 345, 366, 382, 424

봉은사 51, 77, 85, 86, 145, 162, 222, 267

브나로드운동 49

비리

법조단지 땅 투기 → '법조단지' 참조

수서 비리 사건 → '한보그룹' 참조

압구정현대아파트 특혜 분양 사건 21, 22, 238, 239, 369

빈민촌

개미마을 214

꽃마을 → '법조단지' 참조

나루마을 89, 91, 95, 97, 214, 219

도곡동 체비지 → '법조단지' 참조

두레마을 214, 215

마천동의 철거민촌 19, 213, 214

무허가건물 이주정착단지 조성시책 214

성뒤마을 213, 215

에틴저마을 → '한센병력자' 참조

오금동의 철거민촌 213, 214

웅봉마을 214

전원마을 213

평화촌 88

포이동 재건마을 170, 214, 215

화훼마을 214, 215

ㅅ

사고

나룻배 전복 사고 → '나룻배' 참조

무분별한 벌목 230

삼풍백화점 붕괴 사고 235

성수대교 붕괴 사고 119

싱크홀 130

와우시민아파트 붕괴 사고 284, 372

우면산 산사태 130

폭우와 수재 → '침수'

사당천(방배천) 71, 131, 273

산업철도

〈경기지역종합교통망체계조사: 최종보고서.
부록3 철도부문〉 318

경인지구 종합건설 계획 314

남부순환선 22, 208, 314~316, 318~320

문정근린공원 318

부곡 화물기지 315

3핵 도시 구상 163, 415

삼성그룹

반도체산업 → '확장 강남' 참조

삼성생명 421

삼성전자 25, 174, 349, 382, 421

삼성전자 우면 서울R&D캠퍼스 63, 174, 330

삼성타운 174, 324, 326, 328, 330, 421

삼성타워 174, 382, 421

타워팰리스 62, 163, 171, 174, 283, 349, 382,
421

상가건물 271

상공부단지 → '인구 분산' 참조

상업시설

가든파이브 88, 126, 324

가락농수산물종합도매시장 63, 126, 208,
325

갤러리아백화점 262, 334, 335

고덕주공아파트상가 408

교통과 유통의 결합 334

그랑프리엔(옛 그랑프리백화점) 335

뉴코아아울렛 335

롯데백화점 204, 334, 335

무지개쇼핑센터(옛 무지개백화점) 335, 408

삼풍백화점 → '사고' 참조

신세계백화점 331, 334, 335

영동백화점 335

태평백화점 335

한양쇼핑센터 253, 364, 366

현대백화점 334, 335

현대종합상가 178

화신백화점 111

〈새로 나온 우리나라 지도〉 377, 417

《새마을》 128, 179, 181, 193, 194, 272

《새마을~시작에서 오늘까지》 68

새서울 백지계획 → '김현옥' 참조

《서울 도시계획 이야기》 146, 241, 372

〈서울시내 고층건축물 실태조사보고서〉 75

《서울토지구획정리백서》 134

《서울특별시사》 38

《서초구지》 80

성심원 89, 91, 95, 215

성저십리 36

소작농 19, 45

손정목 69, 72, 113, 116, 118, 145, 146, 148, 160, 185, 201, 241, 290, 341, 372, 387, 388

손택수 48

수서택지개발지구 37, 208

수인분당선 181, 314

식민지 시기 21, 48, 97, 111~114, 133, 140, 184, 191, 257, 259, 306

신격호 → '롯데그룹' 참조

신도시

　고덕신도시 → '확장 강남' 참조

　과천신도시 116

　광교신도시 → '확장 강남' 참조

　긴급부동산투기억제대책 289

　대장신도시 130

　동탄신도시 → '확장 강남' 참조

　분당신도시 → '확장 강남' 참조

　아산신도시 → '확장 강남' 참조

　오송신도시 → '확장 강남' 참조

　위례신도시 → '잠실지구' 참조

　일산신도시 45, 123, 168, 290, 371

　판교신도시 → '확장 강남' 참조

　한강신도시 371

신세계그룹 369, 421

《실현되는 또 하나의 민족의 꿈 고속도로 서울~부산》 120

○

IMF 사태 174, 210, 241, 335

아파트 옆 논밭뷰 253, 254

아파트단지

　가락시영아파트(송파구) 24

강남상가아파트(강남구) 335

개포시영아파트(강남구) 24, 304

개포주공아파트(강남구) 24, 46, 215, 285, 304, 406

공공임대아파트 284

구반포·신반포주공아파트(서초구) 24, 240, 253, 268, 271, 273, 278~281, 285, 295, 403

대치현대아파트(강남구) 20

도곡경남아파트(강남구) 41

둔촌주공아파트(강동구) 406, 410

마포주공아파트(마포구) 21, 239, 268, 284, 295

박스형 건물 295, 302

《반포 아파트 소식》 295

반포미도아파트(서초구) 324

삼부아파트(영등포구) 302

삼풍아파트(서초구) 141, 392

성곽도시 285

스타 하우스 295, 302

시범아파트(영등포구) 21, 239, 268, 285

신반포수원아파트(경기도) 281

신반포한신아파트(서초구) 24, 83, 91, 95, 98, 215, 281, 287, 290, 295, 302, 403, 406

아시아선수촌아파트(송파구) 186, 193, 366

압구정현대아파트(강남구) 19, 21, 22, 24, 43, 77, 116, 119, 129, 152, 178, 238, 239, 280, 281, 285, 290, 295, 302, 369, 403, 419

AID차관아파트 240, 278~280

영구임대아파트 173

영동AID차관아파트(강남구) 158, 268, 278~280

영동공무원아파트(강남구) 122, 158, 239, 263, 267
영동시장아파트(강남구) 335
올림픽선수기자촌아파트(송파구) 203, 412
와우시민아파트(마포구) → '사고' 참조
'Y' 자형 건물 295
외인아파트(중구) 268
은마아파트(강남구) 24, 77, 241, 304, 403, 406
잠실시영아파트(송파구) 24, 210
잠실주공아파트(송파구) 24, 119, 161, 192, 193, 197, 199, 201, 210, 253, 254, 267, 280, 290, 302, 364~366, 370, 372, 375, 403
장미아파트(송파구) 210
진주아파트(송파구) 210
진흥아파트(서초구) 392, 401, 403, 405
포인트 하우스 302
현대리버빌아파트(송파구) 222
황금아파트(마포구) 306
아파트지구 제도
사유재산 침해 논란 287, 420
정부의 시장 실패 285~289
토지 강제수용 287, 288
한강뷰 아파트 → '안보적 요인' 참조
안보적 요인
간선도로 옆 아파트단지 290, 291
강남지향의식 118
국가정보원 122, 127
그린벨트 → '개발제한구역' 참조
북한의 미사일 기술 69, 115
서울공항 122, 127, 383
성산대교 119
성수대교 → '사고' 참조
수도방위사령부 122, 127, 213
6·25전쟁과 베트남전쟁 114, 115, 118, 119, 165, 290, 384
잠수교(안보교) 119, 231
정보사령부 122, 126, 168, 213, 215
한강 옆 아파트단지 116, 119, 121, 290, 292, 293
양재천 20, 71, 77, 131, 178, 241, 273
양화교 260
LH 123
LG전자 서초R&D캠퍼스 330
영남대로 41, 231
영동지구
가짜 빈민들 → '빈민촌' 참조
경부고속도로와 영동지구 21, 22, 128, 129, 132, 140~142, 376
국가기관의 남하 → '인구 분산' 참조
땅 투기 20, 22, 79, 146, 147, 166~168, 192, 241, 279, 280, 287, 339, 381
박흥식의 남서울 개발 계획 112, 113, 148
삼성리토성 파괴 → '유적' 참조
〈서울시토지구획정리사업 시행 현황도〉 132
〈XY문서〉 146
영동의 흔적들 178, 181, 182
전시체제 → '안보적 요인' 참조
1963년의 서울 확장 36, 37, 40, 142, 253
치수치도 → '토목 기술' 참조
한국종합전시관(지금의 코엑스) 77, 82, 86, 152, 161, 166, 204, 208, 267, 343, 364~366, 420, 425

허피의 남서울 개발 계획 140, 141, 148, 150, 151

영등포(영등포구) 17~19, 21, 24, 25, 50, 110, 111, 133, 140, 143, 148, 151, 152, 155, 163, 178, 184, 185, 199, 239, 254, 255, 260, 262, 302, 312, 329, 372, 375, 376, 381, 383, 387, 417, 424

옛 마을

개포동 구마을(강남구) 20, 77

닭점(강남구) 77

대치동 구마을(강남구) 20, 77, 215, 400

도구머리(도구두)(서초구) 73, 272

독구리(서초구) 75

무둥도(강남구) 77

부렴마을(송파구) 46, 186, 196

사복촌(서초구) 75, 219

세우촌(서초구) 75, 272

승방뜰(서초구) 75

신천리 186, 187

아랫방아다리(강남구) 75

안닭점(강남구) 77

역말(강남구) 41, 75

웃방아다리(강남구) 75

천촌(서초구) 75

포촌(서초구) 75

한티(강남구) 77

오쿠노 쇼 → '롯데그룹' 참조

우미건설 349, 421

우성건설 94, 145

울산공업센터 46

원도심 252, 254, 424

위례과천선 314, 318, 414

위례신사선 413, 418

위신제 293

유적

가마 228

강동구의 유적과 유물 227, 228

고려시대의 유적과 유물 227, 228

고분과 분묘 225, 227, 228

고인돌 226, 227

대림아파트의 농업 유적 227

목각 인형 227

삼성리토성 77, 199, 222

〈풍납리토성〉 224

풍납토성 222, 224, 225, 228, 307, 312

육군묘지 → '국립서울현충원' 참조

윤진우 → '말죽거리 신화' 참조

이나바 히데조 → '삼성그룹' 참조

이명박 88, 129, 238, 239, 383

이병철 → '삼성그룹' 참조

《20세기 한국대관》 110, 159

인구 분산

계룡시 203, 386

〈대도시 인구분산책(안)〉 328

〈도시개발계획도〉 117

〈서울시 인구집중 억제시안〉 163, 166

〈서울시인구분산계획〉 116

서울시청 이전 61, 147, 155, 156, 163, 166~168, 177, 387

〈서울특별시 인구분산대책 의견〉 164, 165

세종시 23, 25, 116, 147, 160, 165, 177, 203, 253, 371, 386, 388, 389

〈수도권인구재배치계획(기본구상)〉 116, 161

〈수도권정비기본계획(안)〉 116, 154, 312, 348

〈수도권정비기본계획〉 116

신시가지계획 156, 159, 160

〈여의도 및 한강연안개발계획〉156, 166

임시행정수도 백지계획 161

정부과천청사 147, 166

제2서울 건설 → '김현옥' 참조

1966년의 도시기본계획 155

1극 도시 → '강남 중심 현상' 참조

ㅈ

자영농(자작농) 43, 45, 143, 145, 146

잠실지구

    강북과 광주대단지 연결 88, 185, 208, 210,
      211, 372, 375, 381, 382

    고수부지 199, 254, 402

    대규모 국유지 사기 사건 237

    몽촌토성 46, 201, 204, 222

    문정지구 208, 318

    뱃사공 → '나룻배' 참조

    〈서울특별시구역변천도〉38

    석촌호수 → '강남적 삶의 양식' 참조

    아시안게임 199

    5핵 연환식 개발 204, 348

    올림픽 22, 48, 199, 201, 203, 204, 208, 222

    위례신도시 209, 210, 213, 382, 412~414

    잠실도 40, 131, 154, 184~186, 201, 372

    잠실종합운동장 184, 193, 203, 204, 348,
      366

    〈잠실지구 도시설계〉204, 208

    〈잠실지구종합개발기본계획〉302

    풍납토성 파괴 → '유적' 참조

    한강의 백사장 197, 199

    한강의 본류와 지류 22, 40, 128, 185~187,
      191, 370

    〈한강종합개발계획도〉

잠원동본당 → '성심원' 참조

장명수 115

재건축(재개발)

    학군과 부동산의 관계 177, 420

    GTX-A·C 삼성역 → '교통망' 참조

    공사비 상승 문제 304, 410, 412, 413, 415

    지분 쪼개기와 산정비율 논란 406

    신축 아파트단지와 집값 22, 268

    재건축조합 121, 405, 406

    쉐라톤서울팔래스강남호텔(서초구) 83, 400

    잠실주공4단지가 레이크펠리스로(송파구)
      192

    개포상록8단지가 디에이치자이개포로(강남
      구) 304

    개포시영아파트가 개포래미안포레스트로(강
      남구) 304

    개포주공1단지가 디에이치퍼스티어아이파크
      로(강남구) 215, 285, 304

    도곡삼호아파트와 강남세브란스병원(강동구)
      410

    둔촌주공아파트가 올림픽파크포레온으로(강
      동구) 410, 412

    삼익아파트가 청담르엘로(강남구) 410

    신반포한신15차가 래미안원펜타스로(서초구)
      83

    신반포한신24차가 래미안신반포리오센트로
      (서초구) 91

    씨티극동아파트(송파구) 224

    영동AID차관아파트가 삼성동힐스테이트로
      (강남구) 158

영동공무원아파트가 신동아아파트로(강남
구) 239
잠실시영아파트가 잠실파크리오로(송파구)
210
재건축 추진 중인 미성아파트(송파구) 225
재건축 추진 중인 신반포한신2차 406
진주아파트가 잠실래미안아이파크로(송파
구) 210
전두환 199, 203, 383
전민조 43, 254, 339
정주영 → '현대그룹' 참조
정치자금 → '말죽거리 신화' 참조
정태수 → '한보그룹' 참조
제자리 실향민 46
준공업지대
가구단지 320
구로공단 22, 260, 311
국회단지 307
〈대서울20년도시계획 최신서울특별시전도〉
153, 311
삼표레미콘 공장 307, 312, 320
섬유단지 계획 324, 325
송파변전소 152, 312
옹기와 벽돌 공장들 312
준공업지대 예정지 152~154, 311, 323
채석장 307, 320
한강 백사장의 골재 채취 199, 306, 307
집단 기억 252

ㅊ
차관 → '아파트단지' 참조
채소원예

강남고속버스터미널 → '교통망' 참조
무밭 55
배밭 55~57
신동야채흥산조합 55, 96
을축년 대홍수 → '침수' 참조
이영섭 → '침수' 참조
이태훈 55
한대흠 55
천호(천호동) 37, 50, 184, 192, 254, 315, 316, 372,
375, 376, 381
총무처단지 → '인구 분산' 참조
축산
김현용 65
김홍담 65
《새마을운동 길잡이》 66
신흥마을 65, 66, 68, 71
케이지 양돈법 65
헌인마을 → '한센병력자' 참조
취락구조개선사업
불란서주택 79
새마을주택(문화주택) 77
《취미의 조선여행》 132
침수
가락동 86~88
계곡 71, 73, 77, 82, 142, 392
〈광역교통망 구축 추진실태〉 86
김주용과 김교익 씨 부자의 선행 95, 96, 98
나청호 주지의 선행 85~87
서래마을 55, 83
언덕(언덕바지) 23, 55, 71, 73, 75, 77, 82~84,
88, 95, 97, 98, 119, 141, 142, 201, 226,
230, 231, 260, 269, 272, 307, 309, 311,

392~394

올림픽대로 지하화 234, 402

을축년 대홍수 55, 57, 82~84, 86, 87, 95~97, 230, 231, 312

이영섭 씨의 홍동학교 설립 96

2022년 8월의 폭우 82, 84, 86, 233, 234

저습지 77, 252, 260, 273

주흥동 55, 98

청남빌딩의 차수벽 233, 234

ㅋ

KT우면연구센터 330

ㅌ

탄천 20, 71, 77, 84, 88, 131, 161, 208, 254, 364, 365

태완선 125

택지개발 41, 43, 45, 46, 48, 113, 123, 161, 209, 210, 213, 222, 228, 230, 231, 235, 237, 260, 269, 273, 370, 421

택지지구 75, 192, 253, 254, 258, 267, 289, 290, 412

테헤란로 326, 348

토목 기술

　대국토건설계획 131

　부평분지 개간 130

　사력댐으로 소양강댐 건설 128, 129

　〈서울·인천 특정지역 건설계획 조사보고서: 제6차 한강 다목적댐 능곡도시계획〉 131, 314

토지 보상비 146

토지거래허가제 15, 16

토지구획정리사업 22, 132, 171, 178, 184

통임대 421

ㅍ

풍수지리 20, 53, 131, 191

ㅎ

하쓰사부로식 조감도

　〈경성유람안내도〉 132, 133, 136

　〈대한민국조감도〉 133

　요시다 하쓰사부로 132, 133

　〈우리나라 전도〉 138, 140, 141

한보그룹 178, 241

한센병력자 68, 71, 215, 320

한신공영 → '한신포차' 참조

한신포차 91, 92, 94, 97

《한티마을 대치동》

행정의 연속성 154, 204, 314

허피 → '영동지구' 참조

현대그룹

　가덕도신공항 129

　글로벌비즈니스센터 162, 421

　소양강댐과 영등포현대아파트 → '토목 기술' 참조

　제2서해대교 129

　현대양행 129

　현대자동차그룹 162, 163, 174, 330, 349, 383, 421

　현대정공 129

화훼원예

　강남고속버스터미널 → '교통망' 참조

꽃마을 → '법조단지' 참조

《농사교도》 58, 60

비닐하우스 57, 63, 65, 66, 69, 172, 412

성촌마을 63

왕농원 57, 58, 60

왕원식 57~61, 97, 168

왕제하 60

왕촌 57, 60, 61

헌인릉 57, 71

화훼단지 61, 63, 64

화훼유통단지 63

확장 강남

고덕신도시 381

광교신도시 381

대서울권 시대 383

동탄신도시 381, 401

분당신도시 112, 289, 375, 382

삼성전자와 반도체산업 25, 312, 375, 382,
383, 424

성남시 18, 23, 25, 57, 88, 122, 148, 153,
185, 208, 209, 213, 375, 377, 381~383

아산신도시 381

오송신도시 381

지제역세권 381

천안시와 아산시 312, 375, 381

청주시 25, 41, 312, 375, 381

친연성 25, 382

판교신도시 289, 375, 382

도시문헌학자 김시덕의 강남

우리는 왜 강남에 주목하는가

초판 1쇄 2025년 5월 2일

지은이 김시덕

발행인 문태진
본부장 서금선
책임편집 김광연   **편집 2팀** 임은선 원지연

기획편집팀 한성수 임선아 허문선 최지인 이준환 송은하 송현경 이은지 김수현 이예림
마케팅팀 김동준 이재성 박병국 문무현 김유희 김은지 이지현 조용환 전지혜 천윤정
저작권팀 정선주
디자인팀 김현철 이아름
경영지원팀 노강희 윤현성 정헌준 조샘 이지연 조희연 김기현
강연팀 장진항 조은빛 신유리 김수연 송해인

펴낸곳 ㈜인플루엔셜
출판신고 2012년 5월 18일 제300-2012-1043호
주소 (06619) 서울특별시 서초구 서초대로 398 BnK디지털타워 11층
전화 02)720-1034(기획편집) 02)720-1024(마케팅) 02)720-1042(강연섭외)
팩스 02)720-1043
전자우편 books@influential.co.kr
홈페이지 www.influential.co.kr

ⓒ 김시덕, 2025

ISBN 979-11-6834-284-2 (03300)